KB212825

佛
道
불도

현 송

불교문예

불교의 최종 목적은 성취중생成就衆生과 불국토완성佛國土完成에 있다. 이 말은 일체중생을 부처가 되게 하여 그 불국정토에서 다 함께 안락한 삶을 누리게 하자는 것이다. 불도佛道란 곧 성취중생을 이루기 위한 가르침이다. 그런데 중생들의 근기가 저마다 다르기 때문에 각각의 근기에 따라 여러 가지 수행문을 열게 되었다. 크게 분류하면 자력문自力門과 타력문他力門이다. 자력문은 말 그대로 스스로의 성품을 보아 깨달음을 얻는 것이고, 타력문은 이와 반대로 부처님의 원력에 의지하여 깨달음을 얻는 것이다. 이를 인도의 용수보살은 『십주비바사론』에서 자력문은 실천하기 어려운 난행도難行道이고 타력문은 실천하기 쉬운 이행도易行道라 하였다. 즉 스스로 성품을 보아 깨달음을 얻는 참선문 등은 난행도이고, 부처님의 원력에 의지하여 깨달음을 얻는 염불문 등은 이행도라고 한 것이다. 이러한 교판설이 발생한 근본 원인은 지금의 시대가 말법시기이기 때문이라고 하였다. 말하자면 이 혼탁한 악세惡世에는 중생의 근기가 하열下劣하여 자력으로는 불도를 이루기 어려우므로 부처님의 원력에 의지하는 타력문이 필연적으로 요구되었던 것이다.

이러한 염불문은 인도의 용수에 이어 세친보살이 『왕생론』을 지어 염불문을 열었고, 중국의 담란대사가 이 『왕생론』에 주석을 가하고 이 사상이 정영사 혜원과 도작선사에 이어 선도대사가 이를 대성시켰다. 이 시기에 신라에서는 원효, 경흥, 현일 등 많은 스님들이 『정토삼부경』의 논소를 지어 온 나라 민중들로 하여금 정토염불문을 알게 하였다. 오늘날 불교를 잘 모르는 사람도 "나무아미타불"의 육자명호가 귀에 익숙하게 된 것은 이들

선지식에 의한 것이라고 하겠다.

현송스님은 중앙승가대학교에서 박사논문을 통하여 우리나라 고대의 정토신앙을 밝혀 과연 정토가 무엇인지, 왜 염불을 해야만 하는지를 논하였다. 그리고 그 전공분야를 우리 학교와 조계종의 불교대학에서 학인들과 재가불자들에게 정토염불문의 이론과 실천행도를 강의하며 정토신앙심을 고취시키고 있다.

이 책은 학인은 물론 모든 불자들이 좀 더 쉽고 빠르게 대승불교의 이념과 목적을 알게 하여 다 함께 불국정토의 주인공이 되어 지게 하겠다는 염원이 담긴 강의록이다. 또한 여기에는 인생이 무엇인지, 종교가 무엇인지, 불도가 무엇인지를 여실如實하게 밝히고 있어 우리가 살아가면서 가장 근본적인 의혹을 풀어주는 철학서이기도 하다. 그리고 이 책에는 우리 고대의 설화감상을 통하여 진정한 불도의 의미를 논했다. 여기에는 우리 한국 초기불교의 신앙이 무엇인지를 밝히면서 이 전통신앙을 되살려 오늘날의 수행지침이 되게 하겠다는 의도가 나타나고 있다. 말하자면 우리가 염원하는 불국정토는 저 먼 곳에 있는 것이 아니라 누구라도 불도를 닦으면 정토는 현실에서 이루어진다는 현세정토설을 강조하고 있다. 그리고 그 수행법으로 가장 빠르고 쉬운 염불수행을 권하고 있다. 모쪼록 이 책이 널리 전파되어 모두가 불국정토의 주인공이 되기를 기원한다.

중앙승가대학교 총장 원행

불교는 말 그대로 부처님의 가르침이다. 그런데 이 가르침의 말씀이 바다와 같이 넓고도 깊다. 이른바 8만 4천의 법문이다. 그래서 우리 중생들은 그 거룩한 말씀들이 실린 경전만 보아도 가슴이 뭉클하여 눈물이 나며 저절로 두 손이 모아진다. 우리가 부처님 전에 삼배를 올리는 까닭은 바로 여기에 있다. 그러면 부처님께서는 무슨 목적으로 그토록 한량없는 말씀들을 설하셨을까? 그것은 한 마디로 일체중생을 부처로 만들기 위함이다. 만약 너도 나도 모두 부처가 된다면 우리가 사는 이 땅은 저절로 불국정토가 되기 때문이다. 불국정토란 상하귀천의 우열優劣과 일체의 시비是非와 네 것 내 것이 따로 없는 땅이다. 그야말로 일체평등과 평화와 자유와 행복만이 가득한 세계이다. 이러한 불국정토에서 다 함께 안락한 삶을 누리면서 살자는 것이 최종의 목적이다.

그러면 이 미혹한 중생들이 어떻게 저 위대한 부처님이 될 수 있다는 것인가? 그것은 천만다행으로 일체중생에게는 부처님이 될 수 있는 성품인 불성佛性을 간직하고 있기 때문이다. 그런데 문제는 여태 본적도 없고 어디에 있는지도 모르는 그 불성이라는 존재를 어떻게 찾아서 보느냐는 것이다. 이것이 큰 의문인데 해답은 너무나 간단하다. 그 묘한 존재는 바로 내 마음속 깊은 곳에서 언제나 나를 바라보고 있기 때문이다. 그러나 우리는 지금 당장에 내 안에 있는 그것을 볼 수가 없다. 왜냐하면 우리 중생들은 탐·진·치貪瞋癡 삼독三毒번뇌의 구름이 마음의 눈을 가리고 있기 때문이다. 그래서 부처님께서는 일체중생이 그 번뇌의 구름을 없애버리고 불성을 보도록 각각의 근기根機에 따라 무량한 수행방편을 설하신 것이다. 그러한즉 예부터 오늘에 이르기까지 수많은 수행자들이 불성을 찾기 위하여 저마다의 근기에 따라 수행을 해 온 것이다.

대체로 불교의 수행문에는 여러 가지가 있다. 크게 나누면 참선수행으로 자기성품을 보아 부처가 되는 견성성불문見性成佛門과 삼밀三密수행으로 부처와 한 몸이 되어 즉시에 성불하는 밀교의 즉신성불문卽身成佛門과 오로지 염불수행으로 무생법인無生法忍을 증득하여 극락정토에 왕생하여 부처를 이루는 염불왕생문念佛往生門이 있다. 이와 같이 여러 수행문으로 공부하지만 궁극窮極의 목적은 오로지 이 몸이 부처가 되기 위한 것이다. 필자는 불문에 들어와 처음부터 정토염불과 인연이 있어 그것을 수행하며 그에 따른 교학을 배웠다. 이제야 알고 보니 여러 수행문 가운데 염불수행문이 가장 빠르고 쉬운 수행문임을 알게 되었다.

본서는 처음 마음을 내어 불교에 입문한 모든 불자님들이 쉽고도 빠른 지름길인 염불수행문에 들어 하루빨리 저 안락한 불국정토의 주인공이 되게 하기 위한 안내서이다. 다시 말하면 인생으로서 시공時空을 초월한 저 언덕 너머에 있는 본고향을 찾아가는 이정표요, 나침반이요, 지침서가 되고자 함이다. 그러나 불교는 이론만으로는 절대로 원하는 바를 성취하지 못한다. 지극한 믿음과 간절한 발원과 오롯한 실천을 하겠다는 마음가짐이 수반되었을 때 비로소 그 목적지에 도달하는 것이다.

이 책은 필자가 그동안 정토교학을 공부하면서 낸 책들에서 가장 핵심적인 내용을 간추린 것이다. 말하자면 내 졸저들의 증보판으로써 강의록이다. 추가한 것은 제2강 인생론과 제3강 종교론이다. 추가의 목적은 인생과 종교의 개념을 분명히 알고 나면 자연히 수행의 문고리를 잡고 싶어지기 때문이다. 다만 이 책이 흥미진진하게 쓴 소설이 아니므로 다소 지루하고 딱딱한 글이 되어 매우 송구할 따름이다. 이것은 온전히 필자의 부족함이다. 그러나 잘 새겨보면 인생의 교과서로써 분명 마음의 이정표가 될 것으로 생각된다. 바라건대 강호제현님의 혹독한 지적을 바라면서 영원한 불국정토의 문을 열고자 한다.

　지금은 시월의 늦은 가을비가 부슬부슬 내리는 산천의 저녁이다. 내 어둑한 움막 부엌에는 고향을 그리는 귀뚜라미 한 마리와 촛불에 어른거리는 나와 나의 그림자 셋이 있을 뿐이다. 실로 완벽한 고독의 장이다. 그러나 나는 이 고독을 미워하지 않는다. 왜냐하면 이 고고孤苦한 시간과 공간으로 하여금 나는 고단한 사바의 인생길에서 꺼지지 않는 밝고도 영원한 등불을 보았기 때문이다. 어찌 기쁘지 아니할까. 삼가 말벗이 되어준 저 푸른 하늘과 달빛과 한줄기 바람과 오솔길과 낙엽과 귀뚜라미에게 두 손을 모은다. 그리고 기꺼이 이 졸저가 세상에 나오도록 도움을 주신 신도님들과 불교문예출판부에 두 손을 모은다.

　　나의 인생삼락

　　내 인생에는 세 가지 낙이 있다
　　첫째는 새벽에 일어나서 거룩하신 임의 얼굴 보는 즐거움이요

둘째는 나물밥일망정 자비하신 임의 곁에서 먹는 즐거움이요
셋째는 촛불을 밝혀놓고 임의 큰 뜻 생각하며 잠드는 즐거움이다

2017년 여름
춘천 당림리 견불암에서
현송 씀

목차

제1강

서설

제1강 서설

인생길과 그 가르침

우리는 인생을 살아가면서 어떤 상황에 처해 있을 때 "지금 우리가 정녕 살길은 그 길 밖에 없다"라는 말을 하곤 한다. 이러한 말은 삶을 살아가면서 가장 많이 하는 말일 것이다. 인간이 축생과 다른 점은 과거의 상황을 기억할 수 있고, 현재의 상황을 인식할 수 있고, 미래의 상황을 짐작할 수 있다는 것이 다르다.[1] 그래서 인생은 축생과 달리 죽는 날까지 분주한 것이다.

길이란 본래 모든 물물物物이 왕래하기 위하여 생겨난 이름의 총칭이다. 이러한 길을 현철賢哲들은 정신적인 것을 추구하는 길로 전환시켜 도덕적

---

1) 과거·현재·미래를 삼세三世라 한다. 부처님께서는 이 삼세에 걸쳐 끊어지지 않고 이어지는 삼세인과三世因果의 이치를 분명히 밝히셨다. 즉 과거의 업이 원인이 되어 현재의 결과를 부르고, 현재의 업이 원인이 되어 미래의 결과를 부르게 되어 이 결과가 서로 끝도 없이 이어져 육도를 오르내린다는 것이다. 위경僞經으로 추정되지만,『삼세인과경』(대장정 목록에는 이 경의 명칭이 없다)을 보면, 부처님께서 영산회상에 계실 때, 아난이 삼세의 인과에 대해 자세히 설해 주실 것을 요청함에 부처님께서 현생의 모습이 과거세에 어떤 업과 관련이 있는 것인지를 구체적으로 설하신다. 예를 들면 현생에 귀머거리로 태어난 것은 불법을 듣고도 믿지 않았기 때문이요, 아름다운 모습을 하고 태어난 것은 부처님께 고운 꽃을 공양하였기 때문이라고 한다. 현생에서 지은 업의 과보를 미래세에 받는 것도 이와 같은 이치에 의거한다. 마지막 부분에 "전생의 일을 알고 싶다면, 금생에서 받고 있는 것을 보면 되나니, 이것은 전생에 지은 업의 과보이다. 미래세의 일을 알고 싶다면 금생에서 짓고 있는 것을 보면 되나니, 이것은 미래세에 받는 과보이다"라고 하시어 인과응보因果應報의 준엄함을 강조하셨다.『대반열반경후분』권상(대정장12, p.201상)에 "선과 악의 과보는 그림자가 형체를 따르는 현상과 같으니, 삼세의 인과는 부단히 순환하며 사라지지 않는다. 이생을 헛되이 보내면 뒤늦게 뉘우쳐도 따라갈 길이 없다"고 하였다.

으로는 사람이 행해야할 바른 규범이 되게 하였고, 철학적으로는 유형有形을 초월한 무형적無形的인 그 무엇을 추구하는 형이상학形而上學의 도리道理가 되게 하였다. 길을 도道라고 칭한 것에는 이러한 의미가 있다. 그래서 공자는 『논어論語』「이인里仁」에서 "아침에 도를 들으면 저녁에 죽어도 좋다(조문도석사가의朝聞道夕死可矣)"고 하였고, 불교에서는 특히 "열반에 이르기 위해 밟아 수행해야할 법칙"을 가리켜 도²⁾ 라 하였다. 그러면 이러한 말씀들의 요체는 무엇인가. 그것은 오직 "인생은 이런 것이다. 그러므로 이렇게 살아야한다"는 방도를 가르친 것이다. 즉 "인생을 어떻게 살아가야할 것인가"라는 참된 삶의 당면과제를 토로吐露한 것이라고 하겠다.

　필자는 불법을 배우기 전까지는 생자필멸生者必滅³⁾ 이라는 허무한 법칙이 인생길의 종착지로만 알았다. 그래서 다음 생이 다시 이어진다는 것, 즉 이 세상을 떠나면 다시 다른 어떤 세상에 태어난다는 것 등에 대해서는 반신반의半信半疑했었다. 그러나 이제 불문佛門에 들어와 이 필멸必滅의 다음에 다시 필생必生⁴⁾ 이 있음을 진실로 믿게 되었다. 그곳이 과연 어떤 세계인가를 논하기 전에 다음세상은 반드시 이어진다는 것에 대한 믿음이다. 그래서 지금 그 필생의 도리를 굳게 믿는 이상 그저 부질없이 떠났다가 부질없이 찾아오는 정처 없는 나그네는 되지 않으리라 마음먹게 되었다. 그래서 하루하루가 새롭고 즐겁다. 마치 매일매일 새로 태어나는 기분이다. 나는 이제 목적지를 분명히 알았으므로 정녕 인생길을 어떻게 가야하는가에 대한 결정심決定心⁵⁾ 을 내게 된 것이다.

그러면 불교의 본의는 무엇인가

---

2) 불교에서는 넓은 의미로써 도는 열반으로 가는 길을 말한다고 하였다. 世親造『阿毘達磨俱舍論』卷第二十五 (대정장29, p.132상) 道義云何 謂涅槃路.
3) 『文殊師利問經』卷上(대정장14, p.498하) 생겨난 것은 반드시 소멸한다(生者必滅).
4) 龍勝菩薩造『順中論』卷下(대정장30, p.46하)에는 "태어난 것은 반드시 죽고, 죽은 것은 반드시 태어난다生者必死 死者必生"고 했다.
5) 결정심(niścita-citta, niyata-citta, vidhāna-mati)이란, 결단력 있고 편안하게 다잡은 요지부동한 마음이다. 정토신앙에서는 아미타불의 본원을 분명히 믿는 신앙심을 말한다. 婆藪槃頭菩薩造 曇鸞註解『無量壽經優婆提舍願生偈註』卷下(대정장40, p.835중)에 "신심이 일정하지 않으니 결정된 것이 없기 때문이다"라고 하였다. 이 말은 곧 신심이 오로지 한결같음은 결정된 마음을 원인으로 한다는 뜻으로 해석할 수 있다.

불교는 문자 그대로 부처님의 가르침이다. 그 가르침을 법法(dhama)이라고 하였고, 또한 이 법은 부처님이 설했으므로 불법이라고 하였다. 이 불법은 곧 부처님이 깨달으신 진리를 말한다. 그런데 부처님은 스스로 깨달으신 진리를 혼자 간직하지 않으시고 미혹한 일체중생을 위해 설하셨다. 그리하여 세워진 종교가 불교이다. 부처님께서는 일찍이 '인생은 어디로부터 와서 온갖 고통을 겪으면서 살다가 늙고 병들어 삶을 마치면 또 어디로 가야하는가'라는 인생에 대한 크나큰 의심을 품으시고 이를 해결하기 위해 6년의 설산고행을 하셨다. 그리하여 마침내 우주의 진리를 깨달아 그 도리를 찾아내셨다. 그 도리란 인생으로서 누구라도 열심히 수행하면 스스로가 깨달은 존재가 되어 그 생사生死의 고苦로부터 벗어나 진정한 자유인이 될 수 있다는 것이다.

그러면 그 가르침의 핵심은 무엇인가

부처님께서 49년간[6] 한결같이 말씀하신 법문은 오로지 자성自性을 깨달아 '진실한 자기의 눈을 뜨라'는 것이었다. 자성이란 모든 사람이 태어나면서부터 본래 가지고 있는 성품으로 곧 불성佛性을 말한다. 그래서 부처님께서는 『대반열반경』에서 이르시기를, "일체중생이 모두 불성을 가지고 있지만, 번뇌에 덮여 있으므로 알지 못하고 보지 못할 뿐이다. 그러므로 마땅히 부지런히 방편을 닦아 번뇌를 끊어 없애야 한다"[7]고 하셨다. 이 말씀은 누구라도 부처가 될 수 있는 성품을 지니고 있으므로 열심히 정진하여 스스로 깨달은 존재, 즉 부처가 되어 괴로움을 유발하는 모든 번뇌의 뿌리를 완전히 뽑아 없애어 지겨운 윤회의 고통에서 벗어나 해탈한 '진짜 나'를 찾아 가라는 것이다. 이것이 부처님의 궁극적 가르침이요, 본의이다.

부처님께서 "진실한 자기의 눈을 뜨라"고 이르신 것은 우리가 현재 보

---

6) 부처님께서 49년간 설하신 법문은 화엄부 21일, 아함부 12년, 방등부 8년, 반야부 21년, 법화열반부 8년이다. 그런데 1956년 11월 네팔의 수도 카투만두에서 제4차 세계불교도대회에서 45년간 설하신 것으로 통일했다.
7) 『大般涅槃經』卷第七(대정장12, p.405중) 참조.

는 눈의 눈 속에는 보이지 않는 진리의 세계가 있다는 것을 의미한다. 이 제3의 세계가 '진여眞如의 세계'로써 '진짜 나'의 세계이다. 그래서 부처님 께서는 이를 깨닫게 하기 위하여 제일 먼저 근본진리인 삼법인三法印을 설하셨다. 이 삼법인은 눈에 보이는 물질로 이루어진 현실의 세계는 언제인가는 부서져 없어지므로 영원성이 없는 무상한 세계(제행무상諸行無常)이고, 거기에 속한 물질로 이루어진 이 몸뚱이 또한 사대四大로 흩어져 없어지므로 결국 나라고 내세울만한 것은 아무것도 없다는 무아의 세계(제법무아諸法無我)라는 것이다. 그러므로 이 허망하고 괴로운 세계로부터 해방된 세계 (열반적정涅槃寂靜)를 찾아가야 한다는 만고불변萬古不變의 진리의 말씀이다. 이 세 번째 열반적정의 세계는 범부凡夫의 눈으로는 볼 수 없는 세계로써 온갖 번뇌의 괴로움에서 해방된 항상 즐겁고, 자유로운 내가 있는 세계, 즉 상락아정常樂我淨[8]을 증득한 진리의 세계로써 곧 정토淨土의 세계를 의미한다.[9] 그러므로 참된 인생길을 공부하고자하는 사람은 반드시 이 근본 진리인 삼법인을 가슴깊이 새기며 출발해야 한다. 여기서 제행무상을 단적으로 표현한 『무량수경』의 한 말씀을 들어보자.

　　세간이 어지럽고 인심이 거칠어져 모두 애욕을 탐하게 되니 부처
　　님의 도에 미혹한 자는 많고 그것을 깨닫는 자는 드물다. 세간이 어
　　수선하여 의지하고 신뢰할만한 것이 없으니 존귀한 자이든 비천한
　　자이든 높은 자이든 낮은 자이든 빈한한 자이든 부유한 자이든 귀족
　　이든 천민이든 힘들게 고생하지만 세상일에 얽매여 각자 살생의 표
　　독스러움만을 품고 있느니라. 그 악한 기운은 지극히 어두워서 마침
　　내 재앙을 일으키나니 하늘과 땅의 도리를 위배하고 거역하며 인심
　　을 따르지 않느니라. 자연히 그릇된 악을 먼저 따르고, 한패가 되어

---

8) 어떠한 것의 진실 된 존재에 반하여, 무상無常을 상常으로, 고苦를 락樂으로, 무아無我는 아我로 부정不淨을 정淨으로 생 각하는 것. 이를 사전도四顚倒라 하고, 열반사덕을 나타낸다. 열반은 영원하며(상常), 안락에 가득차고(락樂), 절대 나이며(아我), 청정하기(정淨) 때문이다. 『大方等無想經』(대정장12, p.1083상, p.1105상) 참조.

9) 그래서 중국 정토교의 대성자 선도善導(613~681)는 『法事讚』(대정장47, p.433중)에서 "극락세계는 무위열반無爲涅槃의 세계"라고 하였다.

방자한 행동을 하여 극악한 죄업만이 기다릴 뿐이니라. 그래서 그 수명이 미처 다하지 않았는데도 문득 갑자기 그 목숨을 빼앗겨 악도에 떨어져서 생을 거듭하여 쓰라린 괴로움을 받느니라. 그 가운데서 돌고 돌아 수천억 겁을 지나도 그곳에서 나오는 것을 기약할 수 없나니 비통하여 말할 수가 없다. 매우 애절하고 불쌍할 뿐이니라. 부처님께서 미륵보살과 여러 천신 및 인간들에게 말씀하셨다. "나는 지금까지 그대들에게 세간의 일에 대하여 말하였느니라. 사람들이 그것을 이용하는 까닭에 부처님의 도를 얻지 못한다. 마땅히 오랫동안 생각하고 헤아려 온갖 악한 일을 멀리 여의고 그러면서도 선한 일을 선택하여 열심히 그것을 실천해야 한다. 애욕과 영화로움은 항상 보존되는 것이 아니며 모두 마땅히 나누어지고 흩어질 뿐이다. 그리 하여 즐거워할 만한 것은 하나도 없나니 그러므로 부처님께서 세상에 계실 때를 만났다면 마땅히 열심히 정진해야 하느니라. 지극한 마음으로 안락국에 태어나기를 발원하는 사람은 지혜가 밝고 통달하여 공덕이 수승한 것을 반드시 얻느니라."[10]

라고 하셨다. 이와 같이 부처님께서는 세간의 애욕과 영화는 무상하여 괴로움만 따르므로 부처님 법을 만났을 때 부지런히 정진하고 지극한 마음으로 발원해서 저 안락국토에 태어나야 한다고 간곡히 이르셨다. 이 안락국토가 바로 무생법인無生法忍[11]을 증득한 깨달음의 세계로써 열반적정의 세계이며, 우리가 찾아가야할 세계이다.

---

10) 『無量壽經』卷下(대정장12, p.275상중) 참조.
11) 무생법인이란 일체법이 공하여 그 자체가 고유한 성질을 갖지 않고, 생멸변화를 넘어서 있음을 깨달아, 그 진리에 편안하게 머물며 마음이 흔들리지 않는 것을 말한다. 인忍은 '참다, 견디어 내다'라는 뜻이 있는데, 여기서는 있는 그대로의 진리를 진리 그대로 받아들이는 것을 말한다. 무생법인에 대해서는 정토관계경전 및 여러 경전에 나타나는데, 여기서는 『화엄경』의 설을 보자. "불자여, 무엇을 보살의 무생법인이라고 하는가. 불자여, 이 보살은 아주 적은 법이라도 생겨나는 것이 있음을 보지 않고 또한 아주 적은 법이라도 멸하는 것이 있음을 보지 않는다. 무엇 때문인가. 생겨나는 것이 없으면 멸하는 것도 없고, 멸하는 것이 없으면 다하는 것도 없으며, 다하는 것이 없으면 티끌을 여의고, 티끌을 여의면 차별이 없고, 차별이 없으면 머물 처소가 없고, 머물 처소가 없으면 고요하며, 고요하면 탐욕을 여의고, 탐욕을 여의면 조작함이 없으며, 조작함이 없으면 원하는 것도 없고, 원하는 것이 없으면 머묾도 없으며, 머묾이 없으면 가는 것도 없고 오는 것도 없다. 이것이 보살의 세 번째 무생법인이다"라고 하였다. 80권 『大方廣佛華嚴經』卷第44「十忍品」(대정장10, p.232중) 참조.

제2강
인생론

제2강 인생론

　대체로 인생을 논한다는 것은 쉬운 것 같지만 사실상 어렵다. 왜냐하면 인간은 축생과 달라 정신세계를 추구하므로 그 무한한 영역에 값을 매길 수가 없기 때문이다. 또한 어려운 것은 수많은 인간이 서로 생김이 다르듯이 저마다 생각하는 세계관과 인생관도 다르기 때문이다. 따라서 짧은 몇 편의 글로써 인생을 논한다는 것은 실로 빙산氷山의 일각一角이다. 다음의 말들은 필자가 그동안 불교를 공부하면서 나름대로 인생을 정리한 것이다.

1. 인생은 한 줄기 바람 같은 것

　누구든지 낙엽 지는 쓸쓸한 가을 길을 걸어보라. 이때는 부자이든 빈자이든 명예가 있는 자이든 없는 자이든…, 인생무상人生無常을 느낄 것이다. 왜냐하면 인생이란 저 떨어지는 낙엽과 같이 무상한 존재라는 생각이 가슴을 파고들기 때문이다. 어느 날 한 줄기 바람이 묻는다. 대체 인생이 무엇이기에 그렇게 고민하는가? 나는 이렇게 답하였다.

　　바람이여!
　　인생이란

어느 날 저녁에 왔다가
어느 날 아침에 가버리는
한 방울의 이슬
한 줄기의 바람
한 조각의 구름 같은 것

말해보라
또 무엇이 있는지…

이 허무한 실체가 우리가 알고 있는 인생이요, 생명을 가진 존재들의 피할 수 없는 법칙이다. 인생이 근본적으로 괴롭다고 탄식하는 것은 바로 이 덧없는 결과 때문이리라. 이 니힐리즘적인 관념은 동서양의 수많은 철학가, 사상가, 문학가들로 하여금 실로 많은 말을 남기게 하였다. 독일 최고의 문호 괴테는 『젊은 베르테르의 슬픔』에서 "나는 아무래도 이 세상에 있어서 한 사람의 여행하는 사람… 그대들은 그 이상이겠는가"라고 토로했고, 한국의 시인 천상병은 귀천歸天이란 시에서 인생을 한 번 왔다가는 즐거운 '소풍'에 비유하기도 했다.

이와 같이 모두는 결국 '인생은 나그네요. 또한 꿈과 같다'라는 인생무상이라는 결론에 도달하고 있다. 그래서 불교에서는 인생을 '공수래공수거空手來空手去'[12]라고 하였고, 『구약성서』에서는 "인생은 풀과 같은 것, 들에 핀 꽃처럼 한번 피었다가 스치는 바람결에도 이내 사라져서 그 있던 자리조차 알 수 없는 것"[13]이라고 하여 매우 문학적인 표현을 하였다.

인생무상이란 말은 누구나 공감하는 이러한 허무주의적인 관념에서 생긴 말이다. 즉 움직이는 모든 것은 항상 존재함이 없고, 그 속에 나의 육신 또한 한 방울의 이슬과 한 조각의 구름처럼 사라져 버리는 무상

---

12) 『禪家龜鑑』(한불전7, p.640상) 공수래공수거空手來空手去. 이 말은 빈손으로 왔다가 빈손으로 간다는 뜻으로 세상에 태어나 헛되이 살다가 헛되이 돌아감을 말한다. 또한 삶에 얻음과 잃음이 없음을 공의 도리로써 말한 것이다.
13) 『舊約聖書』「시편」(103:15~17) 참조.

한 존재라는 것이다. 그래서 부처님께서는 이와 같은 무상에 대해 『비유경』의 「안수정등岸樹井藤」이라는 설화를 통해 그 실상을 다음과 같이 일러주셨다.

①어떤 사람이 정처 없이 넓은 광야를 홀로 가고 있었다. 그때 갑자기 등 뒤에서 ②사나운 코끼리가 그 사람을 해치려고 달려오고 있었다. 그는 정신없이 도망치다가 다행히 ③마른 우물에 ④등나무 덩굴이 있는 것을 보고 그는 한없이 기뻐 그 나무줄기를 잡고 내려가 몸을 숨기고 안도의 숨을 쉬었다. 그는 좀 더 편히 쉬고자 우물 바닥에 내려가려고 아래를 보니 우물바닥에는 ⑤한 마리의 커다란 독룡이 입을 벌리고 내려오기만을 기다리고 있었다. 그는 하는 수 없이 등나무 덩굴에 매달려 우물 벽을 보았다. 그런데 ⑥사방 벽에는 네 마리 독사가 그를 물려고 혀를 날름거리고 있었다. 또 머리 위를 보니 ⑦흰쥐와 검은 쥐가 교대로 드나들며 자신이 매달려 있는 덩굴을 갉아먹고 있었다. 그는 넋을 잃고 하늘을 바라보며 한숨을 짓고 있는데 그때 마침 ⑧나무 꼭대기에 매달린 벌집에서 몇 방울의 꿀이 입으로 떨어졌다. 그는 그 단맛에 팔려 우물 밖에서 올라오기만을 기다리는 사나운 코끼리와 바닥의 무서운 독룡과 네 벽의 독사와 덩굴을 갉아먹는 흰쥐와 검은 쥐에 대한 두려움과 괴로움을 모두 잊었다.[14]

이상이 설화의 내용인데 이를 설명하면, ①의 정처 없이 넓은 광야를 홀로 가고 있는 것은 범부중생이 무명無明의 길을 가고 있는 모습을 비유한 것이고, ②의 사나운 코끼리가 달려오는 것은 덧없는 세월이 사람을 죽음으로 몰고 가는 것을 비유한 것이고, ③의 마른 우물은 사람의 몸을 비유한 것이고, ④의 등나무 덩굴은 사람의 목숨을 비유한 것이고, ⑤의 한 마리의 커다란 독룡은 누구에게나 죽음이 기다리고 있다는 것이고, ⑥의 사

---

14) 『불설비유경』(대정장4, p.801중) 참조.

방 벽의 네 마리 독사는 우리의 육신을 구성하는 사대[15] 요소를 의미하는 것이고, ⑦의 흰쥐와 검은 쥐가 교대로 나무를 갉아먹는 것은 흰쥐는 낮을, 검은 쥐는 밤을 뜻하는 것으로 시간이 쉴 사이 없이 흐름을 비유한 것이고, ⑧의 몇 방울의 꿀은 재물욕, 식욕, 성욕, 명예욕, 수면욕 등 인간의 오욕五慾을 비유한 것이다. 이것이 우리 눈에 비춰진 인생의 모습이다. 그래서 인생은 끝내 괴로운 것이다.

2. 인생은 슬픈 존재

인생은 왜 슬픈 존재일까. 그것은 인생무상·생자필멸이라는 피할 수 없는 법칙을 애써 부정하려하는 마음 때문이다. 즉 그 덧없는 무상無常이 제발 유상有常하기를 바라는 욕망 때문이다. 이 헛된 욕망과 집착으로 인하여 결국 인생은 괴로운 것이요,[16] 끝내 슬픈 존재가 되게 하는 것이다.

애욕이 얼마나 악착스러운가하면, 월남전 때 어느 병사가 포탄에 맞아 팔다리가 모두 떨어져 나가 겨우 목숨만 붙어서 하는 말이 "아, 천만 다행이다. 하마터면 죽을 뻔 했다"고 한다. 또한 필자는 한때 문둥병환자들이 사는 소록도에 만행을 간 적이 있었는데 그곳에서 매우 애절한 삶을 보았다. 어떤 환자 한분이 하는 말이 "이렇게 코와 귀가 문드러지고 자고나면 손가락이 하나씩 빠져 이제 밥숟가락도 제대로 잡을 수 없는 이 흉측한 모양이 되었지만, 꾸준히 투병하여 나는 담당의사로부터 완쾌진단을 받았소. 그래서 나는 이제 결혼도 할 수 있고 아이도 날수 있소"라고 하며 기뻐

---

15) 사대四大란 우주만물에서 인간의 신체에 이르기까지 모든 물질적인 것을 구성하는 근본원소인 지·수·화·풍(地水火風)을 말한다. 『大方廣圓覺修多羅了義經』(대정장17, p.914중)에서 사대와 인간신체의 관계를 다음과 같이 설한다. "지금 나의 몸뚱이는 사대가 화합하여 된 것이니 이른바 ①터럭·치아·손톱·발톱·살갗·근육·뼈·골수·때와 빛깔 들은 다 흙(地地)으로 돌아갈 것이요, ②침·콧물·고름·피·진액津液·거품·가래·눈물·정기·똥·오줌 등은 다 물(水水)로 돌아갈 것이요, ③따뜻한 기운은 다 불(火火)로 돌아갈 것이요, ④움직이는 것은 다 바람(風風)으로 돌아갈 것이다(들숨·날숨·신체의 동작 등)."

16) 『大般涅槃經』卷上(대정장1, p.195중) 부처님은 인생이 태어나 죽는 날까지 겪어야할 고통이 근본적으로 여덟 가지가 있다고 하셨다. "이른바 팔고란, 첫째는 태어나는 괴로움이요, 둘째는 늙는 괴로움이요, 셋째는 병드는 괴로움이요, 넷째는 죽는 괴로움이요, 다섯째는 구하는 것을 얻지 못하는 괴로움이요, 여섯째는 원수와 만나는 괴로움이요, 일곱째는 사랑하는 사람과 이별하는 괴로움이요, 여덟째는 오음이 치성하는 괴로움이다(所謂八苦 一生苦 二老苦 三病苦 四死苦 五所求不得苦 六怨憎會苦 七愛別離苦 八五受陰苦)."

하였다. 나는 눈물이 나서 차마 그의 얼굴을 마주대할 수가 없었다. 왜냐하면 설령 치료하여 완쾌진단을 받았다고 하여도 이미 육체는 인간의 모습이 아니어서 누구라도 외면할 것이므로 살아도 사는 것이 아닐진대 그래도 '나는 이렇게 살아있다'라는 슬픈 결론을 가지고 자위하는 모습은 차마 볼 수 없었기 때문이었다. 삶의 애착이 얼마나 강하면 이런 말을 했을까. 인생이 욕망의 노예가 되었다는 것은 이를 두고 하는 말이다. 이런 애절한 행위들은 앞에서 감상한 「안수정등」이라는 설화에서 정처 없는 나그네가 우물 속에 빠져 곧 죽을 지경에 이르렀어도 몇 방울의 꿀을 받아먹으며 그 단맛에 팔려 죽음의 두려움과 괴로움을 모두 잊었다는 것과 다를 바가 없다.

애욕이란 이렇게 무서운 놈이다. 이 애욕이라는 우치한 놈은 내 몸이 타는 줄을 알면서도 기어이 불속으로 들어가 목숨을 잃고 마는 불나방과 같고, 또한 마시면 마실수록 갈증을 더 나게 하는 소금물과 같다. 이것을 경에서는 '갈애渴愛'라고 하였다. 갈애란 목마른 사람이 아지랑이를 물이라고 여기는 것처럼 강렬한 애착을 갖는 것을 말한다.[17] 그래서 『정법염처경』에서 다음과 같은 게송으로 설명한다.

> 마른 섶나무를 불에 더하면 그 불은 더욱 성하는 것처럼, 쾌락을 누리는 자에게는 애욕의 불이 더욱 왕성해진다. 섶나무의 불은 아무리 왕성해도 사람들은 그것을 버릴 수 있지만, 애욕의 불이 세상을 태울 때는 동이고 얽매어 버릴 수 없다. (…중략…) 중생들은 애욕의 미혹을 당하면서 그래도 그 애욕에 의지하나니, 마치 사람이 무거운 짐을 지고 뜨거운 짠물을 마시는 것과 같다. 마시고는 이내 다시 목말라 갈증은 잠시도 그치지 않나니, 어리석은 사람은 잘 생각하지 않고 부질없이 스스로 애를 태운다. 그러므로 애욕은 버려야 한다. 애욕은 항복받기 어려운 것으로써 모든 중생을 마음대로 부리어 생사

---

17) 僧肇選『注維摩詰經』卷第二(대정장38, p.341중)에 "승조가 말하기를, 목이 마른 사람이 아지랑이를 보면 미혹되어서 물이라고 여기며, 애착이 있는 사람이 사대를 보면 미혹되어 몸이라고 여긴다"고 하였다.

를 벗어나지 못하게 하느니라.[18]

고 하였다. 이와 같이 애욕은 마실수록 갈증을 더하게 하는 소금물과 같다고 하였다. 그러므로 마땅히 방일하지 말고 언제나 부지런히 지혜를 닦아 삼독심三毒心을 끊어버리고, 이 괴로움에서 벗어난 세계에 드는 길을 찾아야 하는 것이다. 그래서 신라의 원효스님(617~686)은 『발심수행장』에서 이르시기를, "대저 모든 부처님이 적멸궁에 장엄하심은 저 오랜 시간에 애욕을 버리고 고행했기 때문이요, 여러 중생이 불타는 집에서 윤회함은 저 한량없는 시간에 탐욕을 버리지 못한 까닭이니라"[19] 고 강조했다.

3. 인생의 세 가지 진리

그래서 부처님께서는 저 고뇌에 찬 중생들을 가엾이 여겨 그 고뇌로부터 벗어나게 하기 위해 세 가지 법을 설하신 것이다. 이른바 '삼법인三法印'이다.[20] 필자는 나름대로 이 삼법인설과 인연이 깊다. 그것은 내가 초등학교 다닐 때에 도덕교과서(1960년대)에서 이 삼법인에 대한 설을 본 기억이 나기 때문이다. 정확한지는 모르겠으나 내용은 다음과 같다.

> 꽃은 피어도 곧 지고 사람은 나도 이윽고 죽는다. 이 허무한 법칙
> 은 생명있는 것들의 피할 수 없는 운명인 것이다. 살고 죽는데 대한
> 생각을 없애 버리면 쓸데없는 욕심이나 두려움이 없어져 버린다.

라는 불설의 한 구절이다. 나는 이 구절이 왠지 좋아 늘 외우고 다녔다. 그래서 어른들이 하는 말이 "저 놈은 커서 무엇이 되려고 저런 글을 외우고

---

18) 『正法念處經』卷第二十三『觀天品』(대정장17, p.132상중) 참조.
19) 원효술 『發心修行章』(한불전1, p.841) 참조.
20) 이 법에 도장 '인印'자를 붙인 것은 이 법이 '진실한 불법'임을 인증한다는 뜻이다. 그래서 『俱舍論記』卷第一 「分別界品」(대정장41, p.1중)에서 "이것은 모든 법을 진실로써 인가하기 때문에 법인이라고 한다. 만약 이 인을 따르면 불경이고, 만약 이 인을 위배하면 불설이 아니다"라고 하였다.

다니나"라는 말을 듣곤 하였다. 그때는 무슨 뜻인지는 잘 몰랐으나 출가하여 이 글이 삼법인설이었음을 알게 되었다. 성인이 되어서도 나는 심신이 괴로울 때는 언제나 이 글귀를 되뇌며 마음의 위안을 삼았다. 물론 이하나의 글로 인하여 출가를 하게 된 것은 아니지만 분명 마음속 저 밑에는이 진리가 작용했으리라 여겨진다. 그리고 지금 그 글귀를 나의 글에 매우적절하게 인용한다는 것은 나로서는 여간 깊은 인연이 아닐 수 없다. 그러면 이제 각설의 의미를 구체적으로 새겨보자.

삼법인(Tri-dharma-laksana)은 부처님께서 깨달으신 우주와 인생의 참모습을 연기법緣起法에 입각하여 이를 세 가지의 법으로써 표명한 것으로써①제행무상諸行無常 ②제법무아諸法無我 ③열반적정涅槃寂靜[21] 이다. 이 세 가지 진리에는 인생이 무엇인지, 무엇을 위해 살아야하는지, 그 근본도리가잘 나타나 있다.

첫째의 제행무상은 이 우주의 삼라만상 즉 현상세계는 항상恒常하는 것은 하나도 없다는 뜻이다. 여기서 제행은 현상계의 모든 사물을 말하는 것이고, 무상은 시간적으로 볼 때 항상 하는 것이 하나도 없다는 것을 말한다. 그래서 부처님은 『대반열반경』에서 다음과 같이 설하셨다.

> 너희들은 마땅히 알라. 인연에 의해 존재하는 모든 것들은 영원한
> 것이 없다. 내가 이제 금강과 같이 단단한 신체를 가졌더라도 마침내
> 영원히 머물지 못하고 사라져 감을 면할 수 없다.[22]

고 하셨다. 이와 같이 무상은 상주함이 없고, 생멸변화해서 고정된 실체가없다고 하였다. 그런데 무상에 대하여 크게 주의할 것이 있다. 그것은 무

---

21) 여기에 일체개고一切皆苦를 더 넣어 사법본말四法本末로 설하기도 한다. 일체개고는 한마디로 세상에 존재하는 모든 것은 변화하고 영원하지 않으므로 괴롭다는 진리이다. 이 말의 뜻을 다시 새겨보면 세상만사가 조건화되어 존재하는 것에는 언제나 괴로움의 고통이 따른다는 말이다. 예를 들면 생로병사生老病死 같은 경우에 이것은 어쩔 수 없는 우주의 인과因果법칙이므로 무상이고 무아인 것을 뻔히 알면서도 유상有常하고 유아有我이길 바라는 마음이다. 이것이 조건화된 헛된 욕망이고 집착이다. 그러므로 괴로울 수밖에 없다는 결과를 낳는다. 일체개고는 제행무상과 제법무아의 진리를 아직도 깨닫지 못한 무자각자無自覺者의 현상적인 삶을 표명한 것이라고 하겠다.
22) 『大般涅槃經』卷下(대정장1, p.204하) 참조.

상을 잘못 판단하면 진리를 부정하는 견지에서 일체의 사물이나 현상이 존재하지 않고 아무런 가치도 없다는 인생무상이라는 허무주의적인 인식에 빠지기 때문이다. 이와 같이 제행무상설은 일체가 모두 인연화합으로 생성소멸生成消滅하는 것이므로 그 실상을 똑바로 직시直視하여 나를 비롯하여 존재하는 모든 현상에 집착하지 말라는 가르침이다.

둘째의 제법무아는 만유의 모든 현상인 법은 모두 다 인연에 의해서 끊임없이 생주이멸生住異滅하는 흐름 속에 있기 때문에 참다운 자아自我의 실체가 없다는 것을 말한다. 이 법은 현상제법의 실태를 공간적인 면에서 관찰한 것으로 무상은 시간적으로 볼 때 항상 하는 것이 하나도 없고, 무아는 공간적으로 볼 때 항상 하는 것이 하나도 없다는 진리이다. 여기서 제법의 '법'은 여러 가지 의미를 지니고 있지만 제행의 '행'과 같은 의미로 볼 수 있다. 즉 제법은 존재하는 모든 것의 실상인 진리 자체를 나타낸 것이고, 무아는 고정불변固定不變하는 자아는 결코 존재하지 않는다는 불교 특유의 교설이다. 제법무아설은 오직 무엇이 실재한다거나 근원적으로 유일한 존재라고 할 만한 것은 아무것도 없는 것이므로 여기에 집착하지 말아야 한다는 가르침이다. 즉 절대적 실체는 결코 존재하지 않는다는 것을 말한다. 그래서 부처님은 『잡아함경』에서 다음과 같이 설하신다.

> 다섯 가지 쌓임이 있으니 이른바 물질의 쌓임과 느낌·생각·지어감·의식의 쌓임이다. 어리석고 무식한 범부들은 슬기도 없고 밝음도 없어서 다섯 가지 쌓임에서 나라는 소견을 내어 거기에 집착하여 마음을 얽매고 탐욕을 내느니라. 그러나 비구들이여, 많이 아는 거룩한 제자들은 슬기도 있고 밝음도 있어서 그 다섯 가지 쌓임에서 나를 보아 집착하여 마음을 얽매거나 탐욕을 일으키지 않느니라.[23]

라고 하셨다. 이와 같이 육체적이든 정신적이든 나(아我)가 없다고 설하셨

---

23) 『雜阿含經』卷第三(대정장2, p.16상) 참조.

다. 즉 일체의 모든 존재는 인연으로 모였다가 인연이 다하면 소멸될 뿐 나라고 고집하여 내세울 만한 것은 어디에도 없다는 가르침이다. 그래서 『반야심경』의 첫머리에서 "관자재보살이 깊은 반야바라밀다를 행할 때에 오온이 다 비어있음을 비추어보고 모든 것을 여의었느니라"[24] 고 설한 것이다.

셋째의 열반적정은 앞의 제행무상과 제법무아가 모두 다 괴롭다는 진리를 바르게 깨달아 이 모든 번뇌의 속박으로부터 벗어나고 미혹의 생사고해生死苦海를 초월하여 영원히 소란이 없고 항상 고요하고 평온한 불생불멸不生不滅을 체득한 최고의 이상경지理想境地를 가리키는 말이다. 즉 번뇌와 갈등 등의 헛된 욕망과 집착에서 오는 망상의 불을 불어서 끈다는 뜻이다. 그래서 열반은 애욕의 소멸이요, 우물속의 두레박처럼 되풀이 되는 생의 끝남이라고 하였다. 그래서 부처님께서는 『대반열반경』에서 그 진리를 다음과 같이 설하셨다. 이른바 무상게이다.

> 인연으로 말미암아 생겨나는 모든 것은 영원한 것이 없으니 이는
> 생겨나고 멸하는 법이다. 생겨나고 멸하는 법이 사라지니 고요하고
> 안온하여 즐겁도다.[25]

이 무상게는 연기법에 입각하여 세간의 만물은 어느 것 하나라도 영원히 머무는 것이 없이 생멸변화生滅變化하여 고정된 실체가 없으므로 부지런히 정진하여 생멸의 세계를 벗어나 영원불멸의 세계를 찾아가라는 교훈이다. 부처님께서는 이 마지막 구절을 듣기 위하여 나찰에게 몸까지 던져주지 않았던가.

이 열반적정의 세계, 즉 해탈한 그 자리가 바로 우리가 염원하는 삼독심이 완전 소멸된 맑고 깨끗한 정토의 세계요, 자유와 평등과 안락만이 존재

---

24) 『般若波羅蜜多心經』(대정장8, p.848하) 참조.
25) 『大般涅槃經』卷下(대정장1, p.204하) 諸行無常 是生滅法 生滅滅已 寂滅爲樂. 이 무상게는 원시불교 이후 대승불교가 일어나기까지의 근본교설로써 매우 중요한 게송 가운데 하나이다.

하는 이상의 세계가 아닌가. 이 깨달음의 자리에다 수많은 제불보살諸佛菩薩은 보살도를 닦아 각자의 서원에 따라 정토를 건설하는 것이다.

그런데 이 세 가지 진리에는 한 가지 의문이 제기된다. 그 의문이란 '물질로 이루어진 일체만물은 언제인가는 부서져 없어지므로 이 몸뚱이 또한 사대로 흩어져 없어지는데 그 무엇이 있어서 열반적정의 세계를 찾아 가는가'이다. 이는 매우 근본적인 의문이지만 그 해답은 우리가 반드시 알아야할 궁극적 답이기도 하다. 그러면 '그 무엇'이란 과연 무엇일까.

4. 묘한 존재

간단하다. '그 무엇'이란 바로 '나'라는 존재이다. 그런데 여기서 또 의문이 생긴다. '나'라는 존재는 이미 없어졌다고 했거늘, 어찌 또 '나'가 있다는 말인가. 이 의문 또한 간단하다. 즉 '나'라는 무상한 존재 속에는 무상하지 않은 또 하나의 '나'가 있다는 것을 말한다. 이를 유식학에서는 제8아뢰야식이라고 한다. 즉 '가짜 나'와 '진짜 나'를 말하는 것이다. 결론적으로 이 '진짜 나'라는 묘한 존재가 열반적정의 세계를 찾아가는 주인공인 것이다.

그러면 '진짜 나'를 어떻게 찾아야 하는가. 이 또한 간단하다. 먼저 '가짜 나'를 헌신짝처럼 버리면 된다. 그러면 그 자리에 진짜 내가 홀연히 나타난다. 마치 구름이 걷히면 밝은 보름달이 나타나듯이…

이를 알리는 유명한 시가 있다. 제목은 「사부시四浮時」라고 하는데, 이 시는 신라 신문왕대에 부설거사(681~691)가 일찍이 불도를 깨달아 지은 것이다. 그 내용이 '가짜 나'가 무엇인지 잘 표현하고 있다.

> 첫째는 처자 권속이 삼대같이 많으며, 금은 보물이 산더미 같더라도 임종시에는 고혼만이 혈혈孑孑이 홀로 떠나가니 모두 허망하여 뜨고 뜬 것이다. 둘째는 날마다 분주하게 금관복을 입고, 벼슬살이를

하지만, 벼슬이 겨우 높아지자마자 이미 백발이 되었더라. 그래서 황
혼 길이 가까운데 염라대왕이 사람 높은 것을 두려워하지 않나니 생
각하면 다 허무해서 뜨고 뜬 것이다. 셋째는 마음씨가 곱고 말을 잘
하기를 풍뢰風雷와 같이 사자후를 하고, 글을 잘해서 조리에 정연하
고 감정이 풍부한 시와 문장으로 천하 사람을 울리고 웃겨서 가볍게
보더라도 여러 생애에 걸쳐 '나'다하는 인아상人我相만 증장하여 자
기의 생명을 자유로이 못하니 생각하면 다 허무해서 뜨고 뜬 것이다.
넷째는 설사 설법하기를 운우雲雨와 같이 하여 하늘에서 꽃비가 내리
고 돌장승이 머리를 조아리더라도 마른지혜로는 능히 생사를 면치
못하니 생각하면 다 허무해서 뜨고 뜬 것이다.[26]

라고 하였다. 이 시는 부설거사가 인간세상의 부귀영화는 마치 뜬 구름 같
이 허망하다는 인생무상을 말한 것이다. 이것이 헌신짝처럼 버려야하는
'가짜 나'이다. 그래서 스님들은 천도재를 지낼 때 죽은 사람으로 하여금
진짜 나를 깨닫게 하기 위해 다음과 같은 염불로써 영靈을 위로한다.

　　　태어날 때는 어디서 왔으며, 죽은 후에는 어디로 가는가. 태어남은
　　한 조각 뜬 구름이 일어남과 같고, 죽음은 한 조각 뜬 구름이 사라짐
　　과 같다. 뜬 구름 자체는 본래 실체가 없으니 태어나고 죽는 것 또한
　　이와 같다. 그러나 오직 한 물건이 있어 홀로 밝아, 담연히 생과 사를
　　따르지 않네.[27]

라고 들려준다. 여기서 '오직 한 물건이 있어 홀로 밝아'라고 했는데, 이
'한 물건'이 진짜 나를 말한 것이다. 즉 이 '한 물건'은 영원히 사라지지 않
는 불멸의 존재 그것이다. 그래서 이 존재는 색신色身이 되어 세세생생世世

---

26) 이 사부시는 『釋門儀範』 권하(법륜사, 1984) p.291.1항에 실려 있다. 부설거사의 전기는 조선시대 영허
　　(1541~1609)가 지은 『浮雪傳』(『영허집』 권3 한불전8, p.40중)에 실려 있다.
27) 生從何處來 死向何處去 生也一片浮雲起 死也一便浮雲滅 浮雲自体本無實 生死去來亦如然 獨有一物常獨
　　路 湛然不隨於生死 안진호 『釋門儀範』(법륜사, 2001) p.519 참조.

生生[28] 나고 죽음을 거듭하기도 하고, 법신法身이 되어 나고 죽음이 없는 열반의 세계에서 영원한 삶을 누리기도 한다. 나는 그 '한 물건'이란 존재를 이렇게 정의하였다.

이것은

있는 것도 아니요

없는 것도 아니요

거짓도 아니요 참도 아니요

실다운 것도 아니요 허망한 것도 아니요

착한 것도 아니요 악한 것도 아니요

큰 것도 아니요 작은 것도 아니요

모난 것도 아니요 둥근 것도 아니요

긴 것도 아니요 짧은 것도 아니요

음陰도 아니요 양陽도 아니다

그래서

색깔도 없고

소리도 없고

향기도 없고

맛도 없고

감촉도 없다

그러나

태산보다 높고

바다보다 넓고

---

28) 세세생생이란 대대로 끊임없이 윤회를 거듭하는 것을 말한다. 그래서 『대승본생심지관경』卷三(대정장3, p.302중)에서는 "중생은 윤회하며 육도에 태어나니, 마치 수레바퀴가 시작도 끝도 없이 돌아가는 것과 같네. 때로는 부모가 되고, 때로는 부부가 되기도 하며 거듭되는 아득한 시간동안 은혜를 입노라. 부모를 만난 것처럼 중생을 평등하게 대하니, 성인의 지혜를 증득하지 않고서는 그것을 알 근거가 없도다. 모든 남자는 누구나 아버지요, 모든 여인은 누구나 어머니인 것이다"라고 하였다.

일월보다 밝고

전광보다 빠르다

다만 인연을 따라 나타나니 참으로 묘[29] 한 놈이다

　이것이 '진짜 나'의 모습이다. 이를 진아眞我라고 하였다. 그런데 이 말을 잘 새겨야 한다. 진아는 '가짜 나'를 버리지 않는 한 끝까지 그 모습을 나타내지 않는다는 것을. '진짜 나'는 진정 '가짜 나'를 버릴 때 홀연히 나타난다는 것을. 그러므로 이 진아를 알면 인생길은 절대로 외롭거나 고독하지 않다. 그리고 이 진아는 내 육신이 사라진다고 해도 자유자재한 법신의 몸으로써 시방법계 어디든지 찾아갈 수 있고, 내가 태어나고 싶은 곳에 마음대로 태어날 수 있다. 이 진아를 부처님께서는 불성佛性 또는 자성自性이라고 이름 하였다. 이 진리를 알면 불교공부는 이미 마친 셈이다.

5. 일체중생실유불성一切衆生悉有佛性

　이 말은 일체중생은 누구라도 부처가 될 수 있는 성품을 지니고 있다는 뜻이다. 여기서 불성(buddha-garbha)이란 '부처님의 본성'으로서 깨달음 또는 성불을 가능케 하는 종자를 말한다. 이를 여래장如來藏이라고 하였다. 그래서 부처님은 『대반열반경』에서 말씀하시기를,

　　일체중생이 모두 불성을 가지고 있지만 번뇌에 덮여 있으므로 알지 못하고 보지 못할 뿐이다. 그러므로 마땅히 부지런히 방편을 닦아 번뇌를 끊어 없애야 한다.[30]

---

29) 묘묘란 이것저것 헤아려 볼 수 없는 것, 절대적으로 비교할 수 없는 것, 대단히 뛰어난 것, 우리들의 생각을 뛰어넘어서 있는 것, 감각으로 잡을 수 없는 것, 숨겨진 본질 등을 말한다.
30) 『大般涅槃經』卷第七「如來性品」(대정장12, p.405중) 참조.

고 하셨다. 이 말씀은 중생은 누구라도 부처가 될 수 있는 성품을 지니고 있으므로 열심히 공부하고 정진하여 스스로 깨달은 존재, 즉 부처가 되어 괴로움을 유발하는 모든 번뇌의 뿌리를 완전히 뽑아 없애어 해탈한 '진짜 나'를 찾아 열반적정의 세계에 들라는 것이다. 그래서 불성을 자성自性이라고 말한 것이다.

그래서 부처님께서는 항상 "진실한 자기의 눈을 뜨라"고 이르셨다. 이 말씀은 우리가 현재 보는 눈의 눈 속에는 보이지 않는 제3의 묘한 무엇이 있다는 것을 의미한다. 그것이 불성이며, 자성이며, 여래장이며, '진짜 나'의 근원이다. 부처님께서는 이를 가르치시고자 『보성론』에서 여래장을 '①시들은 연꽃속의 부처님, ②벌떼 속의 꿀, ③껍질속의 실과, ④똥 속에 떨어진 금, ⑤가난한 집에 있는 금광, ⑥열매속의 씨앗, ⑦더러운 옷 속의 금, ⑧천한 여인이 잉태한 왕, ⑨주형속의 금불상'에[31] 비유했다. 그리고 이를 다음과 같이 설명하신다.

첫째의 시들은 연꽃속의 부처님이란 시들어 버린 큰 연꽃 속에 부처님이 계시나 중생들의 눈엔 꽃 속에 계시는 부처님을 보지 못하고, 다만 시들은 꽃의 추함만을 본다.

둘째의 벌떼속의 꿀이란 벼랑에 서있는 나무에 무수한 벌들이 꿀을 둘러싸고 있지만, 중생들의 눈엔 벌떼만 보이지 그 속에 꿀을 보지 못한다.

셋째의 껍질속의 실과란 껍질 속에는 반드시 실과가 있는데 중생들의 눈은 껍데기만 보고 그 속의 실과를 보지 못한다.

넷째의 똥 속에 떨어진 금이란 똥 속의 금은 백 천세가 지나도 변하지 않지만, 중생들의 눈엔 더러운 똥만 보이지 그 속의 금은 보이지 않는다.

다섯째의 가난한 집에 있는 금광이란 어떤 가난한 집 밑에 금광이

---

31) 勒那摩提譯 『究竟一乘寶性論』 卷第一 「無量煩惱所纏品」(대정장31, pp.814중~816상) 참조.

있지만, 중생들의 눈엔 집만 보이지 그 밑의 금광이 보이지 않는다.

여섯째의 열매속의 씨앗이란 열매 속엔 반드시 씨앗이 있지만, 중생들의 눈엔 열매만 보이지 그 속에 씨앗이 보이지 않는다.

일곱째의 더러운 옷 속의 금이란 더러운 옷소매에 금이 있지만, 중생들의 눈엔 추한 옷소매만 보이지 그 속에 감춰진 금을 보지 못한다.

여덟째의 천한 여인이 잉태한 왕이란 어떤 천한 여인이 장차 왕이 될 아이를 잉태하였지만, 중생들의 눈엔 그 아이가 천한 아이로만 보이지 장차 왕이 될 것을 알지 못한다.

아홉째의 주형속의 금불상이란 어떤 대장장이가 금불상을 만들기 위해 흙으로 주형을 만들고 금을 부었지만, 어리석은 중생들은 더럽게 그슬린 주형만을 보았지 그 속의 금불상은 보지 못한다."[32]

고 하셨다. 이와 같이 아홉 가지의 비유를 들어 여래장을 설명하고 있다. 이러한 비유는 모든 중생이 본질적으로는 부처의 종자를 가지고 있지만, 객진번뇌客塵煩惱에 둘러싸여 그것을 보지 못한다는 말이다. 위에서 비유한 ①시든 꽃, ②벌떼들, ③껍질, ④똥, ⑤집, ⑥열매, ⑦더러운 옷소매, ⑧비천한 여인, ⑨주형은 번뇌의 때를 의미한다. 그리고 그 대상인 부처님, 꿀, 실과, 똥 속의 금, 금광, 씨앗, 옷 속의 금, 왕, 금불상은 여래장을 의미한다. 이와 같이 불성은 숨겨져 있지만 중생은 볼 수가 없다. 그러면 어떻게 해야 볼 수 있을까. 그것은 오직 마음의 눈을 뜨는 수행에 의해서 볼 수 있다. 그래서 부처님께서는 『대반열반경』에서 다음과 같이 말씀하신다.

선남자야, 그대가 "중생에게 모두 부처님 성품이 있어서 마땅히 아뇩다라삼먁삼보리를 얻는 것이 마치 자석과 같다"고 말한 것은 훌륭하고 훌륭하다. 부처님 성품이 있는 인연의 힘으로 아뇩다라삼먁삼보리를 얻지만, 만약 성스런 도를 수행할 필요가 없다고 말한다면 이

---

32) 위의 책.

의미는 옳지 않느니라. 선남자야, 비유하면 어떤 사람이 광야를 가다가 갈증이 일어날 때에 우물을 만났는데, 그 우물이 깊고 어두워서 비록 물을 볼 수는 없어도 (그 속에) 반드시 물이 있다는 것을 알기 때문에 이 사람이 방편으로 두레박을 구해서 물을 길어 올리면 곧 물을 보게 되느니라. 불성도 또한 그래서 일체중생에게 있기는 하지만, 반드시 무루無漏의 성스런 도를 수행한 뒤에야 보느니라. 선남자야, 깨가 있으면 곧 기름을 만들 수 있지만, 여러 방편을 여의고는 만들 수 없으며, 사탕수수도 또한 그러니라. 선남자야, 삼십삼천과 북쪽 울단월주는 존재하고 있지만, 선한 업과 신통력과 도력이 없으면 보지 못하고, 땅 속에 있는 풀뿌리나 땅 밑에 있는 물도 흙에 덮여 있기 때문에 중생이 보지 못하느니라. 불성도 또한 그래서 성스런 도를 수행하지 않기 때문에 보지 못하느니라.[33]

고 하셨다. 이 얼마나 고마우신 말씀인가. 왜냐하면 위의 말씀에서 "일체중생은 다 불성이 있으므로 모두가 성불할 수 있다"고 하셨기 때문이다. 여기서 일체중생이란 사람을 비롯하여 나는 짐승, 기는 짐승, 꿈틀대는 벌레에 이르기까지 살아 숨 쉬는 일체유정들을 말한다. 그런데 중생들은 성스러운 수행을 하지 않으므로 그 불성을 보지 못한다고 하였다. 때문에 중생은 세세생생 육도六道를 윤회하는 것이다. 그러나 반대로 성스러운 수행을 하여 불성을 본다면 누구든지 영원불멸의 열반세계에 드는 것이다. 여기서 성스런 수행이란 육바라밀·팔정도 등의 여러 선방편적 수행을 말한다.

6. 찾아갈 곳 어디인가

우리는 지금까지 인생의 실상을 알았다. 그러면 이제 찾아갈 곳은 어디

---

33) 『大般涅槃經』卷第三十二「師子吼菩薩品」(대정장12, p.555중) 참조.

일까? 그곳은 크게 두 곳이다. 하나는 윤회를 벗어난 '열반의 세계'요, 또 하나는 윤회를 해야만 하는 '육도의 세계'이다. 여기서는 육도의 세계를 새겨보고자 한다. 육도란 지옥地獄·아귀餓鬼·축생畜生·수라修羅·인간人間·천상天上의 세계를 말한다. 그 실상은 다음과 같다.

(제1) 지옥도는 중생이 지은 악업으로 인해서 태어나는 고통이 극심한 세계로써 경론에 따라 여러 종류를 말하지만 대개 무간지옥無間地獄·팔열지옥八熱地獄:八大·팔한지옥八寒地獄·고독지옥孤獨地獄 등이 있고, 팔대八大 또는 팔한지옥의 하나하나에는 16소지옥十六小地獄이 있어 모두 염부제閻浮提 아래 2만 또는 3만 2천 유순由旬의 장소가 있다. 또한 흑사黑沙·비시沸屎·철정鐵釘·기아飢餓·목마름渴·일동확一銅鑊·다동확多同鑊·석마石磨·농혈膿血·양화量火·회화灰火·철환鐵丸·근부釿斧·시랑豺狼·검수劍樹·한수寒水의 각 지옥이 있는데 여기에서 받는 고통은 필설로는 다 할 수 없다고 한다.[34]

(제2) 아귀도는 굶주린 존재들이 사는 곳으로 항상 배고픔과 목마름에 고통을 받는 곳이다. 그들은 목구멍은 바늘구멍만 하고 그 배는 산과 같아서 배를 채울 수 없고 비록 음식을 얻을지라도 음식이 변하여 불이 된다. 그들은 한량없는 천겁에도 장물과 음식의 이름조차도 듣지 못하는 세계이다.[35]

(제3) 축생도는 새나 짐승·물고기·벌레·곤충류들이 사는 세계를 말한다. 축생은 고통이 많고 낙이 적으며 식욕과 음욕만 강하고 무지하여 항상 어둠과 공포 속에서 사는 괴로운 세계를 말한다.[36]

(제4) 인간도는 중간적인 존재들이 살고 있는 세계로 바로 우리 인간들이 사는 세계를 말한다. 밑으로는 지옥·아귀·축생의 세계이고 위로는 신들이 사는 세계이다. 이 인간도에 태어나는 것은 크나큰 축복이다. 왜냐하면 인간세계는 괴로움이 항상 따르지만 해탈할 수 있는 수행 조건을 갖추

---

34) 『長阿含經』「第四分世記經地獄品」(대정장1, p.121중하) 참조.
35) 위의 책(대정장1, p.121중하),『大乘本生心地觀經』「離世間品」(대정장3, p.318중) 참조.
36) 『中阿含經』「大品癡慧地經」(대정장1, p.761상중) 참조.

고 있는 세계이기 때문이다.[37]

(제5) 천상도는 신들이 사는 세계로 그들이 머물고 활동하는 영역은 무수히 많다. 그들의 거주지는 욕계·색계·무색계에 다 살고 있다. 이 신들은 그들이 지은 전생의 선업善業에 의해 장수와 복을 누린다. 그러나 그들은 영원한 생명과 복을 누리며 살지는 못한다. 왜냐하면 그들이 오랜 세월 누리는 행복으로 인하여 괴로움에 대한 진리를 이해하지 못하기 때문이다. 따라서 그들은 해탈을 얻을 생각을 가질 수 없다. 그러므로 그들은 그들이 지은 공덕이 다하면 천도를 떠나 다른 세계에 태어나게 된다. 그래서 그들은 인간들보다 좋은 조건을 갖고 있지만 해탈을 얻기 위해서 인간 세계에 태어나려고 한다. 즉 인간 세계는 수행을 하여 업을 지을 수 있지만 천상 등 다른 세계에서는 업을 소비하는 세계이기 때문이다.[38]

(제6) 수라도는 아수라의 영역으로 수라장修羅場과 같은 말이다. 수라장은 아수라가 제석천帝釋天과 싸우는 장소를 말하는데, 격렬한 전투를 하는 피비린내 나는 장소를 말한다. 요즘 우리가 흔히 말하는 '아수라장'이란 말은 여기에서 유래되었다고 할 수 있다. '수라'라는 말은 아수라의 준말이며 일종의 귀신을 말하는데 아수라는 팔부중八部衆[39]의 하나로 그들의 주거지는 수미산 아래 큰 바다 밑에 있다. 아수라는 천天도 아니고 인간도 아니며 수라라는 세계가 별도로 존재하는 것도 아니면서 항상 투쟁을 일삼는 존재를 말한다. 수라에 떨어지는 중생은 항상 아첨하고 속이며, 성을 내어 싸우기를 좋아하기 때문이다.[40]

이상 여섯 곳이 우리 중생들이 찾아갈 곳이다. 이러한 세계를 우리 중생들이 업력에 의하여 시작도 끝도 없이 마치 우물속의 두레박이 오르락내

---

37) 위의 책(대정장1, p.761하) 참조.
38) 초기경전에서는 윤회의 세계에 대해 이와 같이 오도를 설하고 있다. 그런데 후기경전에서 육도를 설하는데 육도는 오도에 수라도修羅道를 하나 더 넣은 것이다. 『長阿含經』(대정장1, p.12중) 참조.
39) 팔부중은 불타의 가르침을 수호하는 8종의 신들로서 영적인 존재이다. 천룡天龍·야차夜叉·아수라阿修羅·가루라迦樓羅·긴나라緊那羅·마후라가摩睺羅迦·인人·비인非人 등으로 여러 경전에 나타나 있다.
40) 『六道伽陀經』(대정장17, p.454하), 『六趣輪廻經』(대정장17, p.457중), 『阿毘達磨大毘婆沙論』(대정장27, p.868중) 수라도는 육도를 약하여 오도로 할 때 천상·인간·아귀·축생·지옥에 모두 속한다.

리락하는 것과 같이 돌고 돈다는 뜻으로 이를 '윤회輪廻'[41] 라고 하였다. 그래서 부처님께서는 『증일아함경』에서 다음과 같이 말씀하셨다.

> 나는 이 삼매에 드는 마음으로 말미암아 청정하여 더러움이 없고, 또한 번뇌가 없으며 두려움이 없어 과거 무수한 겁의 전생의 일을 스스로 아노라. 그때에 나는 일생·이생·삼생·사생·오생·십생·이십생·삼십생·사십생·오십생·백생·천생과 이루어지고 무너지는 겁의 일을 모두 다 아느니라. 즉 나는 어디서 나서 사는 무엇이며, 이름은 무엇이었고, 어떤 음식을 먹고 어떤 괴로움과 즐거움을 받았으며, 저기서 죽어 여기서 나고 여기서 죽어 저기서 난 인연의 본말을 모두 밝게 아느니라.[42]

라고 하셨다. 이와 같이 부처님께서는 이미 저기서 죽어 여기서 나고 여기서 죽어 저기서 나는 인연의 본말을 모두 밝게 아신다고 하셨다. 그러면 이러한 윤회전생설이 발생하게 된 원인은 무엇일까.

그것은 다름 아닌 연기에 의한 인과법칙을 따라야 하기 때문이다. 즉 무명無明에 쌓인 어리석은 중생은 자성을 보지 못하여 우주 인생의 진리인 진여眞如의 세계를 올바르게 인식하지 못하기 때문에 인과 법칙에 따라 시간적으로는 과거·현재·미래의 삼세三世에 걸쳐 끊임없이 계속 이어지고 공간적으로는 삼계三界를 끊임없이 계속 오르내린다는 것이다. 여기에서 윤회전생설이 나오게 된 것이다.

여기서 조금 더 윤회의 실상을 알아보자. 다음의 부처님 말씀에서 우리

---

41) 윤회라는 말은 범어로 삼사라(saṃsāra)인데 삼(sam)은 '함께'이고 사라(sāra)는 '달리는 것'을 의미한다. 이를 중국에서는 '수레바퀴가 돈다'라는 뜻으로 윤회輪廻라고 번역하였다. 즉 윤회는 여러 세계를 돌아다니면서 생사生死를 끊임없이 되풀이 하는 것으로써 한 존재가 죽으면 이 세상이나 다른 세상에 새로운 몸을 받아 태어나게 되고 그곳에서 살다가 죽으면 또 그곳이나 다른 세상에 태어난다는 의미이다. 이것을 마치 '수레바퀴가 도는 것 같다'고 표현한 것이다. 그래서 부처님께서는 『관불삼매해경』(대정장15, p.674중)에서 말씀하시기를 "삼계의 중생이 육취에 윤회하는 것이 휘도는 불바퀴와 같다"고 하셨고, 또 『원인론』(대정장45, p.709중)에서는 "겁에 겁을 거듭하여 나고 또 나며 윤회가 끊어지지 않고 시작도 끝도 없는 것이 급정륜과 같다"고 하셨다.
42) 『增壹阿含經』(대정장2, p.666중) 참조.

중생들은 시작도 끝도 없이 무한히 윤회함을 알 수 있다. 『잡아함경』의 「혈경血經」·「누경淚經」·「모유경母乳經」[43]에 보면 나고 죽음이 수레바퀴 돌듯이 되풀이 된다는 것을 「혈경」에서는 중생이 나고 죽을 때 흘린 피로 비유하였고, 「누경」에서는 흘린 눈물로, 「모유경」에서는 마신 젖으로 비유하여 제자들과 문답하셨다. 여기서는 「혈경血經」의 말씀을 새겨보기로 하겠다.

"중생들은 처음이 없이 나고 죽음으로부터 무명에 덮이고 애욕에 목이 메어 과거 오랜 동안 생사윤전하면서 괴로움의 맨 끝을 알지 못한다. 비구들이여, 너희들 생각에는 어떠하냐. 항아의 많은 물은 큰 바다로 흘러 들어가는데 그동안의 흐른 물과 너희들이 과거 오랜 동안 생사윤전하면서 몸을 부수어 흘린 피와 어느 쪽이 많겠느냐." 비구들이 아뢰기를, "저희들이 알고 있는 것이 부처님의 말씀하신 뜻과 같다면 저희들이 과거 오랜 동안 생사윤전하면서 몸을 부수어 흘린 피가 훨씬 더 많나이다. 그것은 항하의 물보다 백 천만 배나 더 많나이다." "항하의 물은 그만 두고라도 내지 네 큰 바다의 물과 너희들이 과거 오랜 동안 나고 생사윤전하면서 몸을 부수어 흘린 피와 어느 쪽이 더 많겠느냐." "저희들이 알고 있는 것이 부처님의 말씀하신 뜻과 같다면 저희들이 과거 오랜 동안 생사윤전하면서 몸을 부수어 흘린 피가 훨씬 더 많아 네 큰 바닷물을 넘을 것이옵니다." "착하고 착하도다. 너희들이 과거 오랜 동안 생사윤전하면서 몸에서 흘린 피는 수없이 많아 저 항하의 네 큰 바닷물을 훨씬 넘을 것이다. 무슨 까닭인가. 너희들은 과거 오랜 동안에 일찍 코끼리로 태어나 혹은 귀·코·머리·꼬리와 네 발을 끊기었으니 그 피는 한량이 없다. 혹은 말의 몸이나 낙타·나귀·소·개와 여러 짐승들의 몸을 받아 귀·코·머리·발과 온몸을 베이었으니 그 피는 한량이 없는 것이다. 또 너희들은 과거 오랜 동안에 혹은 도적에게 혹은 남에게 해침을 당해 머리·발·귀·코를 베

---

43) 『雜阿含經』(대정장2, pp.240중~241중) 참조.

이고 온 몸이 잘리었으니 그 피는 한량이 없는 것이다. 너희들은 과거 오랜 동안에 몸이 허물어지고 목숨이 끝나 묘지에 버려졌으니 고름과 피는 흘러 수 없고 한량없다. 혹은 지옥·축생·아귀에 떨어져 몸이 허물어지고 목숨이 끝나 그 흘린 피도 또한 한량이 없기 때문이니라."[44]

라고 하셨다. 이와 같이 부처님께서는 중생들이 생사윤전生死輪轉하는 모습을 자세히 말씀하고 계시는데 여기서 우리는 불교의 윤회사상을 분명히 알 수 있다. 그런데 여기서 우리가 꼭 알아두어야 할 것이 있다. 이러한 윤회의 원인은 바로 우리가 지은 업보에 의한 것이라는 사실이다. 그러므로 우리 인간이 죽으면 계속 인간으로 태어나지는 않으며, 축생 또한 계속 축생으로 태어나지는 않는다고 하는 것이다. 이 말은 수없이 되풀이 되는 태어남 가운데 업보에 의하여 여러 가지 형태로 태어날 수 있기 때문이다.

그러면 업보란 무엇인가. 업보란 말 그대로 업의 보답이다. 즉 선악의 업인業因에 따라 나타나는 고락苦樂의 과보를 말한다. 업이란 말의 뜻을 보면, 업은 범어 카르마(karma)로 몸과 입과 뜻으로 짓는 그 세력을 말한다. 즉 신체의 동작, 입으로 하는 말, 마음의 의사나 생각 모두를 총칭하는 말로서 그 행위가 남기는 잠재적인 힘(업력業力)인 몸과 입과 뜻(신구의身口意)의 '삼업三業'에 의해 이루어지는 선악의 행위가 나중에 어떠한 결과를 초래하는 것을 말한다.

여기서 우리는 이 삼업이 발생하게 되는 동기가 무엇인가를 알아야 한다. 업의 행위는 육체와 정신으로 나누어진다. 즉 몸과 입을 통하여 나타나는 업은 육체적인 업으로써 신업身業·구업口業이라 하고, 이에 대해 뜻을 통하여 나타나는 업은 정신적인 업으로서 의업意業이라고 불린다.[45] 이를 합하여 삼업이라 한 것인데 여기서 새겨야 할 것이 있다. 즉 몸과 입의 육체적인 두 업은 정신적인 의업으로 인하여 나타난다는 것이다. 이 말은

44) 위의 책(대정장2, p.240중하) 참조.
45) 사사끼겐준著 김효경, 김길상 譯註 『업이란 무엇인가』(弘法院, 1992) pp.71~72 참조.

곧 우리가 마음먹기에 따라서 악도惡道와 선도善道가 결정된다는 뜻이다. 다시 말해 몸과 입은 무엇을 하고자하는 생각思이 없이는 움직이지 않는다는 것으로써 이 의업이 윤회의 주체가 된다는 것을 말하는 것이다. 이것을 부처님께서는 사이업思已業과 사업思業이라고 이름 하셨다. 사업이란 마음속으로 여러 가지를 생각하는 업이고, 사이업이란 마음속으로 생각하고 있는 것이 밖으로 나타난 업이다. 즉 마음속에서의 분별사유分別思惟의 작용이 밖으로 나타나서 신체의 동작이나 언어가 발동하게 된다는 논리다.[46]

　　이상과 같이 윤회의 실상과 업보설의 개념을 간략하게 새겨보았다.[47] 이와 같이 중생은 업보에 의하여 육도를 윤회하는 것이며, 우리 중생이 찾아가는 세상이다. 그러나 알아야할 것은 이 천상이나 인간세계는 선도이기는 하지만 결국 윤회를 면치 못하는 세계이다. 그래서 부처님께서는 부지런히 성스러운 수행을 하여 자성을 찾아 법신法身이 되어 이 윤회를 벗어난 '열반의 세계'에 들라고 말씀하신 것이다. 이 열반의 세계가 고통과 괴로움에서 완전히 해방된 세계이다. 이 열반의 세계는 부처님 자신이 내심內心을 깨달은(자내증自內證) 진리의 세계를 말한다. 따라서 이 세계는 부처의 경지에 도달해야만 알 수 있는 세계로써 중생의 눈으로는 과연 알 수도 없고 볼 수도 없는 세계이다. 그러나 만약 불성을 깨닫기만 한다면 법신의 몸이 되므로 삼천대천세계를 자유자재하게 다닐 수 있으며, 또한 화신이 되어 자신이 원하는 곳을 택하여 원하는 몸으로 태어날 수 있다. 불성을 깨달아야하는 까닭은 바로 여기에 있는 것이다.

7. 인생유형人生類型

　　인간의 유형을 보면 실로 각양각색이다. '복이 많은 사람이 있는가 하면 지지리도 복이 없는 사람이 있고, 잘 생긴 사람 이 있는가 하면 못생긴

---

46) 여기에 대해서는 『阿毘達磨俱舍論』「분별업품」(대정장29, p.67중)에서 자세히 설명하고 있다.
47) 이 윤회사상에서 가장 중요한 것은 윤회의 주체이다. 초기불교에서는 주로 업보가 윤회의 주체가 되고 있다. 그런데 대승불교에 이르러서 유식학파의 아뢰야식설을 세워 이를 영원한 심식으로 윤회의 주체라고 설명하지만 결국 대·소승을 비롯한 모든 학파는 윤회의 주체를 '업상속이론'에 그 근원을 두고 있다고 할 수 있다.

사람이 있고, 키가 큰 사람이 있는가 하면 난쟁이도 있고, 부자로 사는 사람이 있는가 하면 가난하게 사는 사람이 있고, 유식한 사람이 있는가 하면 무식한 사람이 있고, 악한 사람이 있는가 하면 착한 사람이 있고, 피부가 검은 사람이 있는가 하면 피부가 흰 사람이 있고, 항상 건강한 사람이 있는가 하면 항상 병고에 시달리는 사람이 있고, 말 잘하는 사람이 있는가 하면 아예 말 못하는 벙어리도 있고, 천리를 보는 사람이 있는가 하면 한 치 앞도 못 보는 장님도 있고, 남을 부리는 사람이 있는가 하면 남으로부터 부림을 당하는 사람이 있고, 살생을 좋아하는 사람이 있는가 하면 방생을 좋아하는 사람이 있고, 도둑질을 좋아하는 사람이 있는가 하면 오히려 내 것을 주는 사람이 있고, 항상 악한 말을 좋아하는 사람이 있는가 하면 항상 좋은 말만 하는 사람이 있고, 언제나 존경받는 사람이 있는가 하면 언제나 천대받는 사람이 있고, 항상 남을 속이는 사람이 있는가 하면 항상 정직한 사람이 있고, 항상 전쟁을 좋아하는 사람이 있는가 하면 항상 평화를 존중하는 사람이 있고, 총명한 사람이 있는가 하면 우둔한 사람이 있고, 장수하는 사람이 있는가 하면 단명 하는 사람이 있고, 오직 남을 위한 사람이 있는가 하면 오직 나만을 위한 사람이 있는 등등' 참으로 각양각색 천차만별千差萬別이다. 그래서 부처님께서는 『잡아함경』에서 사람의 종류를 다음과 같이 설하신다.

> 대왕이여, 사람에겐 네 가지 종류가 있습니다. 어떤 것이 넷인가. 어떤 사람은 어둠에서 어둠으로 들어가고, 어떤 사람은 어둠에서 밝음으로 들어가고, 어떤 사람은 밝음에서 어둠으로 들어가고, 어떤 사람은 밝음에서 밝음으로 들어갑니다.
>
> ①대왕이여, 어떤 사람이 어둠에서 나와 어둠으로 들어가는가. 이른바 어떤 사람은 비천한 가문 즉 찬다알라의 집, 고기잡이의 집, 대나무기구를 만드는 집, 수레를 만드는 집이나 그 밖의 갖가지 하천한 장인바치 집에 태어나서 빈궁하고 단명하며 모양은 파리한데 거기다

가 천한 업을 익혀 남에게 천하게 부림을 받으면 이것을 어둠이라 합니다. 그런데 이 사람은 어둠 속에 살면서 여전히 몸과 입과 뜻으로 악행을 행합니다. 그 인연으로 목숨이 끝난 뒤에는 반드시 나쁜 세상에 나서 지옥에 떨어집니다. 마치 어떤 사람이 밤에서 밤으로 들어가고, 뒷간에서 뒷간으로 들어가며, 피로써 피를 씻고 악을 버렸다가 또 악을 받아들이는 것처럼 어둠에서 어둠으로 들어가는 것이 그와 같습니다. 그래서 이를 어둠에서 어둠으로 들어가는 것이라 합니다.

②어떤 것이 어둠에서 밝음으로 들어가는 것인가. 세상의 어떤 사람은 천한 가문에 태어나 남을 위해 온갖 천업을 하면 이것을 어둠이라 합니다. 그러나 그 사람은 어둠 속에서 몸과 입과 뜻으로 선을 행하면 그 인연으로 목숨이 끝난 뒤에는 좋은 세상에 나서 천상에 화생합니다. 비유하면 어떤 사람이 평상에 올라 말을 타고 말에서 코끼리에 올라타는 것처럼 어둠에서 밝음으로 들어가는 것 또한 그와 같습니다. 이것을 일러 어둠에서 밝음으로 들어가는 것이라 합니다.

③어떤 사람이 밝음에서 어둠으로 들어가는가. 이른바 어떤 사람은 부하고 즐거운 집, 즉 크샤트리아나 바라문이나 장자의 가문이나 그 밖의 갖가지 부하고 즐거운 집에 태어나서 여러 가지 재물과 종들과 하인이 많고, 널리 친구들을 모으며 단정하고 총명하여 지혜로운 몸을 받으면 이것을 밝음이라 합니다. 그러나 그는 그 밝음 속에서 몸과 입과 뜻으로 악을 행하면 그 인연으로 목숨이 끝난 뒤에는 나쁜 세상에 태어나서 지옥에 떨어집니다. 비유하면 어떤 사람이 높은 다락에서 내려와 큰 코끼리를 타고 코끼리에서 내려와 말을 타며, 말에서 내려와 가마를 타고, 가마에서 내려와 평상에 앉으며, 평상에서 내려와 땅에 떨어지고, 땅에서 구덩이에 떨어지는 것처럼 밝음에서 어둠으로 들어가는 사람 또한 그와 같습니다.

④어떤 사람이 밝음에서 밝음으로 들어가는가. 이른바 어떤 세상 사람은 부하고 즐거운 집에 태어나서 형상이 단정하고 엄숙하면 이것

을 밝음이라 합니다. 이 밝음 속에서 몸과 입과 뜻으로 선을 행하면 그 인연으로 목숨이 끝난 뒤에는 좋은 세상에 나서 천상에 화생합니다. 비유하면 어떤 사람이 다락에서 다락으로 가고, 이와 같이 평상에서 평상으로 가는 것처럼 밝음에서 밝음으로 들어가는 사람도 또한 그와 같습니다. 이것을 밝음에서 밝음으로 들어가는 사람이라 합니다.[48]

이 설은 파사닉왕波斯匿王의 물음에 답하신 것인데 파사닉왕의 질문은 '사람이 바라문으로서 죽으면 그는 다시 자기 성인 바라문 집에 태어나는가. 아니면 크샤트리야나 바이샤나 슈우드라 집에 태어나는가'라는 물음이었다.[49] 이를 부처님께서는 위의 네 종류의 사람에 비유하여 답하신 것이다. 이는 다음의 말과 같다.

첫째는 지옥·아귀·축생 등의 삼악도三惡道인 명계冥界에 있다가 다시 명계로 들어가는 사람(종명입명從冥入冥)이고, 둘째는 삼악도에 있다가 선행을 쌓아 인천人天 등의 밝은 세계로 나오는 사람(종명입명從冥入明)이고, 셋째는 밝은 세계에 있다가 악행이 쌓여 다시 명계로 들어가는 사람(종명입명從明入冥)이고, 넷째는 밝은 세계에서 계속 선행을 쌓아 다시 밝은 세계로 윤회하는 사람(종명입명從明入明)이다. 또 네 종류의 사람을 『아비담비바사론』에서 사람의 종류를 수명과 재물로 비유하여 다음과 같이 말씀하신다.

첫째, 수명은 다 누렸으나 재물을 다 쓰지 못하고 죽는 사람.

둘째, 재물은 모두 썼으나 수명을 다 누리지 못하고 죽는 사람.

셋째, 수명도 다 누리고 재물도 다 쓰고 죽는 사람.

넷째, 수명도 다 누리지 못하고 재물도 다 쓰지 못하고 죽는 사람[50]

---

48) 『雜阿含經』「明冥經」(대정장2, pp.304중~305상) 참조.
49) 이는 인도의 사성계급제도인 카스트를 말한 것이다. 카스트(cast)는 고대 인도의 봉쇄적인 독특한 신분계급을 말하는데 ①브라흐마나(brāhman)는 바라문(사제자司祭者)으로 제사, 종교의 권리를 독점하는 최상위의 계급이고, ②크샤트리아(kṣatriya)는 왕족(찰제리刹帝利)으로 정치, 군사의 권력을 장악하는 상위 계급이고, ③바이샤(vaiśya)는 서민(비사毘舍)으로 농업·목축·상공업에 종사하는 하위에 속하는 계급이고, ④수드라(śūdra)는 노예(수다라首陀羅)로서 노역 등에 종사하는 최하위 계급에 속하였다. 후지타 코타츠 외 권오민 옮김 『초기·부파불교의 역사』(민족사, 1989) p.23 참조.
50) 迦旃延子造 『아비담비바사론』(대정장28, p.84하) 참조.

이상과 같이 사람의 종류를 크게 네 가지로 나누어 설명하셨다. 그러면 왜 사람마다 생김과 생각이 다를까. 이에 대해 유전학적 등의 여러 답변이 있겠지만 이를 불교적으로 볼 때는 답은 한 가지 뿐이다. 이는 오직 '전생과 현생에 지은 업보에 의한 것'이라고 할 수 있다. 여기서 우리는 위에서 설하신 부처님의 말씀을 깊이 새겨야 한다. 그 까닭은 내가 어떤 길을 택하여 가느냐에 따라서 다음 생이 달라지기 때문이다. 즉 현재의 내 처지가 이러하므로 인생을 그 처지에 따라 살아갈 것이 아니라 그 처지를 바꾸는 노력이 필요한 것이다. 인생의 본래성품은 선한 것도 아니요, 악한 것도 아니다. 내가 "어떻게 사느냐"에 따라 현세에서 선한 사람도 되고 악한 사람도 된다. 그리고 이 훈습이 업이 되어 내세에서도 선한 사람으로도 악한 사람으로도 태어나게 된다. 이것이 인과응보因果應報의 법칙이다. 결론은 내가 어디서 온 것이 중요한 것이 아니라 어떻게 살아가야 하는가가 중요한 것이다. 여기에 인내가 필요하다. 그리고 신앙이 필요하다. 이 두 가지가 갖추어지면 내 처지는 전환되는 것이다. 이러한 사람이 '어둠에서 밝음으로 들어가는 문에 드는 사람'이 아닐까? 대체로 인생은 자기라는 존재를 어디에다 새기고 싶어 한다.

인생 품수

이름을
돌에 새기는 사람 하품下品
모래에 새기는 사람 중품中品
물 위에 새기는 사람 상품上品
새겨도 새긴바 없는 사람 상상품上上品

제3강

종교론

제3강 종교론

과연 종교란 무엇일까. 이 물음 역시 간단하게 답하기에는 그 의미가 복잡하고 어렵다. 왜냐하면 종교는 인류의 시작과 함께 오랜 역사를 같이하면서 수많은 사상가들에 의해 그 정의가 내려졌기 때문이다. 따라서 그 정의를 전반적으로 이해하자면 넓게는 지구상에 존재하는 모든 종교의 역사와 사상과 개념을 파악해야 한다. 여기에는 민속신앙까지 포함되어야 한다. 또한 깊게는 그 사상과 관념이 일반적인 도학이나 철학 관념을 초월하는 "그 무엇"을 추구하기 때문에 누구든 쉽게 답을 내릴 수가 없을 것이라 본다. 본 장에서는 선학들이 풀어놓은 일반적인 종교의 의미와 목적, 종교의 필요성에 대한 가장 기본적인 몇 가지의 개념을 논하면서 종교의 본질을 이해하고자 한다.

1. 종교라는 말의 의미

종교라는 말은 본래 불교에서 탄생된 용어이다.[51] 종교라는 어휘를 한문

---

51) 종교라는 말의 의미에 대해 삼지충덕三枝充悳은 다음과 같이 설명하고 있다. "종이란 불교가 내포하고 있는 가장 심오한 것을 가리키고 있는 것으로서 그것은 가령 붓다에 의해서 또는 부처님의 제자나 조사祖師나 종사宗師 등에 의해서 깨우치게 된 내용이다. 그리고 그 깨달음과 깨달음의 내용은 이윽고 어떤 형태를 취하고 표현되어 가르침이 되며, 이 가르침에 의하여 종이 제시되고 그리고 종교로써 우리들 앞에 나타나는 것이다. (…중략…) 다시 말하면 '종'이란 한학자의 여러 설이 있음에도 불구하고, 불교문헌으로 본다면 그것은 의미되는 것, 나아가서는 깨우치게 된 가장 심오한 것과 그 내용이며, 거기에 의미하는 것과 표현하는 것을 나타내는 '교'가 결합하여 여기에서 '종교'라는 언어가 나온 것이다"라고 하였다. 『종교가 지향하는 것』(佼正出版社, 1969) p.24. 이 글은 하세가와 요조 지음, 이동형 옮김 『기독교와 불교의 동질성』(붓다의 마을, 2004) pp.23~24 참조.

으로 보면 마루 종宗에 가르칠 교敎이다. 이를 풀이하면 '으뜸가는 가르침, 가장 뛰어난 가르침, 가장 근본적인 가르침, 가장 궁극적인 가르침'이라는 뜻이다. 이 말은 산스크리트어 '싯다안타(siddhanta)'의 의역으로 '성취되어 완성되다'를 뜻하는 '싯다(siddha)'와 '끝·극치·마침'을 뜻하는 '안타(anta)'가 합쳐진 말이다.[52]

그런데 일반적으로 종교라고 하면 '릴리젼(Religion)'이라 통용되고 있다.[53] 이 말에는 어원적으로 두 가지 해석이 있는데 '릴리젼(Religion)'이라는 말의 기원은 라틴어 '릴리기오(Religio)'라는 말에서 비롯되었다고 한다. 로마의 시인이며 철학자였던 키케로(Cicero BC. 106~43)는 이 '릴리기오(Religio)'라는 말이 '(신에게) 삼가 경의를 표한다'는 의미에서 유래되었다하고, 그리스도교의 호교론護敎論자인 랙탄티우스(Lactantius 3~4세기경)는 '(신과) 다시 결합 한다'는 의미에서 유래되었다고 해석하고 있다.[54] 이 말은 '인간이 죄를 지음으로써 인간은 그 생명의 근원이 되는 신으로부터 떨어져 나오게 되었는데 그리스도를 믿음으로써 신에게로 다시 결합된다'는 뜻이다. 이와 같은 주장은 초기 그리스도교 최고의 사상가인 아우구스티누스(Augustinus 354~430)에 의하여 결정적인 용어로 확정된 것이 정착되어 오늘날까지 공통된 용어로 쓰고 있다.[55]

한편 후대의 칸트(Kant 1724~1804)는 인간으로 하여금 참인간이 되게 하는 것에는 반드시 도덕적 교육이 필요한데 그 중에는 종교가 가장 근본적이고 위대한 교육이라고 하였다. 즉 '모든 종교는 도덕을 그 전제로 한다'는 주장이다.[56] 이외에도 수많은 사상가와 철학가들이 나름대로 종교에 대한 해석을 하고 있다.

---

52) 홍선스님 편저 『比較宗敎學』(중앙승가대학교) p.134. 하세가와 요조 지음, 이동형 옮김 위의 책, p.23 참조.
53) 영어의 Religion이 종교로 번역된 것은 일본 명치2년(1869) 독일 북부 연방과의 수호통상조약 제4조에 명시된 'Religionshwengra'라는 단어를 종교라는 어휘를 써서 번역하고서부터이다. 당시의 사상가들은 종교라는 단어보다 교법敎法·종지宗旨 등의 어휘를 사용하고 있었으며, 명치 14~5년경(1881·2)부터 일반화 되었다. 홍선스님 편저 위의 책, p.134 참조.
54) 채필근 지음 『비교종교론』(대한기독교서회, 2008) p.64 참조.
55) 아우구스티누스는 신에게 등을 돌려 신으로부터 떨어진 인간을 다시 신에게로 연결시킨 것은 예수이며 따라서 종교라는 뜻의 서양적 해석인 Religio는 그리스도교가 바로 그것이라고 하였다. 이러한 주장은 최근까지 지배적이었으며 기독교에서는 이 주장을 고수하고 있다. 홍선스님 편저, 앞의 책, p.135 참조.
56) 김진 지음 『칸트와 불교』(철학과 현실사, 2004) p.272 참조.

그러면 과연 종교라는 말의 근원을 어디에 두어야 하는가. 여기에 대해서는 모두가 긍정하는 객관적인 결론을 내릴 수 없다. 왜냐하면 불교의 주장과 그리스도교의 주장이 완전 상반되기 때문이다. 즉 불교에서는 '가장 으뜸가는 가르침'이라고 해석한 것에 대해 그리스도교는 '신'을 전제로 하여 해석하기 때문이다.

필자는 이에 대한 것을 다음과 같은 견해로 해석하고 싶다. 즉 종교는 한마디로 "절대자(신)에게 귀의하는 가르침이 아니다"라는 것이다. 예를 들자면 예수님이 성경 어디서나 "나를 따르라"고 한 것과 십계명에서 "나 이외에 다른 신을 위하지 말라"고 하셨다. 그런데 이 말씀의 진정한 뜻은 '나 예수는 신이니 나 이외에 다른 신을 위하지 말라'는 뜻이 아니다. 이를 불교의 도리로 해석하자면 예수님이 말한 '나'는 절대자인 예수가 아니라 각자 본인인 '자기'를 말하는 것이다. 이를 그리스도교의 신자들은 예수님이 말한 "나를 따르라"에서의 '나'를 예수님으로 신봉하는 것은 아닐는지.

불교에서 말하는 종교는 우주만유가 본래 자기의 근본자리로 돌아가라는 가르침이다. 다시 말해 종교는 존재하지도 않는 신을 우러러 의지하는 것이 아니고, 내 안에서의 신령한 자성自性을 찾으라는 것이다. 그래서 부처님께서는 "자기 자신을 등불로 삼아 의지하고, 법을 등불로 삼아 의지하라"[57] 고 하셨고, 태어나시자마자 "하늘 위 하늘 아래 나 홀로 존귀하다"[58] 고 선언 하신 것이다. 여기서의 '나 홀로'는 결코 부처님 자신을 절대자인 신으로 세워 말한 것이 아니다. 누구라도 생명을 가진 존재는 스스로 존귀하다는 것을 말한 것이다. 다시 말해 각각 저마다 천상천하에 자기보다 귀한 존재는 없다는 것이다. 그런데 모든 종교는 그 대상을 절대자로써 신격화한다. 알라신 등이 이에 속한다. 그 중에 특히 그리스도교는 그 숭앙의 대상인 예수님을 신격화하여 그 존재를 저 먼 곳에 두고 우러러 숭배하게 하고 있다. 그러나 이 논리에 따르지 않는 종교는 오직

---

57) 『장아함경』「유행경」(대정장1, p.15중) 自燈明法燈明·自歸依法歸依.
58) 『수행본기경』(대정장3, p.463하) 天上天下唯我獨尊.

불교뿐이다. 불교는 본래 내가 우주의 주인이므로 부지런히 수행하여 존귀한 '진짜 나'를 찾아 나의 본래의 자리로 되돌아가라는 가르침이다.

2. 종교는 인생고苦의 해방을 위한 가르침이다

중생의 본질은 부유하든 빈곤하든 현재의 처지에 만족하지 않고 그 이상을 갈망한다. 그래서 인생길에는 언제나 괴로움이 동반한다. 따라서 인간사회에서의 완전한 행복이란 끝내 기대할 수 없다. 저 산천초목이나 동물들을 보라. 저들은 더우면 더운 대로 추우면 추운 대로 배고프면 배고픈 대로 자연의 순리를 거역하지 않고 살다가 때가 되면 아무런 원한도 없이 왔던 곳으로 되돌아간다. 그러나 오직 인간만이 이를 거역하고 있다. 이것이 조건화된 욕망이다. 괴로움은 이로부터 시작된다. 옛말에 "아는 것이 병"이라는 말은 이를 두고 하는 말인 것 같다. 그러면 인생의 근본적인 고苦는 무엇일까.

이에 대해서는 앞장에서 누누이 언급한 바이지만 다시 마음에 새겨보기로 하자. 부처님께서는 『대반열반경』에서 인간이 태어나 죽는 날까지 겪어야할 고통이 여덟 가지가 있다고 하셨다. 이른바 팔고八苦이다.

"첫째는 생고生苦로써 태어나야만 하는 괴로움이요, 둘째는 노고老苦로써 늙어야만 하는 괴로움이요, 셋째는 병고病苦로써 병들어야만 하는 괴로움이요, 넷째는 사고死苦로써 죽어야만 하는 괴로움이요, 다섯째는 구불득고求不得苦로써 구하는 것을 얻지 못하는 괴로움이요, 여섯째는 원증회고怨憎會苦로써 싫어하는 원수와 만나야하는 괴로움이요, 일곱째는 애별리고愛別離苦로써 사랑하는 사람과 이별해야만 하는 괴로움이요, 여덟째는 오음성고五陰盛苦로써 오음59) 이 치성하는 괴로움"60) 이다. 이 여덟 가지가 우리 인생이 한평생 살아가면서 겪어야할 피할 수 없는 괴로움이다. 그런데 인간은 이 현실을 인정하려 들지 않는다. 그러나 아무리 부정하려 해도 이

---

59) 오음五陰은 오온五蘊으로 우리 몸을 구성하고 있는 요소인 색色·수受·상想·행行·식識이다.
60) 『大般涅槃經』卷上(대정장1, p.195중) 참조.

현실은 예외 없이 찾아온다. 가을이 오면 낙엽이 지듯이….

그래서 이 인생고에 대해서 사람들은 참으로 많은 말을 남겼다. 『구약성서』에 보면 욥이 말하기를, "발가벗고 세상에 태어난 몸 알몸으로 돌아가리라.[61] … 인생은 땅위에서 고역이요, 그의 생애는 품꾼의 나날 같지 않은가"[62] 라고 탄식했고, 독일의 작가 카로사(Carossa)는 "우리들 인생이란 커다란 연극의 부지런한 공연자다(『指導와 信從』)"라고 하였고, 미국의 비평가 멩컨(Mencken)은 "인간 존재의 근본적인 사실은 비극적인 것이 아니라 진저리난다(편견)"라고 푸념하였고, 중국의 천재시인 이백李白은 "천지는 만물의 쉬는 곳이요… 인생은 꿈과 같다"고 했고, 우리 조선시대의 명기 황진이는

> 산은 옛 산이로되 물을 옛 물이 아니로다
> 주야로 흐르니 옛 물이 있을 소냐
> 인걸도 물과 같아 가고 아니 오는구나

라고 인생무상을 달관한 마음으로 말하고 있다. 이와 같이 인생은 존재 자체가 허무한 것이다. 그래서 어떤 이는 비관하여 허무주의자가 되기도 하고, 어떤 이는 달관하여 낙천주의자가 되기도 하고, 어떤 이는 이 현실을 모면하기 위해 쾌락주의자가 되기도 한다. 그러나 이들은 결국 그 갈망의 노예가 되어 삶은 마냥 고달프기만 한 것이다. 요즘 유행병인 우울증의 원인은 바로 이 인생무상을 이겨내지 못하여 생겨나는 것이다. 이로 인해 끝내는 자살을 시도하는 것이다. 그래서 이러한 현실을 감득한 영국의 낭만파시인 바이런(Byron)은 "인간이여, 너는 미소와 눈물 사이를 왕복하는 시계추이다"라고 하지 않았던가.

실로 인생은 무명장야無明長夜[63] 를 걸어가는 초라한 나그네와 같다. 그래

---

61) 『舊約聖書』(욥기1:20~22)
62) 위의 책(욥기7:1)
63) 무명장야無明長夜는 무명을 길고 어두운 밤에 비유한 말로써 '장'은 무명에 빠져 생사윤회한 시간이 길고 오래됨을 나타낸 것이고, '야'는 그 상황이 아무런 빛도 없는 깜깜한 밤과 같음을 나타낸 것이다.

서 우리의 원효스님은 일찍이 『금강삼매경론』에서 말씀하기를, "모든 중생은 무시이래로 무명의 긴 밤에 들어가 망상이라는 큰 꿈을 꾼다"[64] 고 하였다. 참으로 인생고를 간파看破한 도인다운 말씀이다. 이와 같이 인생길은 깜깜한 밤길을 걷는 것과 같이 암울하기만 하다.

그런데 만약 이 암흑의 길속에서 한 줄기 광명이 비춘다면 어떠할까. 그 기쁨은 한량없을 것이다. 이때에는 그 누구도 저 광명을 우러러 볼 것이다. 이 광명이 바로 거룩한 성현이 밝혀주는 빛으로서 구제의 등불인 것이다. 여기서 자연스럽게 신앙심이 발생되는 것이다.

이와 같이 종교는 나약한 중생들로 하여금 이 순수한 신앙심을 지니고 저 암흑의 길에서 어서 빨리 해방되어 찬란한 광명의 세계에 들게 하기 위한 더 없는 가르침인 것이다. 그래서 그 빛이 되기 위해 부처님은 설산에서 고행하시며 깨달음을 얻어 49년 동안 거룩한 법문을 설하셨고, 예수님은 저 외로운 광야에서 자유를 외치다가 끝내 십자가를 짊어지고 골고다 언덕에서 못 박혀 돌아가신 것이다. 이 숭고한 정신들은 오직 저 고뇌에 신음하는 일체중생을 해방시키고자함이 아닌가.

위에서 언급한바 인생의 근본고통을 팔고八苦라고 하였다. 그런데 이 팔고에는 팔만사천의 번뇌가 동반한다. 그러나 중생들은 그 수많은 번뇌를 스스로 만들어 놓고 그 번뇌의 그물에 걸려 그 번뇌의 노예가 될지언정 그 번뇌에서 해방될 방법을 찾지 못하고 있다. 그 까닭을 한마디로 말하면 중생은 무지無智하고 마음이 나약하기 때문이다. 이를 불교에서는 '무명無明'이라고 하였다. 이 무명은 세간의 지식으로는 벗겨내지 못한다. 왜냐하면 세간의 지식에는 언제나 집착과 욕망이 따르기 때문이다. 그러면 무엇이 벗겨내는가. 그것은 지혜智慧이다. 지혜는 사물의 실상을 올바르게 받아들여 진리를 판별하는 인식을 말한다. 종교는 오직 이 참다운 지혜를 가르치는 것이다. 그래서 종교를 위없는 가르침이라 하는 것이다.

---

64) 원효찬 『金剛三昧經論』卷中(대정장34, p.977상중) 참조.

3. 종교는 인간평등을 실현하기 위한 가르침이다

일체중생은 평등의 권리가 있다. 그런데 현실은 그렇지 않다. 왜냐하면 오직 강한 자만이 그 권리를 독차지하여 약한 자를 지배하고 있기 때문이다. 이 법칙 아닌 법칙에 의해 중생계는 항상 괴로움과 슬픔이 동반한다. 그래서 우리가 사는 사바세계를 고뇌에 가득 찬 예토穢土요, 참고 살아야만 하는 인토忍土라고 부르는 것이다. 평등이란 말 그대로 차별이 없음을 말한다. 불교적으로 말하면 심천深淺·고하高下·유무有無 등에 지배되지 않는 것을 말한다. 그래서 『원각경협송집해강의』에서 다음과 같이 말한다.

> 그러므로 알라. 상相에 집착하면 범부와 성인 사이는 하늘과 땅만큼 멀어지므로 불평등하지만, 만약 본성으로 관찰하면 범부와 성인이나 오염과 청정 등의 상이 차별되어도 모든 법은 본래 그대로 남김없이 텅 비고 고요하기에 원만한 깨달음의 본질을 알게 될 것이다. 본제本際의 성품은 본래 평등하고 본래 모자람이 없으니, 사성四聖이 고상하지 않을 뿐만 아니라 육범六凡도 하천하지 않다. 사람마다 누구나 다 갖추고 있고 낱낱의 존재가 원만하게 이루고 있어 마음과 부처와 중생 이 세 가지는 차별이 없는 것이다.[65)]

라고 하였다. 이 설은 평등의 본질을 설명한 것이다. 즉 본래성품은 공하여 평등한 것인데 인연에 따라 나타난 상相을 가지고 그것이 실상인양 고집하여 고하유무高下有無의 차별상을 따진다는 것이다.

신분차별은 동서양을 가릴 것 없이 인류가 사회라는 집단을 구성하면서 자연적으로 발생하였다. 그 대표적인 사례가 인도이다. 부처님께서 태어난 시대의 인도는 이미 심한 신분차별이 있었다. 이른바 사성四姓계급이

---

65) 『원각경협송집해강의』卷一(卍속장87, P.729중) 참조.

다. 이를 카스트(cast)라고 하는데 이 제도는 고대 인도의 봉쇄적인 독특한 신분계급을 말한다. 카스트란 말은 라틴어의 카스튜스(castus 순혈純血), 포르투칼어의 카스타(casta 혈통)에서 유래된 말이다. 인도어로는 자티(jāti 출생의 뜻)라고 한다. 이 카스트제도는 베다시대 이후, 출생에 의해 사회적 신분과 직업 등의 구분을 규정하는 특이한 사회계급 제도를 말하는데 일반적으로 사성계급제도라고 한다.

네 가지 계급은 ①브라흐마나(brāhman), ②크샤트리아(kṣatriya), ③바이샤(vaiśya), ④수드라(śūdra)로 구분된다. 이 계급의 신분을 보면 브라흐마나는 바라문(사제자司祭者)으로서 제사, 종교의 권리를 독점하는 최상위의 계급이고, 크샤트리아는 왕족(찰제리刹帝利)으로서 정치, 군사의 권력을 장악하는 상위 계급이고, 바이샤는 서민(비사毘舍)으로서 농업·목축·상공업에 종사하는 하위 계급에 속하고, 수드라(수다라首陀羅)는 노예로서 노역 등에 종사하는 최하위 계급에 속하였다.[66] 이러한 카스트제도의 근본 뿌리에는 힌두교의 가치관적 특징인 종교적 정淨과 부정不淨의 개념이 놓여 있다. 예를 들면 주검, 인간의 배설물은 부정한 것으로 간주되어 이러한 것들과 항상 접촉하는 직업을 가진 사람은 그 더러움이 그에게 부착·고정되어 있으므로 부정한 사람으로 간주되었다. 특히 시신을 처리하는 직업을 가진 사람들은 그 주검의 더러움에 염오됨이 심하여 불가촉성不可觸性이 현저한 사람으로 간주되고, 또한 땀·때·인간의 배설물 등을 손으로 만질 수밖에 없는 이발사·세탁부·산파 등은 절대로 청정한 상위계급에 속하지 못하고 최하위의 비천한 계급에 속했다.[67] 인도에 있어서 브라흐마나 시대에는 바라문을 정점으로 한 엄격한 사성계급(카스트)제도가 확립되어, 베다 종교를 배울 수 있는 신분은 바라문·왕족·서민의 계급에 한정되어 있었다. 이러한 세 가지 계급에 태어난다는 것은 생리적으로 모태에서 태어난다고 하는 의미 이외에 대개 베다를 학습한 결과로써 종교적인 재생을 의미하기 때문에 재생족(再生族 davija)이라고 한다. 그러나 카스트 가운데 최하위인 수

---

66) 후지타 코타츠 外 권오민 옮김 『초기·부파불교의 역사』(민족사, 1989) p.23.
67) 나라 야스야키 정호영 옮김 『인도불교』(민족사, 1990) p.21.

드라의 노예계급으로 태어나는 자는 일생족(一生族 ekajāti)이라고 하여 베다의 종교를 신봉하는 것이 인정되지 않았다. 즉 바라문 종교에 있어서 수드라라고 불리는 사람들은 인간으로서 인정되지 않았다.[68] 이와 같이 최하위의 신분들은 종교조차도 신앙할 수 없었다. 부처님께서 이 세상에 오실 때 태어나시자마자 "천상천하유아독존天上天下唯我獨尊"을 외치신 것은 바로 이 불평등한 계급제도를 타파하려 하신 것이다. 그 옛날 우리의 원효스님이 머리를 기르고 스스로 소성거사라는 이름을 짓고 천촌만락을 돌며 소외받는 하층민인 노비, 각설이, 거지, 고아들과 함께 뒤웅박을 치며 무애無礙춤을 추면서 여섯 자 "나무아미타불"을 외치며 가슴에 극락정토를 심어준 것은 오로지 부처님의 평등을 실현코자 한 것이다.

4. 종교는 말법중생을 제도하기 위한 가르침이다

종교는 특히 불교는 근본적으로 말법중생을 제도하여 모두 해탈케 하기 위하여 생겨난 것이다. 왜냐하면 말세의 중생은 근기가 하열하여 스스로의 힘(자력自力)으로는 도저히 깨달음을 얻기가 어렵기 때문이다. 그러므로 대자비의 큰 원력에 의지(타력他力)해야만 하는 것이다. 우리가 종교를 가져야만 하는 까닭도 여기에 있다.

• 그러면 말법시대末法時代란 어떤 시대인가

말법시대란 한 마디로 서로가 다투어 사회가 문란해지고 재변이 일어나는 등의 불안한 시대를 말한다. 그것은 이미 오늘날의 현실이 명백하게 증명하고 있다. 무상無常한 명예와 재산을 위하여 아들이 부모를 살해하고, 부부가 서로 죽이며, 나라와 나라들은 저마다 첨단의 핵무기를 만들어 전쟁을 일으키므로 온 인류가 공포에 떨어야 하는 무서운 세상이 되었다. 이

---

68) 후지타 코타츠 앞의 책, p.111 참조.

러한 세상이 곧 말법시대임을 증명하는 것이다. 그래서 이 시대에 사는 중생들의 마음은 너나 할 것 없이 온통 탐내는 마음(貪貪), 화내는 마음(진瞋), 어리석은 마음(치癡)으로 가득 차 있으므로 이 거대한 죄업의 소용돌이를 벗어날 기약이 없다.

　말법(saddharma-vipralopa)이란 정법正法이 소멸되었다는 뜻이다. 다시 말해 불법이 소멸하였다는 뜻이다. 말세末世 또는 말대末代라고도 하는데, 이는 불교의 역사관 내지 시대관을 나타내는 용어로써 불교에서는 부처님께서 열반에 드신 후 교법이 이 세상에 존재하는 모습을 시기별로 정법正法·상법像法·말법末法의 세 가지로 분류하고 있다. 이것은 부처님께서 입멸한 후 시대를 경과할수록 교법에 대한 신행이 점차로 약해지고 얇아져서 정법이 소멸되는 시기 즉 법멸法滅의 시기가 도래한다고 하는 역사관을 저변에 깔고 있다. 정법·상법·말법이라는 용어는 『대승동성경』에 나온다. 부처님께서는 여래가 응신하는 때를 말씀하시기를,

　　선장부야, 마치 오늘의 뛰고 걷는 민첩한 여래와 악마를 두렵게 하는 여래와 대자비의 뜻을 가진 여래와 같이 모든 여래는 더럽고 탁한 세상 중에서 현재 성불하고 미래에 성불할 것이니, 이는 여래가 도솔천에서 내려와 모든 정법과 모든 상법과 모든 말법에 머무르는 것을 현현하여 주는 것이니라.[69]

라고 하셨다. 또 『법화경』「안락행품」에서는 다음과 같이 설하신다.

　　또 문수사리여, 여래께서 멸도한 후 말법가운데 이 경을 설법하려면 안락한 행에 머물지니라. 입으로 선설하지 말며, 혹은 경을 읽을 때 사람들과 더불어 경전의 허물을 말하지 말라.[70]

69) 『大乘同性經』 권하(대정장16, p.651하) 참조.
70) 『妙法蓮華經』「安樂行品」(대정장9, pp.37하~38상) 참조.

라고 설하신 곳이 보이고 있다. 그런데 위의 경설들은 시기를 구체적으로 말하지 않고 있다. 이 시기에 대해서 규기는 『대승법원의림장』에서 다음과 같이 말한다.

> 부처님께서 열반에 드신 후 법의 유통형태를 정법·상법·말법의 세 시기로 구별할 수 있다. 교법·수행·증과의 세 가지를 모두 갖추고 있으면 정법 시대이고, 단지 교법과 수행만 갖추고 있으면 상법 시대이고, 교법만 있고 나머지는 없으면 말법시대이다.[71]

라고 하여 중생의 근기가 점차 약해져서 여래의 교법이 있어도 그것을 실행하고 증득하는 자가 없는 시기를 말법시대라고 하였다. 정법·상법·말법이 도래하는 시기에 대해서는 여러 가지 설이 있다. 정법·상법이 각각 천년이라는 설에 의하면 불멸 후 이천년 이후가 말법시대가 되고, 정법·상법이 각각 오백년이라는 설에 의하면 불멸 후 천년 이후가 말법시대가 되고, 정법 오백년, 상법 천년이라는 설에 의거하면 불멸 후 천오백년 이후가 말법시대가 된다. 말법의 구체적인 기간에 대해서 5천년이라는 설과 1만년이라는 설이 있으나 중국불교에서는 1만년으로 잡는 경우가 많다. 길장은 『법화현론』에서 "정법이 천년, 상법이 천년, 말법이 만년"[72] 이라고 했다.

이상과 같이 말법과 그 시기에 대해 설하고 있다. 말법사상이 유행하게 되는 사정에는 여러 가지가 있지만 첫째로는 요말漢末[73] 을 설명하여 정·상의 시한을 밝히는 경전에 접했던 것이고, 둘째로는 요말의 모습을 목전에 드러내 보이는 것 같은 교단의 타락과 외부에서의 박해에 의한 것이라 할 수 있다. 중국에서는 말법이 도래했다는 의식을 처음으로 표명하였던 것은 문헌상에서는 남악혜사(515~577)인데 그는 지금은 분명히 말법시대

---

71) 『大乘法苑義林章』(대정장45, p.344중) 참조.
72) 吉藏撰 『法華玄論』(대정장34, p.450상) 참조.
73) 요말漢末은 요계漢季와 같은 말로 요漢는 엷음, 계季는 끝이라는 뜻. 인정이 엷고, 풍속이 경박해지고, 도덕이 쇠한 말세, 인간의 도가 쇠퇴한 말세末世(요세漢世). 『正法眼藏』(대정장82, p.140상) 참조.

라고 하는 신념을 가지고 『입서원문』을 저술했다. 혜사는 이 문에서 말하기를,

> 석가모니 부처님께서 80여 년간 세상에 머물러 설법하면서, 중생을 인도하여 이롭게 하시고, 교화의 인연이 이미 다하여 곧 열반에 드셨다. 열반에 드신 후 정법이 5백년간 세상에 머물렀고, 정법이 멸하고 나서 상법이 1천년간 세상에 머물렀으며, 상법이 멸하고 나서는 말법이 1만년간 세상에 머물 것인데, 나 혜사는 말법이 시작 된지 82년째 되는 해에 태어났다.[74]

라고 기록하고 있다. 이와 같은 말법관념은 중국정토교로 하여금 교의教義의 사상적 배경이 되게 하였다. 혜사 이후 말법에 상응하는 교법으로써 수립되었던 것이 신행의 삼계교三階敎와 도작과 선도의 정토교이다. 삼계교의 신행은 지금은 말법의 악세가 되었으므로 오직 보경보법普敬普法에 의지해야한다고 주장하였고, 정토교의 도작은 말법악세가 되었으므로 미타일념을 전념전수專念專修하자고 설했는데, 이 두 가지 종파는 장안에 진출하여 수와 당의 불교계에 커다란 영향을 끼쳤다.[75] 도작이 정토교를 권한 것에 대해보면 『안락집』「제1대문」의 서두에서 다음과 같이 설명하고 있다.

> 교를 일으킨 이유를 밝히면 시기를 잡고 근기를 입는約時被機것이 정토이기에 귀의하기를 권한다. 만약 교가 시기에 부합하면 닦기 쉽고 깨닫기 쉽다. 만약 기機와 교와 시가 어긋나면 닦기 어렵고 오입悟入하기 어렵다. 이렇기 때문에 『정법념경』[76]에서 이르기를, 수행자가

---

74) 『南嶽思大禪師立誓願文』(대정장46, p.787상) 참조.
75) 鎌田茂雄著 鄭舜日譯 『中國佛敎史』(경서원, 1996) p.150, p.176 참조.
76) 『正法念經』은 『正法念經處經』의 약칭으로 70권으로 되어 있고, 원위의 구담반야류지가 7단으로 나누어 번역 하였다. 내용은 선악의 업에 의하여 받는 과보에 차별이 있음을 말하고, 각처의 형편을 자세히 말하였다 (대정장17). 위의 문장에서 인용한 내용은 『坐禪三昧經』(대정장15, p.285하)에 있다.

일심으로 도를 구할 때 항상 마땅히 시방편을 관찰해야 한다. 만약 시기를 얻지 못하고 방편이 없으면 이를 이름 하여 실(失)이라 하고, 이 利라 이름 하지 않는다. 왜냐하면 습기가 있는 나무를 모아서 불을 구하면 불을 얻을 수가 없다. 시기가 아니기 때문이다. 만약 마른나무를 쪼개어 물을 찾으면 물을 얻을 수가 없다. 지혜가 없기 때문이다.[77]

라고 하였다. 이와 같이 도작은 말법시대를 인식하여 이에 상응하는 교를 일으킨 이유를 밝히고 있다. 여기에 대해 태원스님은 설명하기를, 정토교는 시기상응時機相應의 교이고, 방편의 교이며, 지혜가 있는 교라고 하였다. 도작은 이 시기에 관해서 말하기를, "금시今時의 중생을 헤아려보건대 부처님이 세상을 떠나신 후 네 번째 5백년이 된다"[78] 고 하였다. 즉 도작은 부처님이 입멸하신 후 2천년으로써 말법시대임을 자각했다는 것이라고 하였다.[79] 이와 같이 자각한 도작은 지금은 말법시기이기 때문에 중생이 부처님의 가르침을 증득하는 것은 매우 어렵다고 보고 있다.『안락집』에서의 문답을 보자.

> 묻는다. "일체중생은 모두 불성이 있다. 머나먼 겁 이래로 응당 지금까지 많은 부처님을 친견했을 것인데 무슨 인연으로 지금까지 스스로 생사에 윤회하면서 화택을 벗어나지 못하는가." 답한다. 대승의 성교에 의지하여 2종의 승법을 얻어 생사를 배척하지 못했기 때문에 화택을 벗어나지 못했다. 무엇이 둘인가. 첫째는 성도이고 둘째는 왕생정토이다. 그 성도의 1종은 금시에는 증득하기 어려우니 그 하나는 대승과의 거리가 너무 멀기 때문이요. 그 둘은 이치가 깊고 견해

---

77) 道綽撰『安樂集』「第一大門」(대정장47, p.4중상) 참조.
78) 위의 책(대정장47, p.4중) 참조.
79) 태원스님은 설명하기를, 도작의 이러한 사상은 "도작이 태어나서 정토에 귀의할 때까지 불교내부나 사회상황이 좋지 않은 것을 보고, 이 시대가 말법시대임을 자각하여 강조한 것"이라고 하였다. 즉 도작은 자기가 살고 있는 시대가 말법 시대이기 때문에 불교가 타락되어 가고, 사회가 불안정하며, 중생의 근기는 下劣할뿐 아니라 죄악의 범부들만이 생존하는 시기라고 생각하였다는 것이다. 이러한 사상으로 도작은 이 시기와 상응하는 교를 선택하였고, 이에 상응하는 수행법은 오직 하나의 염불수행임을 강조한 것이라고 설명하였다. 李太元『念佛의 源流와 展開史』(운주사, 1998) pp.346~347 참조.

가 미하기 때문이다. 이러한 까닭에 『대승월장경』에서 말씀하기를,
"나의 말법시대 가운데 수많은 중생들이 행을 일으키고 도를 닦았으
나 아직까지 한 사람도 얻는 이가 없느니라. 그것은 마땅히 지금이
말법이고 현재가 오탁악세에 해당하기 때문이다. 오직 정토의 한 문
이 있어 가히 통하여 들어갈 수 있는 문이다"라고 하였다.[80]

라고 문답하고 있다. 이와 같이 도작은 불교를 성도문과 정토문의 두 문으
로 구분하여 현재 오탁악세五濁惡世[81]인 말법시대를 살아가는 범부들에게
는 공리空理에 입각한 무상無相과 무생無生의 이치를 체득할 수 없기 때문에
가히 들어갈 수 있는 문은 오직 정토문뿐이라고 역설하고 있다. 도작은 정
토에 귀의하기 전에는 공空과 유有, 상相과 무상無相, 생生과 무생無生 등의
공반야사상을 계승하였는데, 정토에 귀의한 후에 당시의 이러한 공사상에
집착한 교의학자들을 꾸짖으며 오직 정토의 일문만이 시기상응時機相應의
가르침이라고 주장하였다. 이와 같은 도작의 말법관에 영향을 받은 선도
는 『관경소』「현의분」에서 다음과 같이 말한다.

    우리들 어리석은 몸은 이제 석가불이 말법시를 위해 남겨둔 미타
    본원인 극락의 요문을 만났으니 정산 등은 회향하여 속히 무생신을
    증득하자.[82]

라고 하였다. 이와 같이 선도는 모든 중생은 죄악범부이므로 이를 스스로

80) 道綽撰 『安樂集』 권상(대정장47, p.13하) 참조.
81) 오탁악세란 악한 세상에 있어서 다섯 가지 흐리고 더러움 것으로 겁탁劫濁, 견탁見濁, 번뇌탁煩惱濁, 중생
탁衆生濁, 명탁命濁의 다섯 가지를 이른다. ①겁탁은 시대의 혼탁함을 말하는 것으로 시대는 혼탁하고, 전
쟁이나 질병이나 기아 따위가 많아지는 것으로 시대적인 환경사회의 더러운 것을 말하고, ②견탁은 사상이
혼란한 시대로 사상이 약화되고 부정한 사상이 횡행하는 것을 말하고, ③번뇌탁은 탐욕, 분노, 미혹 등의 번
뇌가 무성해 지는 것을 말하고, ④중생탁은 중생의 과보가 쇠퇴하고, 마음이 무디어지고, 신체가 약해지고,
고통이 많아진 모습으로 인간의 자질이 저하하는 것을 말하고, ⑤명탁은 중생의 수명이 점차 짧아지는 것으
로 최후에는 10세까지 내려간다고 한다. 이러한 오탁은 처음부터 성한 것이 아니라, 희박한 상태에서 점차
치열해 졌다고 하며, 이것을 오탁증五濁增이라고 한다. 『妙法蓮華經』(대정장9, p.7중)·『阿彌陀經』(대정장
12,p.348상). 명탁에 대해서는 『長阿含經』(대정장1, p.144상중) 참조.
82) 善導集記 『觀經疏』(대정장37, p.246상) 참조.

자각하여 오직 아미타불의 본원에 의지해야 된다고 하였다. 선도의 말법관은 말법중생의 죄악관에서 비롯된 것이라 할 수 있다. 선도는 이 말법관을 기본 배경으로 삼아 참회를 근본으로 한 칭명염불을 대성시켜 온 나라에 전파한 선각자이다.

• 그러면 정녕 이 말법시대를 벗어날 방도方道는 없다는 말인가

그렇지는 않다. 모든 일에는 원인이 있고, 원인을 알면 그 해결방법이 있기 마련이다. 그 원인이란 우리가 세세생생世世生生 나고 죽으며 너무나 많은 악업을 지었기 때문이다. 그러므로 해결방법 또한 간단하다. 오직 거룩하신 부처님 법에 귀의하여 저마다 진심으로 지난날의 악업을 깊이 참회하며, 착하고 착한 마음을 내는 것이다. 이 길만이 저 괴로운 말법시대의 무서운 죄업의 소용돌이에서 벗어나 모두가 살아남는 길이다. 우리가 불교에 귀의하고 불교를 봉행해야만 하는 까닭은 바로 여기에 있다. 그래서 부처님께서는 처음부터 그 길을 가르치고자 삼독이 치성하는 이 오탁악세에 오시어 수많은 방편법문을 하신 것이다. 말법시대는 미륵보살님과 인연이 매우 깊다. 『미륵하생성불경』에서는 미륵보살님이 장차 용화세계龍華世界에 하생下生하시어 삼회법회三會法會를 열 때에 다음과 같은 설법을 하신다고 하였다.

그대들 중생은 능히 어려운 일을 하였도다. 저 나쁜 세간의 탐욕·
진심·우치·미혹과 짧은 수명의 사람들 가운데서도 능히 계율을 닦고
모든 공덕을 지었으니 매우 희유한 일이다. 그때의 중생들은 부모와
사문·바라문을 인식하지 못하고 도법을 알지 못하므로 서로가 괴롭
히고 해치며 도병겁에 가까워 깊이 다섯 가지 욕락에 집착되어서 질
투하고 아첨하고 망녕되고 흐리고 삿되고 거짓을 부려 가엾이 여기
는 마음이 없는가하면 다시 서로가 살해하여 살을 먹고 피를 마셨거

늘 그대들은 그 속에서도 선한 일을 수행했으니 이것이 바로 희유한 일이로다.[83]

위의 말씀은 말법시대의 혼탁한 사회적 상황을 적나라하게 표현하고 있다. 위에서 도병겁刀兵劫을 말씀하셨는데, 이는 중겁 말기에 일어나는 소삼재의 하나로써 이때에는 서로가 해치려는 마음에서 닥치는 대로 손에 잡히는 것마다 무기가 되어 서로를 죽이는 재난을 말한다. 그래서 '칼도刀'자에 '무기병兵'자를 썼다고 본다. 이 도병겁에 대해서 부처님께서는 『장아함경』「중겁품」에서 다음과 같이 설명하신다.

무엇이 도병겁인가. 이 세간의 사람은 본래 수명이 4만세인데 그 후 2만세로 줄고 그 후 다시 1만세로 줄어 이와 같이 점차 1천세, 5백세, 3백세, 2백세로 줄고 지금과 같이 1백세 남짓으로 줄게 된다. 그 후 사람의 수명이 줄어 10세가 되었을 때 여자는 태어나서 다섯 달 만에 시집을 간다. 이때는 세간의 맛있는 것. 곧 연유·꿀·설탕·흑설탕 등은 모두 없어지고 오곡이 나지 않으며 쭉정이만 있게 된다. (…중략…) 이때의 중생은 다만 십악만 늘리고 십선의 이름은 들을 수 없으며 선이라는 이름조차도 없으니 하물며 선을 행하는 자가 있으랴. (…중략…) 이때 사람들은 서로를 해치려는 마음을 품고 다만 서로 죽이고자 한다. 마치 사냥꾼이 사슴을 보면 다만 그것을 죽이려고만 하고 선한 마음은 조금도 없는 것과 같다. 이때 사람들도 그와 같아서 서로를 죽이려고만 하지 조금도 선한 마음이 없느니라.[84]

라고 이르신다. 참으로 끔찍하고 무서운 상황이다. 만일 이러한 상황이 도래한다면 우리는 과연 어떻게 될까. 지금은 100세 시대를 사는 세상이라지만 위의 경설대로라면 10세까지 수명이 내려간다. 이는 마치 개나 돼지

---

83) 『彌勒下生成佛經』(대정장14, p.425상) 참조.
84) 『長阿含經』「世記經」「中劫品」(대정장1, p.144상중) 참조.

와 같은 축생들의 수명과 다를 바가 없다. 그래서 이때의 중생들은 다만 십악+惡만 늘리고 십선+善의 이름은 들을 수 없으며 선善이라는 이름조차도 없다고 한 것이다. 여기까지가 도병겁에 대한 설명이다.

다시 미륵경설로 돌아가 보자. 미륵보살님은 앞의 경에서 "서로가 살해하여 살을 먹고 피를 마셨거늘 그대들은 그 속에서도 선한 일을 수행했으니 이것이 바로 희유한 일"이라고 하셨다. 여기서 선한 일이란 바로 십선행을 말하는 것이다. 또한 이 경에서는 삼회법회를 열 때에 그곳에 참석하는 사람이 첫 번째 법회에 96억, 두 번째 법회에 94억, 세 번째 법회에 92억의 사람이 참석한다고 설하고 있다.[85] 이 사람들은 모두가 평소에 십선을 닦은 사람들이다. 다시 말해 그동안 십선을 닦지 않은 사람들은 이 법회에 참석할 수 없다는 말이다.

여기서 우리가 참고로 알아두어야 할 것이 한 가지 있다. 불교의 말법사상은, 현재 기독교에서 주장하는 예수그리스도의 죽음으로부터 시작되어 이미 종말기가 결정되어 있다는 종말론(말세론)과는 근본적으로 다르다는 것을 알아야 한다. 불교에서도 말세라는 말을 사용하기도 하지만 이것은 문자만 같을 뿐이지 기독교의 종말론(말세론)과는 차원이 다르다. 기독교의 신약성서를 보면 『사도행전』에서 말하기를, "마지막 날에 하늘은 기이한 일들을 나타내며 아래로 땅은 기이한 표징을 보일 것인데 피와 불과 연기가 피어오른다. 그리고 주의 크고 영화로운 날이 오기 전에 해는 변하여 어두움이 되고, 달은 변하여 피가 될 것"[86] 이라고 하고, 또 『베드로후서』에 의하면, "주의 날에는 하늘이 요란한 소리를 내면서 사라지고, 원소들이 불타 없어지고, 뜨거운 열에 녹아버릴 것"[87] 이라고 하였다. 이와 같은 광경을 『요한계시록』에서는 "첫째, 천사의 나팔소리에 피가 섞인 우박과 불이 땅에 떨어져 땅의 삼분의 일이 타버리고, 둘째, 천사가 나팔을 불 때에는 불타는 큰 산과 같은 것이 바다에 던져져 바다의 삼분의 일이 피가

---

85) 앞의 책(대정장14, p.425중) 참조.
86) 『사도행전』(1:1:19-20) 참조.
87) 『베드로후서』(3:10-13) 참조.

되고 바다에 사는 생명을 가진 피조물의 삼분의 일이 죽는다"[88] 고 말한다. 이와 같이 기독교에서는 마치 우주 전체가 파멸되어 세상의 마지막 날이 곧 다가오기나 하는듯한 느낌을 주는 예언을 하고 있다. 이러한 설이 소위 기독교에서 말하는 대표적인 종말론(말세론)이다. 이러한 종말론은 결국 "천년왕국신앙"[89] 을 낳게 한 것이다.

이와 같이 살펴본바 기독교의 교리는 한 마디로 신神을 믿는 종교로써[90] 우주와 만물은 신이 자기의 영광을 위하여 창조한 것이라고 주장하고 있다. 그러나 불교는 신이란 본래 없으며 우주는 성·주·괴·공成住壞空의 자연법칙에 의해 우주만물이 생멸변화生滅變化한다는 매우 과학적인 이치를 설하고 있다. 불교에서 설하는 말법시기는 이 법칙에 따른 우주의 순환시기에서 어느 한 때가 도래함을 말하는 것이다. 이러한 진리가 기독교와는 근본적으로 다른 점이다.

여기서 우리는 또 하나 새겨두어야 할 것이 있다. 불교에서 말하는 이 말법시기가 아무런 까닭도 없이 고정된 우주법칙으로 도래하는 것은 아니다. 이 말법시기가 도래하는 근본적인 원인은 무수한 세월 동안 우리 스스로가 지은 공업功業에 의해 도래하는 것이다. 즉 우리 모두가 지은 악업의 과보에 의한 것이다. 현재 우리는 개발을 한답시고 산천초목을 마구 파헤쳐 자연을 파괴하고, 하루에도 수를 헤아릴 수 없는 가축을 살해하여 배를 채우니 그 과보가 어디로 돌아갈까. 오늘날의 이상기후가 생기고 대홍수가 지고, 대지진이 일어나는 등의 현상은 이와 같이 자연을 훼손하고 많은 살생을 하기 때문이라고 옛 도인들은 말한다. 그래서 부처님께서는 이를 이미 다 예견하시고 이 혼탁한 말법시기를 하루속히 벗어나는 길을 가르쳐주신 것이다. 그 길이란 다 같이 불법에 귀의하여 지난날의 악업을 참회

---

88) 『계시록』(8:6이하) 참조.
89) 천년왕국신앙은 현재의 역사가 미래의 특정한 시점에 가서 종결되고, 그때까지 역사 안에서 각자가 행한 삶의 질에 따라 최후의 심판이 내려질 것이지만 그 심판이 있기 전까지 신앙생활을 한, 살아있는 사람들과 죽은 신자들이 부활하여 재림한 예수그리스도와 함께 지상에서 천 년 동안 왕 노릇을 한다는 주장이다. 기독교사상편집부 엮음 『종말론의 올바른 이해』(대한기독교서회 1993) p.201참조.
90) 그래서 일부 사견을 가진 종교가들이 이러한 설을 이용하여 혹세무민하는 것을 역사적으로 종종 보게 되는 것이다.

하며 오직 선업을 짓는 일이라고 하셨다. 이것이 우리가 종교를 가져야하는 첫째 이유이다. 여기에 또 하나의 이유가 있다. 앞의 인생론에서도 설명했지만 장차 받아야할 과보가 두렵기 때문이다. 우리는 현재 무명에 가려 지나온 전생이나 먼 후생은 그만두고라도 잠시 후에 벌어질 현생의 일도 알 수가 없다. 그러나 경전을 보면 실로 악업의 과보는 너무나 무섭고 끔찍하다. 앞의 윤회설에서 잠시 언급했지만 이 과보에 대해 좀 더 보자.

과보(phala)란 바로 "업의 결과"를 말하는 것으로써 업을 지으면 반드시 그 결과가 따른다는 말이다. 그래서 부처님께서는 과보에 대해 『증일아함경』에서 다음과 같이 설명하신다.

> 대개 사람은 그 행을 닦을 때 악도 행하고 또 선도 행하지만, 그들은 제각기 그 갚음을 받나니, 그 행은 마침내 멸하는 것이 아니다. 이와 같이 그 사람의 행을 찾아보면 그 과보 받는 것을 알 수 있나니, 선을 행하면 선의 갚음을 받고 악을 지으면 악의 갚음을 받는다. 악을 행하거나 선을 행하거나 그 사람의 익힘을 따르나니 마치 오곡의 종자를 심어 제각기 그 열매를 거두는 것 같으니라.[91]

라고 하셨다. 이와 같이 말씀하시는 것은 한번 지은 과보는 그 운명이 바뀔 수가 없다는 말이다. 이것은 우리에게 익숙한 옛 속담처럼 "콩 심은데 콩 나고 팥 심은데 팥 난다"는 분명한 근본도리를 말하는 것이다. 여기에 적당한 비유설이 있다. 『나선비구경』[92] 에 나오는 미린다왕(Milinda)과 나가세나(Nāgasena)비구와의 대화이다.

> "사람이 먼저의 몸으로 착한 일이나 악한 일을 하는데 새 몸을 받

---

91) 『增壹阿含經』「大愛道般涅槃分品」(대정장2, p.826하) 참조.
92) 이 경은 『미린다팡하(Milindapañhā)』라는 팔리어 성전으로 남아 있고, 동진東晉에 한역된『那先比丘經』과 일치하며, 고려장경의 2권본과 송장경의 3권본이 있다. 내용은 B.C 2세기경 인도의 나가세나(Nāgasena)비구와 그리스의 사가라국의 미린다(Milinda)왕과의 대론을 남긴 것이다. 문답의 핵심들은 주로 윤회의 주체는 무엇인가. 생사윤회를 벗어나는 길은 무엇인가. 등에 대한 물음을 비유를 들어 진지하게 대답하고 있다.

은 후 먼저의 몸으로 지은 착한 일이나 악한 일은 어디에 있습니까?
"사람이 지은 모든 착한 일이나 악한 일은 그림자처럼 그 몸을 따라
다닙니다. 사람이 죽으면 그 몸은 없어지지만 그가 행한 것은 없어지
지 않습니다. 비유하자면 불을 켜고 밤에 책을 보는 것과 같습니다.
불이 꺼지면 글자는 볼 수 없다 해도 그 글자는 계속해서 남아있는
것과 같습니다. 금생에 지은 행은 후생에도 남아 있어 이를 받는 것
은 이와 같습니다."[93]

이와 같이 과보는 그림자처럼 따라다니며 후생에도 그 과보를 받는 다
는 것을 말하고 있다. 그래서 부처님께서는 『증일아함경』에서 열 가지 착
하지 않은 악업惡業으로 인하여 받게 되는 과보를 다음과 같이 설하신다.

(첫째) 그 어떤 중생으로서 살생을 행하고 살생을 널리 펴면 그는 지
옥의 죄와 아귀, 축생의 행을 심을 것이요, 혹 인간에 나더라도 수명이
매우 짧을 것이다. 왜 그런가하면 남의 목숨을 해쳤기 때문이니라.
(둘째) 또 어떤 중생으로서 남의 물건을 훔치면 세 갈래 나쁜 길의
죄를 심을 것이요, 만일 인간에 나면 항상 가난하여 배를 채울 밥이
없고 몸을 가릴 옷이 없을 것이다. 그것은 모두 도둑질하였기 때문이
니 남의 물건을 겁탈하는 이는 남의 목숨을 끊는 것이니라.
(셋째) 또 어떤 중생으로서 음행하기를 좋아하면 세 갈래 나쁜 길
의 죄를 심을 것이요, 만일 인간에 나면 그 가문이 정숙하지 못하여
도둑질하고 음란할 것이다.
(넷째) 또 어떤 중생으로서 거짓말을 하면 지옥의 죄를 심을 것이
요, 만일 인간에 나면 남의 업신여김을 받고 말은 신용이 없으며 남
의 천대를 받을 것이다. 왜 그런가하면 그것은 모두 전생의 거짓말
때문이니라.

---

93) 『那先比丘經』(대정장32, p.715하) 참조.

(다섯째) 또 어떤 중생으로서 이간질하는 말을 하면 세 갈래 나쁜 길의 죄를 심을 것이요, 혹 인간에 나더라도 마음이 항상 안정하지 않고 늘 근심에 빠질 것이다. 왜 그런가하면 그는 두 곳에 거짓말을 전하였기 때문이니라.

(여섯째) 또 어떤 중생으로서 나쁜 말을 하면 세 갈래 나쁜 길의 죄를 심을 것이요, 만일 인간에 나면 남의 미움을 받아 늘 나무람을 들을 것이다. 왜 그런가하면 그의 말은 전일하거나 바르지 않기 때문이니라.

(일곱째) 또 어떤 중생으로서 남들과 싸우면 세 갈래 나쁜 길의 죄를 심을 것이요, 혹 인간에 나더라도 미워하는 이가 많고 친척들은 흩어질 것이다. 왜 그런가하면 그것은 모두 전생에 싸웠기 때문이니라.

(여덟째) 또 어떤 중생으로서 질투하면 세 갈래 나쁜 길의 죄를 심을 것이요, 만일 인간에 나면 옷이 모자랄 것이다. 왜 그런가하면 그는 탐내고 질투하였기 때문이니라.

(아홉째) 또 어떤 중생으로서 해칠 마음을 일으키면 세 갈래 나쁜 길의 죄를 심을 것이요, 혹 인간에 나더라도 항상 거짓이 많고 참된 이치를 이해하지 못하며 마음이 어지러워 안정되지 않을 것이다. 왜 그런가하면 전생에 성을 내어 사랑하는 마음이 없기 때문이니라.

(열째) 또 어떤 중생으로서 삿된 소견을 행하면 세 갈래 나쁜 길의 죄를 심을 것이요, 만일 인간에 나면 중앙에 나지 못하고 변두리 지방에 살면서 세존의 거룩한 도법의 이치를 듣지 못할 것이다. 그리고 혹은 귀머거리나 장님이나 벙어리 따위의 불구자가 되어 선법과 악법의 뜻을 분별하지 못할 것이다. 왜 그런가하면 전생에 믿음의 뿌리가 없어 사문과 바라문, 부모형제를 믿지 않았기 때문이니라.[94]

이와 같이 악업에 대한 과보를 말씀하셨다. 이러한 인과응보설은 불교

---

94) 『增壹阿含經』 「十不善品」 (대정장2, pp.785하~786상) 참조.

를 공부하지 않은 일반사람들도 흔히 말하기를, "저 사람은 전생에 무슨 나쁜 죄를 지었기에 저 모양으로 태어나 가난하게 살까" 또한 반대로 "저 사람은 전생에 무슨 좋은 일을 하였기에 저렇게 얼굴도 복스럽게 잘 생기고 부자로 살까"라고 말한다. 그런데 이런 말들은 근거 없는 이야기가 아니다. 예전에 이미 부처님께서 하신 말씀이다. 이런 말을 할 줄 아는 사람은 그래도 부처님과 인연이 깊은 사람이다. 왜냐하면 이런 사람들은 알게 모르게 인과응보를 믿기 때문에 그런 말이 자연스럽게 나오는 것이다. 세속의 옛 구전설화 등 고전문학을 보면 특히 인과응보를 주제로 삼는데, 이는 불교의 과보설을 근거로 했다고 할 수 있다. 그런데 중요한 것은 한번 지은 과보는 여러 생을 통하여 언젠가는 받는다는 것이다. 이를 부처님께서는 『제경요집』에서 다음과 같이 말씀하신다.

> 선남자야, 중생들이 짓는 업에는 네 가지가 있다. 첫째는 현보現報요(현재의 몸으로 지극히 선하고 악한 업을 짓고, 곧 그 몸이 받는 것을 바로 현보라고 말한다), 둘째는 생보生報며(현재의 몸이 업을 지어 다음 생의 몸이 받는 것을 바로 생보라고 말한다), 셋째는 후보後報요(현재의 몸이 업을 짓고 또 다음 생에서는 제이, 제삼의 생이 이미 지난 뒤에 받는 것을 바로 후보라고 말한다).[95]

이 말씀은 과보는 현생에서 끝나는 것이 아니라 이생, 삼생에 걸쳐서라도 그 과보는 반드시 받는다는 뜻이다. 이는 마치 묵은 씨앗이 언제라도 연을 만나면 싹이 나는 것과 같은 이치이다. 지금까지는 악한 업에 대한 말씀이었다. 그러면 이제 반대로 선한 업을 지으면 어떤 과보를 받을 것인가를 새겨보자. 부처님께서는 『지장십륜경』에서 선업善業에 대해 다음과 같이 말씀하신다.

---

95) 『諸經要集』(대정장54, p.119중) 참조.

(첫째) 살생하지 않는다면 일체중생이 친애하고 공경하여 아무런 질병 없이 장수할 뿐만 아니라 항상 살해하지 않는 법을 좋아하고, 그 일체 태어나는 곳마다 부처님의 행한 바를 즐겨함으로써 항상 불·법·승을 만나게 되어 빨리 더 없는 깨달음을 성취하리라.

(둘째) 남의 물건을 훔치지 않는다면 슬기로운 이들이 친애하고 공경하여 탐욕의 악업을 다 소멸함으로써 곧 탐욕 없는 선업을 얻게 되고 항상 거부로 태어나 큰 시주가 됨으로써 뭇 보배의 장엄을 갖추어 그 불국토를 더욱더 청정케 하리라.

(셋째) 삿된 행을 멀리 여읜다면 더러운 번뇌를 다 소멸하고 탐애의 강물을 고갈시켜 빨리 청정한 불국토를 이룩하고 저 욕심의 지옥으로부터 일체중생들을 다 구출하되 대승의 법에 안치시켜 부지런히 범행을 닦게 하리라.

(넷째) 허망한 말을 여읜다면 그 자재로운 지혜를 얻어 항상 성실한 말을 좋아함으로써 허망에서 일어나는 뭇 고통을 소멸하고 태어나는 곳마다 불·법·승을 만나 서로가 허망한 말을 하지 않게끔 한결같이 성실한 말을 권유함으로써 빨리 큰 보리를 증득하리라.

(다섯째) 이간 붙이는 말을 멀리 여읜다면 언제나 불·법·승에 친근해 그 치우친 소견을 다 벗어나서 뭇 선한 법 그릇을 이룩하고 세간의 더러움에 물들음 없이 그 다라니의 보배장(보물창고)인 깊고 깊은 법 바다法海의 근원을 통달해 빨리 더 없는 깨달음을 성취하리라.

(여섯째) 추악한 말을 멀리 여읜다면 중생들이 다 친애하고 공경하여 항상 부드러운 말을 사용함에 따라 일체 과거세의 죄업을 소멸하게 되고 누구나 다 환희심을 내게끔 훌륭한 길잡이(도사導師)가 되어 모든 부처님의 행한 바를 앎으로써 보살의 제 십지를 초과하리라.

(일곱째) 꾸미는 말과 더러운 말을 멀리 여읜다면 슬기로운 이들이 다 친애하고 공경하여 다른 사람을 위해 발언할 때마다 다섯 가지 공덕을 갖추어 얻고 항상 성현의 말씀을 들은 그대로 즐겁게 성

현의 수행하는 길을 구해 원만한 부처님의 법의 바다에 들어가서 그 일체의 지혜를 빨리 얻으리라.

(여덟째) 또 탐욕을 멀리 여읜다면 자연 성현의 교훈에 수순하는 한편 가사 입은 이를 다 친근히 공양하여 삼승의 길을 널리 수호하게 되고 항상 큰 도사의 머무시는 청정한 불국토에 태어나 더없는 대승의 바퀴를 타고서 그 최승의 지혜를 빨리 얻으리라.

(아홉째) 또 진에를 멀리 여읜다면 한결같이 자비한 마음을 닦아 빨리 모든 삼매를 증득하여서 성현들의 수행을 즐겨할 수 있고 항상 청정한 불국토에 태어나 과거의 악업을 다 제거하고는 저 보리에 나아가기 위해 모든 진에와 분노를 벗어나리라.

(열째) 삿된 소견을 멀리 여읜다면 그 청정한 신심을 널리 닦아서 즐겁게 삼승을 열어 보임(개시開示)과 동시에 모든 부처님을 공양할 수 있고 온갖 나쁜 갈래를 아주 벗어나 항상 뭇 성현들을 만남으로써 보살의 공덕을 두루 다 갖추어 그 최상의 지혜를 얻게 되리라.[96]

고 하셨다. 이와 같이 착한 업을 지으면 지옥에 떨어지지 않고 불국토에 태어나서 항상 불법승 삼보를 만나 속히 깨달음을 얻는다고 하였다. 우리가 선행을 행해야 하는 까닭은 바로 이 선업을 받기 위한 것이다.

이상과 같이 우리가 종교를 가져야만 하는 까닭을 살펴보았다. 여기서 중요한 것은 이러한 도리가 눈에 보이지 않는다 하여 어떤 추상적인 관념으로 생각해서는 안 된다는 것이다. 왜냐하면 이 과보는 업이 되어 세세생생 윤회고輪廻苦를 면치 못하기 때문이다. 그리고 더욱 중요한 것은 "과보란 무엇인가"를 마음속 깊이 생각하면서 "과보는 지은바대로 반드시 따른다"는 사실을 조금도 의심 없이 믿어야 한다.

---

96) 『大乘大集地藏十輪經』(대정장13, p.768중하) 참조.

으뜸가는 가르침

교주여!
당신은 정녕 신이 아니거늘

그런 당신을
우리는 신이라 불렀나이다

당신은 질투 많은 마음 밭에
진실한 자유와
진실한 평등과
진실한 평화와
진실한 사랑의
씨앗을
심어주기 위해
이 땅에 오셨거늘

그런 당신을
우리는 신이라 불렀나이다

당신은 목적지도 없이
어두운 밤길을
정처 없이 가는
수없는 나그네들에게
길을 가르치려고
등불 들고 오셨거늘

그런 당신을

우리는 신이라 불렀나이다

참회합니다

그리고 감히 답변합니다

우리가 당신을

신이라 부른 것은

당신께서

너무나 거룩하시어

너무도 위대하시어

신이라 불렀나이다

제4강

정토론

제4강 정토론

1. 왜 정토인가

정토淨土라는 말은 국토國土(kṣetra)라는 말을 변화시킨 말이다. 국토는 일
반적으로 한 나라의 토지나 영역을 말한다. 그런데 국토라는 말은 어떤 조
건에 따라 다르게 변화된다. 즉 깨달은 불보살이 거주하는 세계이면 정토
淨土(Sukhāvatī) 또는 불토佛土(Buddha-kṣetra)가 된다.[97] 정토는 이러한 국토라
는 말에서 변화 구분된 용어이다.

이와 같이 정토란 삼독三毒의 번뇌를 여읜 깨달음의 경지에 든 제불보살
諸佛菩薩이 머무는 청정淸淨한 세계를 이르는 말이다. 그래서 이 세계를 불
토佛土·불국토佛國土·불국佛國·불과佛果·불계佛界·불찰佛刹이라고 해석한다.
그러므로 정토라는 말은 불토에서 비롯된 것이며 정토와 불토는 그 의미
가 같다. 그런데 불토를 정토라는 말로 통용하는 하는 것은 중국의 구마라
집을 비롯한 여러 역경가가 일반적으로 불토를 '정토淨土'라고 한역하면서
부터 공통적인 용어가 되었기 때문이라고 하겠다.[98] 이와 같은 의의를 지

---

97) 반대로 우치의 범부들이 거주하는 세계이면 예토穢土가 된다.
98) 강동균은 '정토'의 개념은 '정불국토'를 상정하여 언급되며, 또는 직접 '정불국토' '청정불국토' 등으로 표
현되기도 하는바 구마라집의 경우 『유마경』 「불국품」에서 '정토'라는 용어는 20회나 등장하며, 이 중 3회
는 '정불국토(buddhakṣetra-pariśuddhi)란 원어에 대한 번역이고 나머지 17회는 단순히 불국토라는 말을
'정토'라고 한역한 것이라고 설명한다. 강동균 『安心과 平安으로 가는 길』(釋曉鏡 康東均 華甲記念論文集,
2007) p.40 참조

닌 국토를 중국 삼론종의 길장吉藏(549~623)은 『대승현론』에서 다음과 같이 다섯 가지로 분류하였다.

> 정토란 모든 부처님과 보살이 머무는 곳이고, 중생이 돌아갈 곳이다. 불토를 통틀어서 말하자면 모두 다섯 가지가 있다. 첫째 청정한 곳(정토淨土), 둘째 청정하지 않은 곳(부정토不淨土), 셋째 처음엔 청정하지 않았지만 나중에 청정해진 곳(부정정토不淨淨土), 넷째 처음엔 청정했지만 나중에 청정하지 않게 된 곳(정부정토淨不淨土), 다섯째 청정함과 더러움이 섞여 있는 곳(잡토雜土) 등이다.[99]

라고 하며 다섯 가지를 다음과 같이 설명한다.

> ①정토란 보살이 선법으로 교화하고, 중생이 그 선법을 받아 지녀 선연을 맺음으로써 순수한 정토를 감득하는 것을 말한다. ②부정토란 중생이 악연을 만나 예토를 감득 하는 것을 말한다. ③부정정토란 처음에는 부정토였는데 이 중생이 부정토의 연이 다하고 나서, 그 후에 정토의 연이 있는 중생이 오면 부정토가 변하여 정토가 되는 것을 말한다. 미륵보살이 세상에 출현할 때 사바세계가 변하여 정토가 되는 것, 석가모니부처님께서 처음 사바세계에 출현하였으나 후에 영산회상이 정토가 된 것 등과 같은 예가 여기에 해당한다. ④정부정토란 처음에는 정토였는데 이 중생이 정토의 연을 다하고 나서, 그 후에 악한 행위를 한 중생이 오면 정토가 변하여 부정토가 되는 것을 말한다. ⑤잡토란 중생이 선업과 악업의 두 가지 연을 모두 일으켜 정토와 예토를 모두 감득하는 것을 말한다."[100]

라고 하면서 불토를 다음과 같이 결론짓는다.

---

99) 吉藏撰 『大乘玄論』 권제5(대정장45, p.67상) 참조.
100) 위의 책(대정장45, p.67상) 참조.

이 다섯 가지 국토는 모두 중생이 스스로 지은 업에 의하여 일어난 것이니, 중생토라 해야 하지만, 다만 부처님께서 세속의 왕이 백성을 교화하는 것처럼 그곳에서 중생을 교화하기 때문에 불토라 한다."[101]

고 하였다. 이와 같이 길장은 다섯 가지 국토는 각자가 지은 업에 의해 일어난 것이라고 하였다. 즉 어떤 행위로 하여금 정토가 예토가 되고 예토가 정토로 변현變現되는 것이라고 하였다. 이것이 정토의 개념이다.

• 그러면 예토가 어떻게 정토로 변하는가

전술한바 국토는 어떤 행위에 따라 정토 또는 예토로 변현된다고 하였다. 그러면 그 행위는 무엇일까. 이 물음에 대해 부처님께서는 『방광반야경』「건립품」에서 다음과 같이 설명하신다.

수보리가 부처님께 아뢰었다. "세존이시여, 보살은 어떻게 잘 불토를 맑힐 수 있습니까?" 부처님께서 말씀하셨다. "보살은 처음 발심한 이후로 항상 자신의 신구의를 깨끗이 하고 아울러 타인을 감화시켜 신구의를 깨끗하게 하여야한다." 수보리가 아뢰었다. "세존이시여, 어떤 것이 보살이 몸으로 악을 행하는 것이며, 입으로 악을 말하는 것이며, 뜻으로 악을 생각하는 것입니까?" 부처님께서 말씀하셨다. "보살이 신구의로 십악을 범하는 것이다. 질투로 계를 범하고 성냄으로 뜻을 어지럽게 하며, 게으름으로 지혜를 혐오하면 수보리야, 이것이 보살이 뜻으로 악을 생각하는 것이다. (…중략…) 그러므로 보살은 여러 악을 버리고 나서 스스로 육바라밀을 행한다. 또한 사람에게 권하여 나아가게 하고 육바라밀을 행하게 한다. 이 공덕을 가지고 중생과 함께 불국을 구하여 청정하게 하느니라.[102]

---

101) 위의 책(대정장45, p.67상) 참조.
102) 『放光般若經』(대정장8, p.136상) 참조.

라고 설하신다. 이와 같이 보살이 불토를 청정하게 하려면 먼저 자기 자신의 신구의身口意 삼업三業을 청정히 하고 더불어 다른 사람에게도 가르쳐 삼업을 청정하게 해야 한다고 이르신다. 그리고 그 실천덕목으로써 스스로 십악을 끊고 육바라밀을 행하고 또한 다른 사람으로 하여금 권하여 행하게 해야 한다고 하였다. 이는 곧 대승불교의 수행자가 반드시 닦아야할 보살행을 말하는 것으로써 이 조건이 바로 국토를 맑히는 의의이다.

주지하는바 육바라밀은 대승불교의 가르침을 받드는 보살(수행자)이 열반에 이르기 위해 반드시 실천해야하는 여섯 가지 덕목으로 육도六度라고도 한다. 바라밀은 산스크리트어 파라미타(Pāramitā)의 음역으로 피안에 이르는 것으로 해석되고, 중국에서는 도피안到彼岸 또는 도무극度無極이라고 번역한다. 이는 이상理想을 달성하는 것으로써 곧 완성을 의미한다. 육바라밀은 보시布施(dāna)·지계持戒(śīla)·인욕忍辱(kṣānti)정진精進(vīrya)·선정禪定(dhyāna)·지혜智慧(prajñā)이다.[103]

① 보시바라밀은 의복·음식 등의 재물과 교법을 기쁜 마음으로 불佛과 승僧을 비롯하여 가난한 사람에게 베푸는 것이고

② 지계바라밀은 부처님이 설한 계율과 교단의 율의律儀 등을 잘 지키는 것이고

③ 인욕바라밀은 타인으로부터 온갖 모욕과 박해를 받아도 조금도 동요됨이 없이 깊이 참는 것이고

④ 정진바라밀은 불도수행의 완성을 위하여 쉼 없이 선행에 힘쓰는 일이고

⑤ 선정바라밀은 마음을 하나의 대상에 집중하여 사물의 도리를 깊이 사유思惟하는 것이고

---

103) 육바라밀은 대승경전 여러 곳에서 설하고 있다. 그 가운데 『大乘理趣六波羅蜜多經』(대정장8, pp.886하~890하)에서는 육바라밀을 매우 신심을 자아내게 설명하고 있다. 이 경은 8세기경 반야(般若 Prajna)가 번역하였는데, 『六波羅蜜經』 또는 『理趣六道經』이라고도 한다. 불멸 후 400~500년경에 일어난 대승보살사상에 입각한 육바라밀다를 설한 경이다. 전체 10권 10품으로 구성되어 있으며, 『대반야경』의 제10會에 해당한다. 내용은 자씨보살이 중심이 되어 부처님께 질문하는 내용으로 되어 있다.

⑥ 지혜바라밀은 사물과 대상의 정사正邪를 잘 결정하여 일체의 번뇌를 끊는 것이다.

이것이 여섯 가지의 바라밀행이다. 또한 『십주경』에서는 여기에 방편方便·원願·력力·지智 네 가지를 추가하여 십바라밀[104] 을 설하고 있다.

결국 육바라밀은 대승불교를 신봉하는 보살이 깨달음을 얻기 위해 수행하는 것을 말한다.[105] 이러한 이념은 소승불교에는 없었다. 대체로 소승불교의 실천덕목들은 보수적인 교리해석과 오직 개인의 이익을 위한 고고한 수행만을 요구하는 가르침이었다. 그 결과 소승불교의 이념은 결국 중생들의 삶과는 동떨어진 관념의 논리체계로 변질되게 하였다. 이때에 부처님의 본래 가르침으로 돌아가자는 신앙회복운동을 일으킨 것이 바로 대승불교이다.

대승불교의 이념은 ‘상구보리하화중생上求菩提下化衆生’이다. 이 이념의 실현을 위한 대표적인 실천이 곧 육바라밀이다. 위에서 말했듯이 이러한 실천덕목을 행하여 자기 자신의 신구의 삼업을 청정하게 하고 더불어 남에게 이를 가르쳐 모든 이들로 하여금 삼업을 청정하게 하여 그 세계를 청정한 국토로 만들고자 하는 것이다. 이러한 정토의 존재는 스리랑카, 미얀마(버마) 등에 전해진 남방불교와 심신心身이 모두 공空·무아無我로 돌아가는 회신멸지灰身滅智[106] 를 최종의 목적으로 하는 소승불교에서는 찾아볼

---

104) 『十住經』(대정장10, pp.517하~518상)
105) 불교문학을 공부하는 의미에서 춘원의 육바라밀에 대한 시를 감상해 보자.
　　애인(육바라밀) — 이광수
　　임에게는 아까운 것이 없이 무엇이나 바치고 싶은 이 마음 거기서 나는 보시를 배웠노라.
　　임께 보이고자 애써 깨끗이 단장하는 이 마음 거기서 나는 지계를 배웠노라.
　　임이 주시는 것이면 때림이나 꾸지람이나 기쁘게 받는 이 마음 거기서 나는 인욕을 배웠노라.
　　천하 하고많은 사람에 오직 임만을 사모하는 이 마음 거기서 나는 선정을 배웠노라.
　　자나 깨나 쉬일 새 없이 임을 그리워하고 임 곁으로만 도는 이 마음 거기서 나는 정진을 배웠노라.
　　내가 임의 품에 안길 때에 기쁨도 슬픔도 임과 나와의 존재를 잊을 때에 거기서 나는 지혜 배웠노라.
　　아, 인제 알았노라 임은 이 몸께 바라밀을 가르치라고 짐짓 애인의 몸을 나툰 부처시라고.
106) 회신멸지는 몸을 재로 하고 마음(지혜)를 완전히 없앤다는 뜻으로 심신은 모두 완전히 무로 돌아가고, 번뇌를 없앤 경지로써 소승의 최종목적으로 무여열반을 가리킨다. 대승불교에서는 이를 일종의 허무주의라고 비판한다. 諦觀은 『天台四敎儀』(대정장46, p.777상)에서 화신멸지를 다음과 같이 설명한다. “만약 몸이 재가되고 생각도 사라지면 무여열반이라 하며, 또 ‘홀로선 해탈’이라고 한다”고 하였다. 여기서 ‘홀로선 해탈’이라 한 것은 ‘자기 혼자만의 깨달음’이란 뜻을 말하는 것으로 남의 깨달음에는 상관하지 않는 소승의 자리적인 해탈을 경시한 말이다.

수 없고 단지 북방으로 전해진 대승불교 가운데서 싹터 발전되었다.[107] 이 상과 같이 국토를 정토로 변화시키는 조건을 간략히 새겨보았다.

이러한 이상적인 이념으로 출발한 대승불교에서는 온 세계에는 많은 불도 수행자(보살)가 있고, 또 수행(보살도)을 완성하고 깨달음을 연 부처님이 무수히 있으며, 이에 따른 무수한 정토가 존재한다고 설해지게 되었다. 이른바 '제불諸佛의 정토설淨土說'이다. 이 제불의 정토설에는 국토를 맑혀야하는 까닭이 잘 나타나고 있다.

2. 제불의 정토설

1) 왜 제불의 정토인가

앞의 서설에서 말했듯이 대승불교의 최종 목적은 인간이 불타가 되는 것이다. 이 불타가 되는 원리는 일체 중생은 본래부터 불성을 지니고 있으므로 누구나 그 불성을 깨달으면 곧 부처가 될 수 있다는(일체중생실유불성―切衆生悉有佛性)[108] 진리에 의한 것이다. 그러므로 부처님의 가르침을 깊이 믿고 십악을 끊고, 일심으로 육바라밀 등의 보살도를 수행한다면 일체의 번뇌와 망상을 여의고 불성이 비추어져 이윽고 불타가 되는 것이다. 이것을 성불이라 한다. 성불은 곧 불교수행의 완료를 뜻한다.

그러면 과연 불타의 수는 얼마나 될까. 『아미타경』[109]에서는 동·남·서·북·상·하 육방六方에 각각 많은 부처님이 계시고 제각기 정토를 만들어 계심을 설하고 있고, 『십주비바사론』「이행품」[110]에서는 선덕불善德佛 이하 103불의 존재를 설하고 있다. 이러한 불타관념은 대승경전의 곳곳에서

---

107) 坪井俊映著 韓普光譯 『淨土敎槪論』(여래장, 2000) pp.16~21 참조.
108) 이 말은 살아있는 모든 것은 모두 태어나면서부터 부처가 될 수 있는 가능성 즉 불성이 있다는 설이다. 이에 대해 부처님께서는 다음과 같이 설하신다. "선남자야, 나는 또다시 말하기를, 네 가지 중대한 계율을 범한 이, 일천제, 방등경을 비방한 이, 다섯 가지 거역하는 죄를 지은 이에게도 모두 부처님 성품이 있으니, 이러한 중생에게는 도무지 선한 법이 없지만, 부처님 성품은 선한 것이니라"고 하셨다. 『大般涅槃經』「迦葉菩薩品」(대정장12, p.568하)
109) 『阿彌陀經』(대정장12, pp.347중~348상)
110) 『十住毘婆沙論』「易行品」(대정장26, pp40하~45상)

과거·현재·미래에 걸쳐 무수한 부처님이 출현하며 그에 따른 정토가 존재한다고 설하고 있다. 그러나 이미 초기 대승불교에서 시간과 공간에 무수한 부처님이 계신데 시간적으로는 과거칠불과 이십사불, 공간적으로는 무수한 세계마다 그 세계를 교화하는 무수한 부처님이 계신다고 설하고 있다.[111] 이러한 불타관념으로 인하여 시방삼세를 통한 무량무변無量無邊의 다불설多佛說이 전개되고 수많은 현재타방불설現在他方佛說이 대두되면서 이제불이 머무는 국토가 설정되게 되었다.

이와 같이 인격의 완성자 대성大聖부처님이 나타나면 그러한 성자가 머무는 세계는 자연히 훌륭한 세계와 국토가 된다. 그런데 이러한 불타관념은 소승불교에서는 볼 수 없다. 왜냐하면 소승불교는 현재의 다불설을 부인하고 미래의 부처님인 미륵불을 제외하고는 모두가 성문聲聞으로서 그들은 부처님의 설법을 듣고 그 가르침을 실천수행 하여 아라한이 되는 것을 최종목적으로 발원할 뿐 장차 불타가 된다는 것은 생각하지도 않았기 때문이다. 그러나 대승불교는 다르다. 대승불교의 최종목적은 일심으로 보살도를 닦아 하루빨리 성불하여 '일체중생을 성취成就하고 정불국토淨佛國土를 완성'[112] 하는데 있기 때문이다. 그래서 보살이 그 목적을 이루기

---

111) 과거칠불은 과거에 출현한 일곱 분의 부처님으로 곧 석가모니부처님과 그 이전에 출현한 여섯 부처님을 일컫는 말이다. 부처님께서는 과거칠불에 대하여 『불설칠불경』(대정장1, p.150상)에서 다음과 같이 말씀하신다. "너희들은 자세히 들으라. 나는 이제 그것을 설명하리라. 과거 91겁에 비바시불 응정등각이 있어 세간에 나타나셨다. 31겁에는 시기불·비바시불 응정등각이 있어 세간에 나타나셨으며, 현겁 중의 제6겁에는 구류손불 응정등각이 있어 세간에 나타나셨고, 제7겁에는 구나함모니불 응정등각이 있어 세간에 나타나셨으며, 제8겁에는 가섭파불 응정등각이 있어 세간에 나타나셨으며, 제9겁에는 나 석가모니불이 세간에 나와 응정등각이 되었다. 다시 다음에는 과거 겁중에 비바시불·시기불·바사부불은 '시라'의 청정한 계율을 펴 말씀하셨고, 지혜의 최상의 행을 성취하였다. 다시 다음의 현겁 중에는 구류손불·구나함모니불·가섭파불도 또한 청정한 율의 및 선정해탈의 법을 말씀하셨다. 내가 설명하는 법도 또한 그와 같다"고 하였다. 이와 같이 과거세에 여러 부처님이 있다고 하는 신앙은 훗날에 미륵보살의 출현을 기다리는 미래불신앙이 나타나게 되는 계기가 되었다. 과거칠불이 공통으로 전하는 게송으로 칠불통계가 있다. 『증일아함경』「序品」(대정장2, p.551상)에 보면, "모든 악을 짓지 말고 온갖 선을 행하라. 스스로 그 뜻을 깨끗이 하는 것. 이것이 곧 모든 부처님의 가르침이다"라고 하였다. 이십사불二十四佛 등에 대해서는 현송편저 『정토불교의 역사와 사상』(운주사, 2014) pp.323~329 주석 참조.

112) 『維摩詰經』「佛國品」(대정장14, p.538중하)에서 성취중생과 정불국토에 대해 부처님께서 다음과 같이 설하신다. "보적아, 이와 같이 보살이 그 깨끗한 마음(직심直心)에 따르면 능히 바른 행을 곧 일으키고, 그 행에 의하여 깊은 마음(심심深心)을 얻느니라. 그리고 그 깊은 마음을 따라 뜻이 조복되고, 뜻이 조복되므로 설한대로 행하게 되므로 능히 지은바 공덕을 남에게 돌려주게(회향廻向)되며, 공덕을 남에게 돌려주게 되면 방편을 얻게 되고, 그 뛰어난 방편에 따르면 곧 중생을 성취하게 되며, 중생을 성취하게 되면 그에 따라서 부처님의 나라가 맑아지고, 부처님의 나라가 맑아짐에 따라서 설하는 법도 맑아지며, 설하는 법이 맑아짐에 따라서 지혜도 맑아지며, 지혜가 맑아짐에 따라서 그 마음이 맑아지고, 그 마음이 맑아짐에 따라서 모든 마음의 공덕이 맑아지느니라. 보적아, 이러한 까닭으로 보살이 만약 정토를 얻고자 한다면 마땅히 그 마음을 맑혀야 하느니라. 그 마음의 맑음에 따라서 부처님의 나라도 곧 맑아지느니라"고 하였다.

위해서 처음부터 서원誓願을 세우고 있다.

보살의 불토엄정佛土嚴淨과 성취중생의 서원과 행업行業은 『반야경』을 비롯한 대승경전의 여러 곳에 나오는데 그 가운데 『문수사리불토엄정경』을 보면 보살이 불국토를 엄정히 할 때는 신·구의 삼업을 청정히 하여 악행을 멸하여야 그 결과로 단정한 몸을 받으면 자연히 그 국토가 정화되어 불국토를 이룬다고 하면서 아홉 가지 수행법을 설하고 있다.[113] 그리고 또한 선한 마음으로 열 가지 법을 닦아야 불토를 엄정히 하는 것이라고 다음과 같이 이르신다.

> 첫째는 지옥의 고통을 듣고 마음에 두려움을 가져 슬퍼하는 마음을 닦고, 둘째는 축생의 고통을 듣고 또한 두려워하여 도에 따르겠다는 생각을 일으키며, 셋째는 아귀의 고통을 듣고 두려워하여 큰 사랑을 일으키고, 넷째는 천상의 안락함을 듣고도 기뻐하지 않고 항상 대애를 일으키며, 다섯째는 인간에 미곡이 귀하고 비싸 인심이 악해져 서로 해친 다는 말을 듣고는 인자함을 일으키고, 여섯째는 스스로 결심하고 더욱 정진하여 모든 고통을 참으면 곧 불토를 무량히 엄정하게 하며, 일곱째는 세 가지 고통과 모든 고뇌의 근심을 없애고, 여덟째는 그 불토를 풍요하고 평천하게 하며, 아홉째는 인간이 안화하고 수명이 무량하며, 열째는 모두가 자연히 나서 이름과 매임이 없이 무상정진의 도를 이루게 되는 것이니, 이것이 십법十法으로써 소원을 잃지 않고 불토를 엄정히 하는 것이니라.[114]

라고 하였다. 이와 같이 삼업을 청정히 하여 지옥·아귀·축생의 고통을

---

113) 『文殊師利佛土嚴淨經』 권상(대정장11, pp.894하~895상)에서 "첫째는 항상 몸의 행을 단속하여 실수가 없게 하고, 둘째는 말을 삼가서 실수가 없게 하고, 셋째는 그 뜻을 단속하여 삿된 생각이 없게 하고, 넷째는 탐욕을 버려 마음에 집착이 없으며, 다섯째는 분노를 제거하여 마음에 원한이 없고, 여섯째는 우치의 업을 멸하여 마음에 어두움이 없으며, 일곱째는 항상 지성을 행하여 속임이 없고, 여덟째는 인자한 행이 견고하여 마음에 변함이 없으며, 아홉째는 선한 벗을 의지하여 버리는 일이 없나니 이것이 구법九法으로써 불토를 엄정히 하는 것이다"라고 설하고 있다.

114) 위의 책(대정장11, p.895상) 참조.

두려워하여 크게 슬픈 생각을 일으키어 이들을 모두 다 제도하겠다는 소원을 잃지 않고 정진하면 무상정진의 도를 이루게 되어 엄정한 국토를 이루게 된다고 설하고 있다. 이러한 말씀들은 엄정한 불국토는 저절로 생겨난 것도 아니며, 생각만으로 이루어지는 것이 아니라 무한한 노력에 의하여 건설된다는 것을 강조한 것이다. 그 대표적인 수행법이 바로 앞에서 말한 육바라밀과 온갖 선업을 닦는 것이라 하겠다. 그러면 이 경의 하권에 나오는 문수사리보살의 서원을 들어보자.

> 세존이시여, 저는 이런 서원으로 부처가 되겠습니다. (…중략…) '시방의 부처님과 성문과 연각과 가난하고 고생하는 거지와 비천한 중생들에게 먼저 공양하지 아니하고 내가 먼저 먹으면 옳지 못하다.' 그러므로 일체를 배부르게 한 다음이라야 먹도록 하겠습니다. 그리고 생각대로 되는 신통을 갖추어서 머물거나 다니거나 걸림이 없으며, 걸음이 빠르기가 바람과 같아 생각대로 시방에 이르러 부처님을 공양하며, 아래로 중생에게 두루 하고, 보배 옷과 법복에 있어서도 또한 그와 같아서 먼저 부처님께 공양하고, 다음에 존귀한 이에게 미치며 빈궁하고 하천한 이들을 다 먼저 평안하게 하며, 팔난 등 온갖 고뇌와 우환이 없게 하고 말을 하면 마음에 들고 나쁜 말을 듣지 않으며, 계율에 대한 시비가 없는 음성을 배워 높고 낮음이 없고 가난하고 부함이 없을 것입니다.[115]

라고 하였다. 이와 같이 보살이 부처가 되고자할 때는 일체중생을 가엾이 여기는 대비심을 일으켜 그들을 모두 구제하겠다는 서원을 세운다고 하였다. 이것이 보살수행의 목적이며 대승불교의 이념이다. 여기에 대하여 용수는 『대지도론』의 '불토원'을 풀이하는 품에서 다음과 같이 서원을 강조하고 있다. 해석과 문답을 보자.

---

115) 위의 책(대정장11, p.899상중) 참조.

(론) 보살들은 여러 부처님의 세계가 한량없이 장엄하고 깨끗함을 보고 갖가지 서원을 세우나니, 어떤 세계에는 뭇 고통이 아주 없고, 나아가서는 삼악도의 이름조차도 없는 것을 보고는 서원하기를, "내가 부처를 이루거든 그 세계에도 온갖 고통이 없고, 나아가서는 삼악도라는 이름조차도 없어서 꼭 이렇게 되어 지이다"라고 한다. 또 어떤 세계에는 칠보의 장엄이 있어 밤낮으로 항상 청정한 광명을 뿜어 낮과 밤의 차이가 없으며 해와 달이 없는 것을 보고는 서원하기를, "내가 부처를 이루거든 그 세계에도 장엄하고 깨끗한 광명이 항상 있어 이와 꼭 같아 지이다"라고 한다. (…중략…)

(문) 보살들의 행과 업은 청정하여 저절로 깨끗한 보를 얻거늘 어찌하여 서원을 세운 뒤에야 얻어지는가. 마치 농장에서 (저절로) 곡식을 얻는데 다시 서원을 세울 필요가 없는 것과 같지 않은가.

(답) 복을 짓되 서원이 없으면 표방해 세울 바가 없나니, 서원이 인도자가 되어야 이루어 질 바가 있다. (…중략…) 마치 소의 힘이 수레를 끌기에 족하지만 마부가 있어야 목적한 곳에 이를 수 있는 것과 같이 세계를 깨끗이 하는 서원도 그리하여서 복덕은 소와 같고 서원은 마부와 같다.[116]

고 설하고 있다. 이와 같이 보살은 불국토를 장엄하고자 할 때에 공덕의 행만으로는 이룰 수가 없고 반드시 서원을 세워야 한다고 하였다. 제불의 정토설은 바로 이렇게 보살이 지극한 서원을 세우고 이를 수행하여 성불한 후에 자기중심의 깨끗한 국토를 건설하여 그 국토에다 중생을 왕생하게 하여 모두가 부처를 이루게 하고자 하는데서 생겨난 설이다. 그러므로 그 정토에는 보살의 수가 한량없고, 그 세계 또한 한량없는 것이다. 그러면 이제 어떠한 보살이 부처를 이루어 어떠한 서원과 이름으로 정토가 건설된 것인가를 보자.

---

116) 龍樹造『大智度論』(대정장25, p.108상중하) 참조.

2) 제불정토의 유형

제불의 정토는 그 수가 한량없지만 일반적으로 잘 알려진 유형을 보면, 타방정토설他方淨土說 영장정토설靈場淨土說 시방정토설十方淨土說 범신론적 정토설汎神論的淨土說 유심정토설唯心淨土說로 분류하고 있다.[117] 이제 각설을 보자.

가. 타방정토설

타방정토설은 객관적인 정토설로서 이 세계로부터 멀리 떨어진 곳에 부처님이 머무시는 정토가 있다는 것과 시방十方에 정토가 있다고 하는 설이다. 여기서는 대표적 타방정토인 미륵보살의 정토, 보현보살의 정토, 아축불의 정토, 약사여래의 정토, 아미타불의 정토에 대해 살펴보고자 한다.

① 미륵보살의 정토

미륵보살은 중생구제의 대원을 세운 미래의 부처님으로 앞으로 56억 7천만년 후인 아주 먼 미래에 이 땅에 내려와 성불하여 세 차례에 걸쳐 설법(용화삼회龍華三會)하여 수많은 중생을 구제할 것이 예정된 미래불이다. 현재는 보살이기 때문에 미륵보살이라고도 하고, 미래에 성불할 것이 예정된 보살이기 때문에 미륵불이라고도 하며 현재 도솔천에 머물며 법을 설하고 있다. 『미륵상생경』에서는 미륵보살이 도솔천에 태어나는 인연과 그 수승한 모습을 다음과 같이 설하고 있다.

> 미륵이 전생 때 파라내국의 겁파리촌 파바리라는 큰 바라문 집에
> 태어났으니, 지금으로부터 십 이년 뒤 이월 십오일에는 그 본래 태
> 어났던 곳에 돌아가서 가부좌하고 앉아 생각 끊는 선정에 들어가서

---

117) 제불의 정토설에 대한 유형별 고찰은 坪井俊映著 韓普光譯 앞의 책 pp.22~42 참조.

몸의 자금 빛 광명이 마치 백 천의 햇빛과 같이 되어 그대로 도솔천에 올라가면 (…중략…) 낱낱 상호로부터 팔만사천 광명의 구름을 곱게 내고는 여러 천자들과 더불어 각각 꽃자리에 앉아 낮밤 여섯 때로 항상 퇴전하지 않는 법바퀴의 행을 설하므로 한 때를 지나는 동안 오백억 천자들을 성취시켜 그들로 하여금 아뇩다라삼먁삼보리에 퇴전하지 않게 하리라. 이와 같이 도솔타천에서 있으면서 낮밤으로 항상 이 법을 설하여 여러 천자들을 제도하고 이 남섬부주의 세수로는 오십육억 만세를 지낸 뒤에라야 다시 남섬부주에 하생하리니, 미륵하생경에서 설한 그대로이니라. 부처님은 우파리에게 말씀하셨다. "이것을 일러 미륵보살이 남섬부주에서 사라져 저 도솔타천에 태어나는 인연이라 하노라."[118]

② 보현보살의 정토

보현보살은 『비화경』「제보살본수기품」에서 십대원을 세워 여기에서 북쪽으로 육십 개에 달하는 항하의 모래알처럼 많은 불토를 지나면 '지수선정공덕知水善淨功德'이라는 세계에서 아뇩다라삼먁삼보리를 이룬다고 하였다.

그때 세존께서 아미구를 칭찬하여 말씀하셨다. "착하다 선남자여, 네가 이제 세계의 둘레 사면으로 일만 불토를 청정하게 장엄하고, 다시 미래세에 무량중생을 교화하여 그 마음을 청정하게 하고, 또 무량무변 제불 세존께 공양할 것이므로 이제 네 이름을 고쳐서 보현이라 하노라. 미래세에 제이 항하사 같은 아승지겁의 말후분에 들어가서 여기에서 북방으로 육십 항하사 같은 불토를 지나면 지수선정공덕이라는 세계가 있으리니, 네가 거기서 아뇩다라삼먁삼보리를 이루어서 명호를 지강후자재상왕여래·응공·정변지·명행족·선서·세간해·무상사·조어장부·천인사·불세존이라 하리라."[119]

118) 『觀彌勒菩薩上生兜率天經』(대정장14, pp.419하~420상) 참조.
119) 『悲華經』「諸菩薩本授記品」(대정장3, p.192중) 참조.

③ 아축불의 정토

아축불은 『아축불국경』「발의수혜품」에서 대원을 성취하여 동방으로 천 세계를 지난 곳에 '아비라제阿比羅提(Abhirati)'를 이룩한다고 하였다. 아 비라제는 한역하면 묘희妙喜·선쾌善快·묘락妙樂의 뜻으로 이 세계에는 처음 으로 대목여래라는 부처님이 출현하셔서 많은 보살들을 위해 불도수행을 설할 때에 한 비구가 있어 그곳에서 대목여래로부터 앞으로 언젠가는 성 불하여 아축여래가 될 것을 수기 받는다. 아축이란 무진에無瞋恚라는 뜻으 로 성내지 않는다는 말이다. 그래서 이름 하여 아축 또는 부동여래不動如來 라고 불린다.

> 동방에는 이곳을 지나서 천개의 부처님 국토를 지나면 한 세계가
> 있으니, 아비라제라고 이름한다. 그 부처님의 명호는 대목여래·무소
> 착·등정각이라고 이름한다. 여러 보살들을 위해 법과 육도무극의 행
> 을 설하고 계신다.[120]

그리고 부처님께서는 아축이라는 이름의 지위에 머물게 된 연유를 다음 과 같이 설명하신다.

> 보살마하살이 처음에 그러한 뜻을 일으키면, 곧 일체의 인민 및 곤
> 충과 꿈틀거리는 벌레의 무리에 대하여 뜻으로 화내고 분노하지 않
> 으므로 원망하는 마음도 없다. 사리불이여, 그때 그 보살마하살은 화
> 내거나 분노하는 일이 없었던 까닭에 아축의 지위에 머물렀다.[121]

④ 약사여래의 정토

약사여래는 『약사여래본원경』에서 십이대원을 세워 동방으로 십十항하 사의 불토를 지나 '정유리세계淨琉璃世界'를 이룩하였다. 약사유리광여래는

---

120) 『阿閦佛國經』 권상 「發意受慧品」(대정장11, p.751하) 참조.
121) 위의 책(대정장11, p.752중) 참조.

대의왕불, 또는 의왕, 선서라고도 하며 약사여래는 열두 가지의 대원을 세워 모든 중생의 질병을 치료해주고 무명의 고통에서 벗어나게 해주기 때문에 마치 의사와도 같다는 뜻에서 붙여진 이름이다.

> 부처님께서 만수실리(문수사리)에게 말씀하셨다. "이 불국토에서 동방으로 십 항하사의 불국토를 지나면 그 바깥에 정유리라는 세계가 있는데, 그 국토에는 약사유리광여래·응공·정변지·명행족·선서·세간해·무상사·조어장부·천인사·불세존이라고 하는 부처님이 계시느니라. 만수실리야, 저 세존 약사유리광여래께서 본래 보살행을 행하실 때 열두 가지 대원을 발하셨느니라. (…중략…) 또 만수실리야, 약사유리광여래의 모든 원과 저 불국토의 공덕장엄은 겁이 다하도록 설명하여도 이루 다할 수 없느니라. 저 불국토는 한결같이 청정하고 여인의 모습이 없고 모든 욕락이 없으며, 또한 악도에서 괴로워하는 소리가 전혀 없느니라. 땅은 유리로 되어 있고 성과 대궐의 담장과 문과 창과 당과 각의 기둥과 들보와 두공이 그물에 둘러싸이고 모두 칠보로 이루어져 있어 극락국과 같으니, 정유리세계가 이와 같이 장엄 되었느니라."[122]

⑤ 아미타불의 정토

아미타불은 48대원을 세워 이 사바세계로부터 10만억 불토를 지난 서방정토에다 '극락세계'를 이룩하였다. 『아미타경』을 보면,

> 사리불이여, 여기서부터 서쪽으로 십만 억 불토를 지난 곳에 한 세계가 있는데 극락이라고 한다. 거기에 아미타부처님이라고 하는 분이 계시는데 지금도 그곳에서 설법하고 있느니라. 사리불이여 그 땅을 왜 극락이라고 하는지 아느냐? 그 나라에 있는 중생들은 온갖 고

---

122) 『藥師如來本願經』(대정장14, pp.401중~402상) 참조.

통에 시달리지 아니하고 다만 여러 가지의 즐거운 것들만 넘쳐나므
로 극락이라고 하느니라.[123]

라고 하였다. 이상과 같이 타방정토설을 존재에 대해 대략 살펴보았다. 이
외에도 여러 경전에서 현재와 미래의 여러 부처님이 출현하여 각자의 정
토를 성취한다고 하였는데 그 수는 한량이 없고 실로 필설로는 다할 수 없
다고 하였다. 그러나 이와 같이 많은 부처님의 정토세계가운데 그 성립이
가장 빠르고, 가장 많이 신앙되어 왔으며 오늘날까지도 우리 민중사회에
가장 깊숙이 자리 잡아 우리의 가슴속에 스며있는 정토신앙은 바로 법장
보살이 48대원을 성취하여 건설한 서방정토 극락세계이다. 그래서 '정토'
라고 하면 아미타불의 '극락정토'를 지칭하고 있다.

나. 영장정토설

영장정토설은 생신의 불보살이 이전에도 거주하고 또 현재에도 계신다
고 믿어지는 영지영장靈地靈場을 가지고 정토라고 하는 신앙이다. 영장이
란 영험이 있는 땅, 영험이 신효한 절이 있는 곳을 말한다. 영장의 정토에
는 석가여래의 영산정토, 관세음보살의 정토, 문수보살의 정토가 있다. 관
음의 영장은 남해의 보타낙산補陀落山, 중국의 보타산補陀山, 티벳의 납살拉
薩, 한국의 낙산사, 일본의 나지산那智山이나 일광산을 들고, 문수보살에는
중국의 오대산(청량산), 한국의 강원도 오대산 상원사, 일본의 갈성산葛城山
을 들고 있다.

① 석가모니불의 정토
사바세계의 교주이신 석가모니불은『대승비분다리경』[124] 에서 과거 '보
혜범지'이던 때에 보장불 처소에서 오백대원을 세워 삼십이항하사를 지난

---

123)『阿彌陀經』(대정장12, p.346하) 참조.
124) 본경은『비화경』의 한역이다.

곳에 무승국無勝國을 이룩한다고 하였다.

> 선남자야, 그때에 나라의 대사인 해제바라문이 보장여래와 건달바
> 와 세간인의 앞에 머물러 서서 이와 같은 대비심을 갖춘 오백의 원을
> 세우고 부처님께 아뢰었다. (…중략…) "세존이시여, 만약 제가 이러
> 한 불사와 세운 원을 구족하게 성취하지 못한다면 저는 마땅히 보리
> 의 원을 버리되 그 밖의 다른 세계에 선근공덕을 회향하지 않겠습니
> 다.[125]

라고 하였다. 위에서 말한 무승국은 석가모니불의 보신報身이 계신 정토를
말한다. 『대반열반경』에서 다음과 같이 설한다.

> 선남자야, 이 사바세계에서 서쪽으로 삼십이 항하의 모래 수 같은
> 여러 부처님의 국토를 지나가면, 거기에 한 세계가 있는데 '수승함이
> 없다'고 이름하니라. 그 세계를 어찌하여 수승함이 없다고 이름 하는
> 가. 그 세계에 존재하는 장엄한 일이 모두 다 평등하여 차별이 없는
> 것이 마치 서방의 극락세계와 같고, 또한 동방의 만월세계와 같기 때
> 문이니라.[126]

② 관세음보살의 정토

관세음보살은 『관세음보살수기경』에서 십대홍원十大弘願과 육향원六向願
을 세워 아미타불을 모시고 있다가 아미타불이 열반한 뒤에 '중보衆寶'라
는 세계를 이룩한다고 하였다.

> 선남자야, 아미타불의 정법이 멸한 뒤에 한 밤중이 지나고 새벽이
> 밝아올 때에 관세음보살이 저 칠보로 이루어진 보리수 밑에서 결가

---

125) 『大乘悲分陀利經』「歎品」(대정장3, p.271상) 참조
126) 『大般涅槃經』(대정장12, p.508하) 참조.

부좌를 하고 앉아서 등정각을 이룰 것이며, 그 이름을 보광공덕산왕여래·응공·정변지·명행족·선서·세간해·무상사·조어장부·천인사·불세존이라고 할 것이다. 그 국토는 자연 칠보로 이루어지고 온갖 미묘한 것들이 합쳐져서 그 장엄함을 이룰 것이다. (…중략…) 화덕장보살이 부처님께 여쭈었다. "세존이시여, 그 부처님 나라의 이름이 안락입니까?" 부처님께서 말씀하셨다. "선남자야, 그 부처님의 국토는 이름을 중보라고 하는데 그것은 모든 장엄함을 두루 모아 갖추고 있기 때문이니라."[127]

③ 문수보살의 정토

문수보살은 『문수사리불사엄정경』에서 십팔원十八願을 세워 남방 정토에다 '이진구심離塵垢心'의 세계를 이룩한다고 하였다.

그때 사자보뇌음보살이 부처님 앞에 나아가 사뢰었다. "그때의 그 국토 는 없습니까?" 부처님은 말씀하셨다. "본래의 서원과 같이 뜻한 바를 원만히 갖추게 되면 그 세계의 이름을 이진구심이라 하느니라." 다시 부처님께 사뢰었다. "그것은 어느 방위에 있습니까?" 부처님께서 말씀하셨다. "남방에 있는데 이 인계의 맨 끝에 있다. 온갖 묘한 보배와 마니와 명주가 합해져 불토를 이루어 시방의 모든 것이 다 일찍이 보거나 들은 것이 아니며 온갖 보배가 두루 퍼지고 두루 나타나 썩어 없어지거나 줄어드는 일이 없다. 보살이 생각하기를 그 땅이 온갖 보배로 되기를 바라면 생각대로 곧 이루어지고, 어떤 보배가 있기를 바라면 온갖 묘한 꽃과 향이 생각대로 다 갖추어진다. 또 해와 달의 밝음과 어두움과 밤과 낮이 없다. 보살의 생각대로 그 몸의 광명이 빛나고 꽃이 피고 지는 것으로 낮과 밤이 구별되며 춥고, 덥고, 늙고, 앓고, 죽는 일이 없느니라.[128]

127) 『觀世音菩薩授記經』(대정장12, p.357상) 참조.
128) 『文殊師利佛土嚴淨經』권하(대정장11, p.899중) 참조.

다. 시방정토설

시방十方에 정토가 있다고 하는 설은 『도사경』과 『수원시방왕생경』 등에서 설한 동서남북 사유상하에 정토가 있다는 정토설을 말한다. 『도사경』에서는 그 정토를 다음과 같이 설하고 있다. 경설을 모두 살피자면 장황하므로 여기서는 부처님의 명호와 정토의 이름만을 보기로 하자.

      ① 동방 아서타불 헐련환국(東方 阿逝墮 訖連桓)

      ② 남방 아니라타라 루기원국(南方 阿泥羅墮羅 樓耆洹)

      ③ 서방 아사타타 파두원국(西方 阿斯墮陀 其刹名波頭洹)

      ④ 북방 아사타 점배원국 두피원국(北方 阿闍墮 占倍洹)

      ⑤ 동북방 아륜(유)나타국타 두피원국(東北方 阿輪有那墮國陀 優彼洹)

      ⑥ 동남방 아전타타타 건사원국(東南方 阿旆陀墮陀 犍闍洹)

      ⑦ 서남방 울침타대 나련원국(西南方 鬱沈墮大 羅憐洹)

      ⑧ 서북방 아파라타 활일원국(西北方 阿波羅墮 活逸洹)

      ⑨ 하방 풍마타라 반지원국(下方 楓摩墮羅 潘利洹)

      ⑩ 상방 타색 질제습원(上方 墮色 質提拾洹)[129]

다음 『수원시방왕생경』에서는 "동방-향림찰香林刹, 동남방-금림찰金林刹, 남방-약림찰樂林刹, 서남방-보림찰寶林刹, 서방-화림찰華林刹, 서북방-금강찰金剛刹, 배방-도림찰道林刹, 동북방-청림찰靑蓮刹, 하방-정찰精刹, 상방-욕림찰欲林刹"[130] 이라고 시방정토를 설하고 있다. 본경에 의하면 시방정토는 모두 우열의 차별이 없고 원에 따라 각각의 정토에 왕생할 수 있다고 하였다.[131]

---

129) 『兜沙經』(대정장10, p.445중하) 참조.
130) 『灌頂隨願往生十方淨土經』(대정장21, p.529상중) 참조.
131) 坪井俊映著 韓普光譯 앞의 책 pp.29~30 참조.

라. 범신론적 정토설

범신론적 정토란 『화엄경』 등에서 설하는 연화장세계를 말한다. 연화장세계는 비로자나불의 정토라고 하는 것으로 전 우주가 연화에 쌓여 있는 정토라고 생각하는 설이다. 이는 결국 우리가 사는 세계를 말하는 것으로 이 세계를 연화에 비유한 것이다. 이 세계를 '연화장장엄세계해蓮華藏莊嚴世界海'라고 하고 '화장세계'라고도 한다. 『화엄경』이 설하는 바에 의하면 노사나불의 서원과 수행에 의해 출현한 세계로서 이상적으로 생각되어진 깨끗한 경계이다. 이를 80권 『화엄경』 「화장세계품」에서 다음과 같이 설한다.

그때에 보현보살이 다시 대중에게 말하였다. "여러 불자들이여, 이 화장장엄세계해는 비로자나 부처님이 지난 옛적 세계해의 티끌 수 겁 동안 보살행을 닦을 때에 낱낱 겁마다 세계해의 티끌 수 같은 부처님을 친근하였고, 낱낱 부처님 계신데서 세계해의 티끌 수 같은 큰 서원을 닦아서 깨끗하게 장엄한 것이니라.[132]

라고 하였다. 또 60권 『화엄경』 「노사나불품」에서도 다음과 같이 설하고 있다.

불자들아, 마땅히 알아야 한다. 일체 세계바다는 세계바다 티끌 수 같은 인연이 갖추어지기 때문에 그것은 이미 이루어졌고, 지금 이루어지고, 장차 이루어질 것이다. 이른바 그것은 부처님의 신력 때문이요, 법이 응당 그러하기 때문이며, 중생들의 행업 때문이며, 일체 보살이 무상의 도를 얻기 때문이며, 보현보살의 선근 때문이며, 보살이 정불토를 장엄하려는 원행과 해탈이 자재하기 때문이며, 부처님의 위없는 선근이 그 과를 의지하기 때문이요, 보현보살의 자재한 원력

---

132) 80권 『大方廣佛華嚴經』 (대정장10, p.39상) 참조.

때문이니 이와 같이 세계바다 티끌 수 같은 인연이 갖추어지기 때문에 일체 세계바다가 이루어지는 것이다.[133]

라고 설한다. 이와 같이 연화장세계는 노사나불이 서원을 세워 보살도를 닦아 장엄한 세계라고 하였다. 이러한 화엄의 정토설이 범신론적 정토설이다.

마. 유심정토설

유심정토설은 심정토설心淨土說로써 이것은 인간의 마음에 따라서 현세를 정토라고 하는 설이다. 이는 선가의 이론에 따른 것이다. 유심정토설에는 경전 및 여러 논사의 설이 있는데 대표적으로 『유마경』의 심성본정설心性本淨說, 영명연수永明延壽의 유심설唯心說, 육조혜능六祖慧能의 심성정토설心性淨土說, 회감懷感의 유식소변설唯識所變說, 천태지자의 상적광토설常寂光土說 등을 들 수 있다. 각설을 보자.

먼저 『유마경』의 심성본정설을 보면, 이 설은 "그 마음의 청정에 따라 곧 불토가 청정해진다"[134] 는 대표적인 유심정토설이다. 즉 주관적인 정토설로서 번뇌에 물든 우치범부愚癡凡夫의 마음으로는 이 세계를 부정하다고 하지만, 부처님의 지견으로 본다면 이 세계는 청정장엄의 세계라는 설이다. 경설은 다음과 같다.

> 마땅히 알라. 직심은 바로 보살의 정토이니 보살이 성불할 때에 아첨하지 않는 중생은 그 나라에 가서 태어난다. 심심은 바로 보살의 정토이니 보살이 성불할 때에 공덕을 구족한 중생은 그 나라에 가서 태어난다.[135]

---

133) 60권 『大方廣佛華嚴經』(대정장9, p.409하) 참조.
134) 『維摩詰所說經』(대정장14, p.538하) 隨其心淨則佛土淨.
135) 위의 책(대정장14, p.538중) 참조.

이렇게 말씀하시고 또,

> 사리불아, 나의 불국토가 항상 이와 같이 깨끗하건만 근기가 하열한 사람들을 제도하기 위하여 일부러 여러 가지 나쁜 것으로 가득한 부정한 국토를 나타내 보인 것이니 마치 여러 천상 사람들이 한 그릇에 밥을 먹더라도 제각기 그 복덕을 따라서 밥의 빛이 다른 것과 같으니라. 그러므로 사리불아, 만일 사람의 마음이 깨끗하여지면 이 국토의 공덕장엄을 보게 되느니라.[136]

라고 하셨다. 이 말씀은 인간의 본성은 본래 청정한 것인데 근기에 따라 달라 보인다는 뜻이다. 즉 본래 부처나 보살은 불생불멸의 법신이므로 정토와 예토가 둘이 아닌데 중생들이 싫어하기 때문에 이들을 구제하기 위하여 새삼 정토를 말한다는 것이다. 다시 말해 정토는 중생들 때문에 생겨난 것이라는 말이다. 그러므로 마음이 깨끗해지면 곧 불국토를 보게 된다는 논리이다. 여기에 대한 역대 논사들의 설을 보자. 영병연수(904~975)는 『만선동귀집』에서 다음과 같이 설명한다.

> 유심의 정토는 마음을 요달하면 그곳에 난다. 『여래부사의경계경』에서 말씀하시기를 "삼세 일체의 제불은 모두 가진바 없이 오직 자심에 의하며, 보살이 만약 능히 제불 및 일체법이 모두 오직 심량이라고 요달하여 알면 수순인을 얻고, 혹은 초지에 들어 몸을 버리고 속히 묘희세계에 나며, 혹은 극락정불토 가운데 난다"[137] 고 하였다. 그러므로 알라. 마음을 알면, 바로 유심의 정토에 나며 경계에 집착하면 오로지 소연의 경계 가운데 떨어진다.[138]

---

136) 위의 책(대정장14, p.538하) 참조.
137) 『大方廣如來不思議境界經』(대정장10, p.911하) 참조.
138) 延壽撰 『萬善同歸集』(대정장48, p.966중하) 참조.

라고 설한다. 이와 같이 일체법이 모두 심량心量이라고 깨달으면 유심정토에 난다고 하였다. 육조 혜능조사는 『단경』에서 다음과 같이 설한다.

> 부처님이 말씀하시기를, "그 마음의 청정을 따라 곧 불토가 깨끗하다"고 하셨느니라. 사군아, 동방사람이라도 다만 마음이 깨끗하면 곧 죄가 없는 것이고, 비록 서방사람이라도 마음이 깨끗하지 못하면 또한 허물이 있음이니 동방사람이 죄가 있다면 염불해서 서방에 나기를 바란다고 하겠지만 서방사람이 죄를 지었을 때는 염불해서 어느 나라에 나기를 원하겠는가. 어리석은 사람은 자성을 요달하지 못하기 때문에 자기 몸속의 정토를 알지 못하고 동쪽을 원하고 서쪽을 원하지만, 깨달은 사람은 있는 곳마다 일반이니라. 그러므로 부처님께서 말씀하시기를, "머무는바 곳에 따라 안락하다"고 하셨느니라.[139]

라고 하였다. 이와 같이 육조대사는 자성미타관自性彌陀觀에 의한 철저한 유심정토설을 주장하였다. 역대 선종에서는 이 마음이 곧 정토인데 마음 밖에서 무슨 정토를 따로 찾으며, 성품이 미타인데 성품 밖에 따로 무슨 아미타불이 있겠느냐고 주장하고 있다. 한편 선도의 제자 회감은 『석정토군의론』에서 유식소변의 정토를 설하고 있다.

> 해석하여 말한다. 여래소변의 토는 불심이 무루되면 국토도 무루이다. 범부의 마음은 아직 무루를 얻지 못한다. 저 여래의 무루토 위에서 자심을 변현하여 유루토를 만들고 더구나 그 가운데 난다. 만약 (…중략…) 유루라고 말해도 여래의 무루토에 의하여 변현하는 까닭에 궁극에는 불의 무루와 같다. 또 중악의 허물도 없다.[140]

라고 하였다. 이와 같이 회감은 부처의 측면에서 본다면 여래의 무루심無

---

139) 『壇經』(대정장48, p.352상) 참조.
140) 懷感撰 『釋淨土群疑論』(대정장47, p.32상중) 참조.

漏心의 소변所變에서 무루의 정토이지만, 범부의 측면에서 본다면 범부의 유루심有漏心의 소변에서 유루의 정토라고 하면서 유식소변의 도리를 설하고 있다. 한편 천태지자는 『법화현의』에서 상적광토설을 주장하고 있다.

> 만약 능히 마음이 깨끗해지면 모든 업이 곧 깨끗해진다. 마음이 깨끗해지는 것을 관하는 것이란 모든 마음이 실로 인연으로 생겨난 법이라서 즉공·즉가·즉중으로 관하는 일심삼관을 말하는 것이다.[141]

라고 하여 "마음이 깨끗해지면 모든 업이 곧 깨끗해진다"는 『유마경』의 설을 인용하여 사바가 곧 정토라는 상적광토설을 주장하고 있다. 또한 지자는 진여실상의 진리관에 입각한 상적광토설을 주장하고 있다.

> 만약 10인연으로 이루어진 중생이 설할 수 없는 국토와 설할 수 없는 음계(5온·12처·18계)가 모두 진여실상인 것을 듣고 즐거워하면, 곧바로 일체국토의 의정은 상적광토이다. 일체의 5온과 12처는 보리이다. 이것을 떠나서 보리는 없다. 한 색, 한 향기도 중도中道가 아님이 없고, 이것을 떠나서 다른 적정문은 없다. 안·이·비·설도 모두 적정문이고, 이것을 떠나서 다른 적정문은 없다.[142]

라고 하여 일체의 5온과 12처는 보리이고, 이것을 떠나서는 보리가 없고, 안이비설眼耳鼻舌 또한 적정문寂靜門이고, 이것을 떠나서는 적정문도 없다는 진여실상眞如實相의 중도적中道的 진리관에 입각한 상적광토설을 주장하고 있다.[143]

이와 같이 유심정토의 각설을 살펴보았는데 유심정토설은 한마디로 마

---

141) 智者述 『法華玄義』(대정장33, p.763중) 참조.
142) 위의 책(대정장33, p.688하) 참조.
143) 천태지자는 4토설을 정리하였는데 상적광토常寂光土는 그 가운데 하나이다. 4토는 범성동거토凡聖同居土, 방편유여토方便有餘土, 실보무장애토實報無障碍土, 상적광토常寂光土이다. 『觀無量壽佛經疏』(대정장37, p.188중)

음밖에는 어떤 것도 존재하지 않는다는 논리이다. 즉 정토는 심정토로써 마음이 짓는 것이므로 가고 오는 것도 없고, 동서의 방향도 없다는 선가의 주장이다. 즉 현세정토설을 주장하는 것이다.

　이상과 같이 살펴본바 제불의 정토설은 매우 이상적인 것이다. 이러한 관념은 소승불교에서는 찾아볼 수 없고 대승불교에 이르러 성립되었다. 따라서 제불의 정토설은 대승불교수행자에게 매우 큰 희망을 주는 설이다. 왜냐하면 누구라도 열심히 수행하면 부처를 이룰 수 있는 무한한 가능성을 제시하고 있기 때문이다. 그러나 이 성불을 이루고자하는 데는 조건이 있다. 그 조건이란 일체중생을 청정한 국토에 왕생하게 하여 해탈케 하겠다는 대원을 세워 오직 보살도를 닦는 일이다. 위에서 보았듯이 모든 제불보살은 하나의 정토를 만들기 위해 대원을 세워 보살도를 닦아 각자 정토를 건립하였다. 그리고 실천덕목은 육바라밀을 닦고 온갖 선업을 쌓았다. 이와 같이 제불의 정토는 각각 그 특성이 있는데 그 가운데 특히 아미타불의 서방정토는 마음이 산란한 무지의 사람을 위해 설하고 있다. 그래서 중국의 도작과 선도는 아미타불의 서방정토가 산심散心의 범부를 위한 정토라고 하였다. 그러면 이제 장을 달리하여 극락정토와 그곳에 계시는 아미타불에 대해 고찰해 보기로 하자.

정토

정토는
탐내는 마음
화내는 마음
어리석은 마음이 끊어진 곳
그래서 맑고 아름다운 곳

제불보살님은

세 가지 독한 마음을 버리고

정토를 이루셨네

이제야 알았네

부지런히 염불 하고

공덕 쌓으면

삼독이 끊어져서

너도 나도

정토의 주인공이

될 수 있다는 것을

제5강
극락세계와 아미타불

제5강 극락세계와 아미타불

앞에서 정토의 의의를 대략 살펴보았다. 그런데 이 개념에는 몇 가지 공통적인 의문이 제기된다. 그것은 정토라는 이름을 왜 극락이라고 했으며, 정토는 왜 서쪽에 있으며, 정토는 왜 멀리 떨어져 있는가이다. 여기서는 이 네 가지 의문을 푸는 것으로써 정토의 본질을 이해하고자 한다.

1. 왜 정토를 극락이라 했나

정토는 산스크리트어로 스쿠바하티(Sukhāvatī)라고 하며 이를 직역하면 '낙유樂有'라고 한다. 곧 '즐거움이 있는 곳'이라는 의미이다. 이를 정토교의 소의경전인 『정토삼부경』에서는 안락安樂·극락極樂·안양安養·낙방樂邦이라고 번역(의역)하고 있다.

『아미타경』에서는

> 사리불이여 그 땅을 왜 극락이라고 하는가. 그 나라에 있는 중생들은 온갖 고통에 시달리지 아니하고 다만 여러 가지의 즐거운 것들만

넘쳐나므로 극락이라고 하느니라.[144]

『관무량수불경』에서는

> 부처님이시여, 여러 가지의 불국토가 비록 모두 청정하여 광명으
> 로 빛난다고도하더라도 저는 이제 극락세계에 있는 아미타불의 세계
> 에 왕생하기를 원하나이다.[145]

『무량수경』에서는,

> 법장보살은 이미 성불하여 서방에 있으니 이 땅에서 10만억 찰토
> 를 떨어진 곳으로 그 부처님세계를 안락이라고 한다.[146]

라고 설하고 있다. 이와 같이 『무량수경』에서는 '안락'이라 칭하고, 『관무
량수경』과 『아미타경』에서는 '극락'이라고 칭하고 있다. 이와 같이 극락
이란 뜻은 위의 『아미타경』에서 설한 바와 같이 중생들이 온갖 고통에 시
달리지 아니하고 다만 여러 가지의 즐거운 것들만 넘쳐나므로 극락이라고
하였다.

2. 극락은 왜 서쪽에 있는가

앞에서 고찰한 바와 같이 부처님께서는 "극락은 이 사바로부터 서쪽으
로 십 만억 불토를 지난 곳에 있다"고 하셨다. 그러면 부처님께서는 왜 여
러 방위 중에 하필이면 서쪽이라 하셨을까. 이에 대한 도작, 선도, 원효의
설을 보자. 도작은 『안락집』 권하에서 다음과 같이 설명하고 있다.

---

144) 『阿彌陀經』(대정장12, p.346하) 참조.
145) 『觀無量壽佛經』(대정장12, p.341중) 참조.
146) 『無量壽經』(대정장12, p.270상) 참조.

염부제에는 해가 뜨는 곳을 생이라 하고 해가 지는 곳을 사라고 하며 사지에 신명이 들어간다고 생각하였다. 그러므로 법장보살이 성불하여 서쪽에 머물면서 중생을 자비로서 영접하기를 원한 것이다.[147]

라고 하였다. 이와 같이 도작은 염부제의 사람들은 서쪽은 죽은 사람이 사후에 가게 되는 곳으로 생각한다고 하였다. 그러면 이러한 생각이 나게 된 이유는 무엇일까. 그것은 고대인도인의 사고방식에서 그 관념을 볼 수가 있다. 즉 인도에서는 방향과 방위를 나타낼 때 해가 뜨는 동쪽을 바라보고 서서 앞을 동방이라 하고 뒤를 서방이라고 하는데, 이러한 생각들이 시간적으로 볼 때 앞쪽의 동방은 과거(atita)가 되고 뒤쪽의 서방은 미래(anāgata)가 된다는 생각을 낳게 하였다는 것이다.[148] 즉 서방(pāscima)은 미래의 세계로써 장차 오는 세상이라는 관념이다. 여기서 장차 오는 세상이란 곧 내세를 의미한다. 좀 더 설명하자면 이 세상의 모든 사람들은 어느 누구를 막론하고 죽음을 싫어하고 고통 없이 오래 살면서 그 삶이 행복하기를 바라고 있다. 특히 죽은 후에는 더 좋은 세상에 태어나 그 행복이 이어지기를 바라고 있다. 즉 평화롭고 안락한 이상향理想鄕을 바라는 것이다. 여기서 어렴풋이 그 방향을 서쪽이라고 상상할 수 있다. 왜냐하면 동쪽에서 해가 솟아오르면 모든 생명들은 잠에서 깨어나 삶을 시작하고 서쪽으로 해가 넘어가면 다음 날을 위하여 고단한 삶을 쉬면서 잠을 잔다. 그래서 해가 넘어가는 서쪽은 자연히 쉬고 싶은 곳, 안락함이 있는 곳으로 생각하게 된다. 따라서 이러한 생각들이 막연히 서쪽 어디엔가는 영원히 안락하고 평화로운 세계가 있을 것이라는 생각을 낳게 할 수 있다고 본다. 이러한 중생심을 부처님은 다 아시고 태양이 넘어가는 서방에 중생들이 원하는 평화롭고 안락한 극락세계를 상징적으로 설정한 것이라고 본다. 그래서 부처님께서는 『관무량수경』에서 위제히 부인이 죽음의 공포에 괴로워

---

147) 道綽撰 『安樂集』 권하(대정장47, p.18상) 참조.
148) 김만권 『아미타경강의』(三榮出版社, 1990) p.33 참조.

하면서 이 고뇌와 근심이 없는 세계를 가르쳐달라는 소원에 답하여 "그대가 정녕 괴로움이 없는 세계를 보고 싶으면 우선 마음을 진정하고, 서쪽하늘로 넘어가는 태양의 모습을 생각하라"고 가르치신 것이다. 선도의 설을 보자. 선도는 『관무량수불경소』「정선의」에서 서방에 정토를 세우는 이유를 다음과 같이 설명하고 있다.

> 지금 생각하여 관하는 이 문들은 오로지 방향을 가리켜 모습을 세워서 마음을 머물게 하여 경계를 취하게 했다. 총괄해 모습이 없는 이념을 밝히지 않는다. 부처님은 멀리 미래를 아시기에 말법시대의 죄악범부를 위하여 모습을 세워 마음을 머물게 하였는데도 불구하고 마음을 바로하지 못하는데 어찌 하물며 모습을 여의고 일을 구함이랴. 이는 마치 신통이 없는 사람이 하늘에 있으면서 집을 세우는 것과 같다.[149]

라고 하였다. 이 말은 말법시대의 미혹한 범부중생은 방향을 가르쳐주어도 의심하여 찾아가지 못하는데 만약 방향을 세우지 않는다면 어떻게 찾아갈 수 있겠느냐는 설명이다. 이를 일본의 평정준영은 "미혹한 중생의 눈으로는 모든 법이 모양 없음(제법무상諸法無相)과 부처님의 몸이 한량없고 끝이 없는 것을 볼 수가 없으므로 모양에 집착하는 범부중생의 관념을 성취시키기 위하여 특히 서방정토를 말씀하신 것"이라고 해설하였다.[150]

다음은 이에 대한 원효스님(617~686)의 설을 보자. 원효스님은 『유심안락도』[151]에서 다음과 같이 설명한다.

---

149) 善導集記『觀無量壽佛經疏』(대정장37, p.267중) 참조.
150) 坪井俊映著 李太元譯『淨土三部經槪說』(寶國寺, 1988) p.510 참조.
151) 『遊心安樂道』는 일찍부터 원효의 저술로 알려져 오고 있지만, 저자에 대한 의문이 제기되어 오고 있다. 문제가 되는 것은 『유심안락도』에는 보리유지가 당 신룡神龍2년(706)에서 선천先天 2년(713) 사이에 번역한 대보적경발승지락회, 신룡3년(707)에 번역한 『불공견삭신변진언경』이 인용되어 있어 문제가 되고 있다는 것이다. 고익진은 『유심안락도』가 『무량수경종요』의 증보개편이라고 평하고 있다. 고익진 「유심안락도의 성립과 그 배경」(『불교학보』10, 1973) p.153.

부처님의 나라는 원융하여 본래 동서가 없으나 중생들의 근기가 다양하여 여기다 저기다 하는 것이다.[152]

라고 하였다. 이 말은 부처님의 나라는 원융하여 어느 특정한 방향이 없는데 중생들이 근기가 다양하여 동서로 갈팡질팡한다는 것이다. 이 설명도 결국은 위의 선도가 설한 바와 같이 부처님께서 범부중생의 관념을 하나로 성취시키기 위하여 부득이 극락을 서방으로 정하게 되었음을 말하고자 한 것이라고 본다. 결론을 지어보면, 모든 중생들은 태어나서 누구나 죽는다는 현실이 괴롭고 허무하다. 그래서 죽은 후에도 생명이 영원히 연장되는 안락한 세계를 막연히 동경한다. 그러나 안타깝게도 그 세계를 볼 수가 없다. 왜냐하면 그 세계는 깨달음의 세계로써 미혹한 범부중생의 눈으로는 도저히볼 수가 없기 때문이다. 그래서 중생들은 그 세계를 찾아가기 위하여 동서로 헤맬 수밖에 없다. 부처님께서는 이를 가엾이 여기시어 그 세계의 위치를 분명하게 가르쳐 주신 것이다. 그런데 왜 하필 서방일까. 전술한바 서쪽은 해가 지는 곳이다. 이 일몰日沒이 주는 감정은 마음속 깊은 곳의 고요함이며 평온함이다. 그래서 태양이 넘어간 저 하늘 어디에는 안락한 세계가 있으리라는 상상을 할 수가 있다. 부처님께서는 이를 다 아시고 부득이 서방을 택하여 우리들의 마음의 고향을 정하여 주신 것이라고 생각한다.

3. 극락은 왜 멀리 있는가

이것은 사바세계와 극락세계와의 거리에 대한 문제이다. 위에서 살펴본바 부처님께서 말씀하시기를 "여기서 서쪽으로 십만 억 국토를 지나면 한 세계가 있으니 그 세계를 이름 하여 극락이라고 한다"[153] 고 하셨다. 그런데 이 말씀은 물리적인 산수의 셈법으로는 도저히 도달할 수 없는 불가능한 거리이다. 그러면 부처님께서는 무엇 때문에 측량할 수도 없는 그토록

---

152) 원효술『遊心安樂道』(대정장47, p.111상) 참조.
153) 『阿彌陀經』(대정장12, p.346하) 참조.

먼 곳에 극락을 건설하셨을까. 이제 그 의의를 새겨보자.

극락정토는 부처님이 오직 깨달음에 의해 건립하신 지혜와 자비의 광명으로 빛나는 맑고 깨끗한 세계이다. 이와 반대로 사바세계는 탐진치 삼독심으로 인하여 신구의 삼업이 청정치 못한 중생들이 사는 완전무결하지 못한 더러움이 가득 찬 세계(예토穢土)이다. 그래서 사바세계는 허망하고 괴로운 세계이다. 그런데도 범부중생은 미혹에 쌓여 그 허망한 애욕을 버리지 못하고 집착한다. 『아미타경』에서 '십만 억 국토를 지나야 한다'는 것은 이 집착에 의한 번뇌의 길이이다. 말하자면 미혹과 깨달음과의 거리로써 범부와 부처와의 거리를 말하는 것이다. 범부와 부처는 근본이 다르다. 만약 범부가 깨달아 부처의 마음이 된다면 즉시에 극락국토에 도달하여 부처님의 자비광명을 눈앞에 볼 수 있겠지만 깨닫지 못한 미혹한 범부는 영원히 갈 수도 없고 볼 수도 없는 십만 억 국토를 지난 머나먼 저쪽에 있을 수밖에 없다. 그래서 『관무량수경』에서 부처님께서는 위제히 부인에게 다음과 같이 말씀하신다.

그대는 지금 아는가 모르는가. 아미타불은 이곳에서 멀지 않은 곳에 계신다. 그대는 마땅히 계념하여 자세히 관찰하여라. 저 국토는 청정한 업으로써 갈 수 있느니라. 내가 지금 그대를 위하여 많은 비유로써 자세히 말해 주리라. 또한 청정한 업을 닦으려하는 미래세의 모든 범부로 하여금 서방의 극락국토에 태어날 수 있도록 하겠다. 저 국토에 태어나고 싶으면 마땅히 세 가지 복을 닦아야한다. 첫째는 효도하여 부모를 공경하고 스승을 받들어 모시며 자심으로 살생하지 않고 십선업을 닦는 것이며, 둘째는 삼귀를 받아 지녀 갖가지 계를 다 갖추고 위의를 범하지 않는 것이며, 셋째는 보리심을 내어 인과를 깊이 믿고 대승(경)을 독송하며 나아가 행하도록 권하는 것이다. 이와 같은 세 가지를 이름 하여 정업이라고 한다. [154]

154) 『觀無量壽佛經』(대정장12, p.341하) 참조.

라고 하셨다. 이와 같이 "아미타불은 이곳에서 멀지 않은 곳에 계신다"라고 하시어 극락세계는 멀지 않은 곳에 있다고 하셨다. 그러면 왜 멀지 않다고 하셨을까. 그것은 바로 극락세계는 깨달음의 세계이기 때문이다. 이는 신앙적인 거리를 말씀한 것이다. 즉 정토는 십만 억의 머나먼 거리를 둔 저쪽의 세계이지만 삼복三福을 닦아 청정해진 마음으로 부처님의 자비광명을 우러러보는 자에게는 바로 눈앞에서 볼 수 있는 세계라는 것이다. 그래서 "저 국토는 청정한 업으로써 갈 수가 있다"고 하신 것이다.

위의 경설에 대해 천태지자(538~597)는 그의 저서 『관무량수경소』에서 다음과 같이 해석하였다.

> '여기서 거리가 멀지 않다'고 하셨는데, 안락한 국토인 극락세계는 이 사바세계에서 그 거리가 십만 억 부처님의 국토이며, 그 낱낱의 부처님 국토마다 또 항하의 모래알처럼 수많은 세계가 있는데 어찌 '멀지않다'고 말씀하신 것일까. 해석하여 말한다. 부처님의 힘으로 보고자하면 곧 볼 수 있고, 또한 부처님의 광명가운데 그 국토가 나타나 그것이 부처님의 정수리 위에 뚜렷이 보이게 된다. 이렇게 한 생각으로 능히 반연할 수 있으니 '멀지않다'고 말씀하신 것이다.[155]

라고 하였다. 이와 같이 지자대사는 한 생각을 모아 저 국토를 관하면 부처님의 광명가운데 그 국토가 부처님의 정수리 위에 뚜렷이 보이게 된다고 하였다.

또한 이 거리에 대해서 선종에서는 앞에서 고찰한 바와 같이 정토는 오직 마음 짓는데 있다고 하는 유심정토를 주장한다. 중국 선종의 육대조사 혜능(638~713)대사는 『법보단경』에서 다음과 같이 설한다.

> 먼 것을 설하시는 것은 그 하근을 위함이요, 가까운 것을 설하심

---
155) 『觀無量壽佛經疏』(대정장37, p.191중) 참조.

은 그 상지를 위하심이다. 사람은 두 가지가 있으나 법은 두 가지가 없는지라 미와 오가 다름이 있어서 견이 더디고 빠름이 있음이라 미한 사람은 염불하여 저기에 남을 구하고 깨달은 사람은 스스로 그 마음을 깨끗이 하나니 이러한바 부처님께서 말씀하시되 "그 마음이 깨끗함을 따라 곧 불토가 깨끗하다"하시느니라. (…중략…) 사군아, 다만 마음의 땅에 불선을 없애면(악한 마음을 품지 않으면) 서방이 이에 가기가 멀지 않거니와, 만약 불선의 마음을 품으면(악한 마음을 품으면) 염불하여도 왕생하여 이르기 어렵나니 이제 선지식에게 권하건대 먼저 십악을 없애면 곧 십만을 가는 것(行)이요, 뒤에 팔사를 없애면 이에 팔천을 지나감이니 염념으로 성을 보아 항상 평직을 행하면 그 다다름이 손가락 퉁김과 같아서 문득 미타를 볼지니라. 사군아 (…중략…) 만약 무생의 돈법을 깨달으면 서방이 다만 찰나에 있음을 보려니와 깨닫지 못하면 염불하여 태어남을 구할지라도 길은 머나니 어떻게 얻어 도달하리요.[156]

라고 하였다. 이와 같이 혜능은 유심의 입장에서 마음 밖에서의 부처님을 인정하지 않았다. 그러나 혜능도 무조건 아무나 오직 마음 하나만으로는 정토에 갈 수 있다는 것은 아니라고 하였다. 위에서 설한 바와 같이 그 마음이 청정해져야만 갈 수 있다고 하였다. 그러기 위해서는 십악과 팔사를 버려야만 한다고 하였다. 그리하면 그 마음이 청정하여져서 손가락 한 번 퉁길 사이에 미타를 본다고 하였다. 이와 반대로 이 십악의 마음을 끊지 못하면 어느 부처님이 오셔서 그대를 맞이하겠냐는 것이다. 여기서 십악이란 앞에서도 말했지만 ①살생殺生 ②투도偸盜 ③사음邪淫 ④망어妄語 ⑤기어綺語 ⑥양설兩舌 ⑦악구惡口 ⑧탐애貪愛 ⑨진에瞋恚 ⑩치암癡暗으로 우리가 매일 독송하는 『천수경』에 나오는 열 가지 악을 말한다. 이 열 가지 악을 없애버리면 십만 억 국토를 지나간다는 말이다.

---

156) 『六祖大師法寶壇經』(대정장48, p.352상중) 참조.

팔사八邪는 팔정도八正道의 반대말이다. 팔정도는 ①정견正見 ②정사正思 ③정어正語 ④정업正業 ⑤정명正命 ⑥정정진正精進 ⑦정념正念 ⑧정정正定을 말한다. 이 여덟 가지를 반대로 하면 삿된 견해, 삿된 사유, 삿된 말, 삿된 업, 삿된 생활, 삿된 정진, 삿된 생각, 삿된 명상이 된다. 이 여덟 가지를 없애버리면 곧 팔천억 국토를 지나간다는 말이다. 원효스님도 『열반경종요』의 대의를 서술하는 첫머리에서 다음과 같이 설명한다.

> 지극히 멀기 때문에 가르침을 따라가면서 천겁을 지나되 이르지 못하고, 지극히 가깝기 때문에 말을 잊고 찾되 한 찰나를 지나지 않아서 스스로 만 난다.[157]

라고 하였다. 중국 정토종의 대성자 선도대사도 『반주찬』에서 "한 생각에 불국토에 들어간다"[158] 고 하여 정토종의 입장을 유심적 관점으로 밝히기도 하였다.

이상과 같이 사바세계와 극락과의 거리를 경설과 조사들의 해석을 통하여 새겨보았는데 결론은 부처님께서 사바와 극락의 거리를 십만 억이라는 수학적인 거리로 표현하였지만 이는 극락에 가고자하는 사람의 마음가짐으로 도달할 수 있는 거리를 말한 것이다. 즉 '신앙심의 거리'를 설한 것이라 하겠다. 즉 십선 등 선업을 닦아 마음이 청정해진 수행자에게는 그곳에 도달하는데 조금도 시간이 필요 없다는 말이다. 이러한 이치로 본다면 선종에서 설하는 유심정토설은 매우 현실적이고 설득력 있는 정토관념이다. 왜냐하면 부처님의 모든 가르침은 오직 마음에서 출발하여 시공초월의 세계에 도달하는 방편을 설하셨기 때문이다. 그러나 가만히 앉아서는 절대로 저 무위열반의 세계에 도달하지는 못한다. 혜능대사의 말처럼 십악과 팔사를 버리는 공부를 해야만 된다. 그리고 극락의 모습을 알아야 한다. 지금까지는 왜 극락인가. 극락은 어디에 있는가. 극락은 왜 그리 멀리

---

157) 『涅槃經宗要』(대정장38, p.239상) 참조.
158) 善導集記 『依觀經等明般舟三昧行道往生讚』(대정장47, p.455상) 一念之間入寶國.

떨어져 있는가에 대한 의문을 풀어보았다. 그러면 이제부터 극락의 아름다운 장엄에 대하여 살펴보기로 하자.

4. 극락세계의 실상

정토의 장엄에 대해서는 여러 경전에서 설하고 있다.[159] 그러나 여기서는 정토교의 소의경전인 삼경일론三經一論[160] 이라고 하는 『정토삼부경』과 세친世親의 『왕생론』과 무착이 『섭대승론』에서 설한 「십팔원정十八圓淨」(세친이 해석함)과 우리불교에서 천도재 등을 지낼 때 통례적으로 염송하는 대표적인 장엄염불인 '극락세계십종장엄極樂世界十種莊嚴'의 내용을 통해 극락세계의 모습을 살펴보고자 한다.

1) 정토삼부경의 설

가. 무량수경의 설

『무량수경』은 범본의 제목을 직역하면, '극락의 장엄'이라는 뜻으로, 『정토삼부경』 가운데 극락정토의 모습을 가장 상세하게 설명한 경전이다. 『무량수경』에는 불신佛身의 광명, 불신의 수명, 중생의 공덕, 보배나무의 장엄, 보배나무의 신령한 덕, 음악의 미묘하고 훌륭한 소리, 당사當舍의 훌륭한 장관, 보배연못의 신기한 덕(기덕奇德), 성자의 과보가 극락정토의 장엄으로 표현되어 설하고 있다. 여기서는 『무량수경』 권상에 나오는 공덕장엄을 보기로 하자. 다음의 대목은 법장보살께서 사십팔원을 성취하여 아미타불이 되셨을 때 그 세계의 광경을 부처님께서 아난에게 말씀하신

---

159) 아미타불의 극락정토에 대한 이야기는 여러 경전에서 설하고 있는바 소승경전과 대승경전을 합친 940여부의 경전 가운데 4분의1인 270여부이고, 대승경전 600여부 가운데 3분의 1인 200여부이다. 이 가운데 중국, 한국, 일본 등에서 주로 많이 이용하고 주석을 한 경전은 정토삼부경이다. 이태원저 『淨土의 本質과 教學發展』(운주사, 2006) p.102 참조.

160) 일본정토종의 시조인 법연은 『선택본원염불집』에서 "처음으로 정토왕생을 밝힌 교는 이 삼경일론三經一論이다. 삼경이란 첫째 『무량수경』, 둘째 『관무량수경』, 셋째 『아미타경』이다. 그리고 일론이란 천친의 『왕생론』이다. 혹은 이 삼경을 가리켜서 『정토삼부경』이라고 부르거나 또는 정명왕생정토교라 한다."(대정장83, p.2상)고 하였다.

정보正報의 장엄이다.

> 그 부처님의 국토는 자연적으로 금·은·유리·산호·호박·자거·마노의 일곱 가지 보배를 합성하여 국토를 이루었으며, 넓고 광대하여 한계와 끝이 없으며, 모든 것이 서로 조화를 이루고 사람들도 서로 화합하느니라. 광명이 찬란하게 빛나고 밝고 환하며 미묘하고 기이하고 수려하니라. 그 청정하게 장엄함이 시방의 모든 세계를 널리 뛰어넘었느니라. 온갖 보배들 가운데 정수가 있으니, 이 보배는 마치 제육천의 보배와 같으니라. 또한 그 국토에는 수미산 및 금강철위산 등 일체의 모든 산이 없고 또한 큰 바다·작은 바다·계곡·하천·우물·웅덩이 등도 없느니라. 부처님의 위신력으로 말미암아 보고자하면 즉시 나타날 뿐이니라. 또한 지옥과 축생과 아귀 등의 여러 곤란한 거취도 없고 또한 봄·여름·가을·겨울 등의 사계절도 없어서 춥지도 않고 덥지도 않으니 항상 조화롭고 적절하니라.[161]

라고 설한다. 다음은 의보依報의 장엄으로 보배나무의 장엄에 대하여 다음과 같이 설하신다.

> 또한 그 국토에는 일곱 가지 보배로 된 갖가지의 나무가 주위에 충만해 있다. 금으로 된 나무, 은으로 된 나무, 유리로 된 나무, 파려로 된 나무, 산호로 된 나무, 마노로 된 나무, 자거로 된 나무 등이다. 때로는 두 가지 보배, 세 가지 보배 내지 일곱 가지 보배가 서로 합쳐 이루어진 것도 있느니라. 혹은 금으로 된 나무에 은으로 된 잎과 꽃과 열매가 달린 것이 있고, 혹은 은으로 된 나무에 금으로 된 잎과 꽃과 열매가 달린 것도 있느니라. (…중략…) 이러한 보배나무들이 열을 지어 조화롭게 심어져 있는데 줄기와 줄기들도 조화롭게 바라보고,

---

161) 『無量壽經』(대정장12, p.270상) 참조.

가지와 가지들도 조화롭게 정돈되고, 잎과 잎들도 조화롭게 방향을 잡고, 꽃과 꽃들도 서로 순조롭고, 열매와 열매들도 서로 마땅한 자리에 위치하여 있느니라. 그리고 색깔이 화려하고 광채가 휘황하여 보는데 권태로움이 있을 수가 없느니라. 맑은 바람이 때때로 불어오면 다섯 가지 소리가 미묘하게 울려 퍼져 궁상宮商[162] 의 음으로 서로 자연히 조화를 이룬 것이니라.[163]

또 도량의 보리수와 그 나무에서 울려나오는 법음을 다음과 같이 말씀하신다.

또한 무량수 부처님의 국토에 있는 도량의 보리수는 높이가 사백만리이고, 그 근간의 둘레가 오십유순이고, 가지와 잎은 사방으로 이십만리나 펼쳐져 있느니라. 그리고 일체의 온갖 보배들이 합쳐져 이루어진 것이니라. (이 보리수는) 온갖 보배가운데 으뜸인 월광마니와 지해륜보持海輪寶로 이것을 장엄하였느니라. 그리고 작은 가지 사이에는 빙 둘러 보배로 된 영락을 드리웠느니라. 백 천만 가지의 색으로 이리저리 달라지고 변화하며 한량없는 광채의 불꽃이 휘황찬란하게 끝없이 비추느니라. 진기하고 미묘한 보배 그물이 그 위에 펼쳐져 덮여 있으면서 일체의 장엄들은 마땅한 바에 따라 나타나느니라. 가벼운 바람이 서서히 스치면 한량없이 미묘한 법음이 울려 퍼지는데 그 소리는 시방의 모든 부처님의 국토에 두루 울려 퍼져 그 소리를 듣는 자는 심오한 법인을 얻어 불퇴전의 지위에 머물게 되느니라.[164]

또 훌륭하고 미묘한 연주와 음악소리를 다음과 같이 말씀하신다.

---

162) 궁상宮商은 중국에서 나눈 오음조五音調(궁宮·상商·각角·징徵·우羽)에 속한 소리음을 말함.
163) 위의 책(대정장12, pp.270상~271상) 참조.
164) 위의 책(대정장12, p.271상) 참조.

세간 제왕에게 백 천 가지의 음악이 있느니라. 그리고 전륜성왕으로부터 제육천상에 이르기까지 연주와 음악의 소리가 있으나, 뒤의 것이 앞의 것에 비하면 그 수승함이 천억만 배가 되느니라. 그런데 제육천상의 만 가지 음악소리는 무량수부처님 국토의 칠보로 된 나무들이 일으키는 한 종류의 소리에도 미치지 못하니 그 소리는 천상의 소리의 천억만 배이니라. 또한 자연스러운 만 가지의 연주와 음악이 있느니라. 그런데 그 음악의 소리는 법음이 아닌 것이 없으며, 청정하고 호탕하고, 애절하고 너그러우며, 미묘하고 온화하고 아름다우니 시방세계의 음성 가운데 최고이며 제일인 것이니라.[165]

또 강당과 보배연못에 대하여 다음과 같이 말씀하신다.

또한 그 국토에는 강당·정사·궁전·누각들은 모두 칠보로 장엄되었고 저절로 변하여 이루어진 것이니라. 다시 진주와 명월마니와 갖가지 보배로 엮은 그물로 그 위를 덮었는데 안팎과 좌우에는 여기저기 목욕하는 못이 있느니라. 그 못은 혹은 십유순 혹은 이십, 삼십 내지 백천 유순도 되며 세로와 가로로 그 깊고 얕음이 모두 같고 여덟 가지 공덕을 갖춘 물이 고요하면서도 충만하니 청정하고 향기롭고 정결하고 그 맛은 감로수와 같으니라. (…중략…) 잔잔한 물결은 돌아서 흐르며 서로에게 물을 붓는데, 안정되고 경사스럽게 천천히 나아가니 더디지도 않고 빠르지도 않느니라. 그 물결은 한량없는 자연의 오묘한 음성을 떨쳐 일으키니 그 상응하는 바에 따라서 들리지 않는 것이 없느니라. 혹은 부처님의 음성을 듣고, 혹은 법의 소리를 듣고, 혹은 승단의 소리를 듣느니라. 혹은 적정한 소리, 공성과 무아의 소리, 대자대비의 소리, 바라밀다의 소리를 듣느니라.[166]

---

165) 위의 책(대정장12, p.271상) 참조.
166) 위의 책(대정장12, p.271상중) 참조.

또 극락세계의 공덕인의 모습을 다음과 같이 말씀하신다.

아난이여, 그 부처님 국토에 왕생하는 자는 누구나 그와 같은 청정
한 색신과 온갖 미묘한 음성과 신통과 공덕을 갖추게 되느니라. 거처
하는 궁전과 의복과 음식, 여러 가지의 오묘한 꽃과 향, 장엄하는 도
구들은 마치 제육천에 있는 물건들과 같으니라. 만일 음식이 먹고 싶
을 때에는 칠보로 된 그릇이 저절로 앞에 나타나고 금·은·유리·자
거·마노·산호·호박·명월주로 이루어진 여러 가지 발우그릇이 뜻에
따라 나타난다. 그리고 백 가지 맛을 지닌 음식이 자연히 가득 차게
되느니라. 그러나 이러한 음식이 있다고 말해도 실로 먹는 자는 없느
니라. 단지 색을 보고, 향기를 맡고, 뜻으로 음식을 삼으면 자연히 배
부르고 만족하게 되느니라. 몸과 마음이 유연하고 경쾌하여 그 맛에
탐착하지 않으며 식사를 마치면 사라지고 다시 바라면 나타나느니
라. 이처럼 저 부처님의 국토는 청정하고 안온하며 미묘하고 유쾌하
고 즐거우니, 무위열반의 도에 인접한 것이니라.[167]

나. 관무량수경의 설

『관무량수경』은 정선13관定善十三觀의 관법觀法과 산선삼관散善三觀의 행
법을 합하여 총 16관법이 설해지고 있는 것이 이 경의 특징이다. 정선십
삼관은 감옥에 감금된 위제히 부인이 정토를 보여 달라고 간절한 청을 하
여 부처님께서 열세 가지의 극락정토의 모습을 관하는 법을 가르치신 것
인데, 이 열세 가지의 관법에서 극락세계의 실상과 아름다운 장엄을 상상
할 수가 있다. 제1관부터 제7관까지가 의보관依報觀이고 제8관부터 제13
관까지가 정보관正報觀이다.[168] 편의상 원문을 생략 없이 그대로 인용하였
다.

---

167) 위의 책(대정장12, p.271중하) 참조.
168) 이 13관까지의 해설은 坪井俊映著 李太元譯『淨土三部經槪說』(寶國寺, 1988) pp.361~367 참조.

제1관 해가 지는 것을 생각하는 관법(일상관日想觀)

그대와 그리고 중생들은 마땅히 전심으로 생각을 한곳에 모아 서방을 생각하여라. 어떻게 생각하는가하면 모든 중생들은 태어나면서부터 장님이 아니므로 눈이 있는 사람들은 모두 해가 지는 것을 볼 것이다. 마땅히 생각을 일으켜서 서쪽을 향하여 바르게 앉아 해를 자세히 관하여라. 마음을 굳게 머물게 하여 오로지 생각을 옮기지 말고 해가 지려고 하는 모습이 마치 매달려있는 북의 모습과 같음을 보라. 해를 보고나서는 눈을 감거나 뜨거나 명료하게 되도록 하여라. 이것이 해를 관상하는 것이며 초관이라 이름하느니라.[169]

제2관 물을 생각하는 관법(수상관水想觀)

초관을 이루었으면 다음에 물을 생각하여라. 서방전체가 큰물이라 생각하고 물이 맑고 깨끗한 것을 보고, 또한 명료하게 하여 뜻을 분산시키는 일이 없도록 하여라. 이미 물을 보았으면 얼음을 생각하여라. 얼음이 투명하게 비치는 것을 보고 유리라는 생각을 하여라. 이러한 생각을 이루고 나서는 유리로 된 땅의 안팎으로 투명하게 비치는 모습을 보아라. 밑에는 금강과 칠보와 금으로 된 깃대가 있어 유리로 된 땅을 받치고 있는데, 그 깃대는 팔방과 팔각을 다 갖추고 있고 각각의 방면이 온갖 보배로 이루어져 있느니라. 그리고 낱낱의 보배구슬에서는 천의 광명이 나오고 그러한 광명마다 팔만사천 개의 색이 있어 유리로 된 땅을 비추는 것이 억 천의 해와 같아서 다 볼 수가 없느니라. 유리로 된 땅 위에는 황금줄을 간간히 섞은 칠보로써 계의 구분을 분명히 하고 있으며, 낱낱의 보배 속에서는 오백 가지 색의 광명이 나오고, 그 광명이 꽃처럼 또 별과 달처럼 허공에 걸려 광명대를 이루느니라. 누각은 천만의 온갖 보배가 합하여 이루어졌고, 대

---

169) 『觀無量壽佛經』(대정장12, pp.341하~342상) 참조.

의 양쪽은 각각 백억의 화당과 한량없이 많은 악기로써 장엄하였느니라. 여덟 가지 청량한 바람이 광명으로부터 나와 이 악기를 연주하며, 고와 공과 무상과 무아의 음을 연설하느니라. 이것이 물을 생각하는 것이며, 제이관이라고 이름 하느니라.[170]

제3관 보배 땅을 생각하는 관법(지상관地想觀)

물을 생각하는 것을 이루고 난 다음에는 극락국토를 대강 살펴보아라. 만일 삼매를 얻으면 그 나라의 땅을 똑똑하고 분명하게 볼 수 있을 것이니 이루 다 갖추어 말할 수가 없느니라. 이것이 땅을 생각하는 것이며 제삼관이라 이름 하느니라.[171]

제4관 보배나무를 생각하는 관법(보수관寶樹觀)

땅을 생각하는 것을 이루고 나면 다음에는 보배나무를 관하여라. 하나하나 관하되 일곱겹으로 나무가 줄지어 있다고 생각하여라. 나무 하나하나의 높이가 팔천유순이며, 그 보배나무들은 모두 칠보로 된 꽃과 잎으로 되어 있고, 낱낱의 꽃과 잎에서는 다른 보배의 색이 나오느니라. 유리색에서는 금색광명이 비추고, 파리색에서는 홍색광명이 비추고, 마노색에서는 자거광명이 비추고, 자거색에서는 녹진주광명이 비추나니, 산호·호박과 일체의 숱한 보배가 이렇게 비추어 장식하느니라. 묘한 진주그물이 나무 위를 모두 덮고 있고, 한 그루 한 그루의 나무 위마다 일곱겹의 그물이 있느니라. 낱낱의 그물 사이에는 오백억의 묘화궁전이 있고, 범왕궁처럼 온갖 하늘의 동자가 자연히 그 안에 있느니라. 각 동자들은 오백억이나 되는 석가비릉가마니보로써 영락을 만들고, 그 마니의 광명이 백 유순을 비추나니 마치 백억의 달과 해를 합한 것과 같으니라. 이루 다 이름을 말할

---

170) 위의 책(대정장12, p.342상) 참조.
171) 위의 책(대정장12, p.342상) 참조.

수 없이 많은 보배들이 섞이어 색 중에서 가장 훌륭한 색이 되어 이 모든 보배나무의 행렬과 조화되느니라. 잎잎이 서로 차례로 나고, 많은 잎 사이에서 갖가지 묘한 꽃이 생기며, 꽃 위에는 자연히 칠보의 열매가 생기느니라. 낱낱의 나뭇잎은 길이와 너비가 꼭 이십오유순이며, 그 잎에는 천 가지 색에 백 가지 그림이 있으니, 마치 하늘의 영락과 같으니라. 많은 묘한 꽃들이 염부단금색을 띠고 불바퀴처럼 돌며, 잎 사이에서는 온갖 과일이 솟아나오니 마치 제석의 병과 같다. 커다란 광명이 변화하여 당번이 되고, 한량없는 보개가 되며, 이 보개 가운데 삼천대천세계의 모든 불사가 비추어 나타나니, 시방의 불국도 그 가운데 나타나느니라. 이 나무를 보고 난 뒤에 또 차례대로 하나하나 관하여라. 나무의 줄기·가지·잎·꽃·열매를 관하여 보되, 모두 분명히 하라. 이것이 나무를 생각 하는 것이며, 제4관이라고 이름 하느니라.[172]

제5관 보배연못을 생각하는 관법(보지관寶池觀)

나무를 생각하는 것을 이루고 나면 다음에는 보배연못을 생각하여라. (연못) 물을 생각하고자 하면 다음과 같이 하여라. 극락국토에 여덟 개의 못물이 있는데, 각각의 못물은 모두 칠보로 이루어졌느니라. 그 보배는 부드러우며 여의주왕으로부터 생겨 열네 갈래로 나뉘었으며, 낱낱의 갈래마다 칠보색을 띠고 있느니라. 개울(渠)은 황금으로 되어 있고 개울 밑은 모두 잡색 금강으로 밑바닥 모래를 깔았느니라. 각각의 못물 안에는 육십억 개의 칠보로 된 연꽃이 있고, 하나하나의 연꽃마다 둥근 지름이 십이유순이니라. 그 마니수가 꽃 사이로 흘러들어 위아래의 나무로 이어지며, 그 소리가 미묘하게 고와 공과 무상과 무아와 모든 바라밀을 연설하고, 또 모든 부처님의 훌륭하신 모습을 찬탄하느니라. 여의주왕으로부터 금색의 미묘한 광명이 솟아나오고 그 빛이 변화하여 백보색의 새가 되어 애절하고

---

172) 위의 책(대정장12, p.342상) 참조.

우아하게 지저귀며, 항상 부처님을 염하는 것과 법을 염하는 것과 승을 염하는 것을 찬탄하느니라. 이것을 팔공덕수를 생각하는 것이며, 제오관이라고 이름 하느니라.[173]

제6관 보배누각을 생각하는 관법(보루관寶樓觀)

많은 보배국토의 하나하나의 경계 위마다 오백억 개의 누각이 있어 그 누각 안에서 한량없이 많은 온갖 천이(하늘사람들이) 하늘의 음악을 연주하고, 또 어떤 악기는 허공에 매달려 마치 천보당처럼 연주하지 않아도 스스로 울리느니라. 이 많은 소리가 모두 부처님을 염할 것과 법을 염할 것과 비구승을 염할 것을 말하느니라. 이러한 생각이 이루어지고 나면 극락세계의 보배나무와 보배 땅과 보배연못을 대강 보았다고 이름 하느니라. 이것이 총체적으로 관하여 생각하는 것이며, 제육관이라고 이름 하느니라.[174]

제7관 연화대를 생각하는 관법(화좌관華座觀)

저 부처님을 뵙고 싶으면 마땅히 생각을 일으켜 칠보로 된 땅위에 연꽃이 있다는 생각을 하고 그 연꽃의 하나하나의 잎마다 백 가지 보배색이 되게 하여라. 그리고 마치 천화처럼 팔만사천 개의 줄기가 있게 하고 낱낱의 줄기마다 팔만사천의 광명이 있게 하되, 똑똑하고 분명하게 하여 모두 볼 수 있게 하여라. 꽃잎이 작은 것은 길이와 너비가 이백오십유순이며 이러한 연꽃이 팔만사천 개가 있고, 큰 잎의 낱낱의 줄기 사이에는 백억의 마니주왕이 있어 비추어 장식을 하고 있고, 낱낱의 마니주가 천의 광명을 내고, 그 광명이 일산처럼 칠보와 합하여 땅위를 덮으며, 대는 석가비릉가마니보로 되어있다. 이 연화대에는 팔만의 금강견숙가보와 범마니보와 묘한

---

173) 위의 책(대정장12, p.342중하) 참조.
174) 위의 책(대정장12, p.342하) 참조.

진주로 된 그물을 교차시켜 장식을 하였느니라. 그 대의 위에는 자연히 네 개의 기둥인 보당이 있는데, 하나하나의 보당이 마치 백 천 만억 개의 수미산과 같고, 당의 위에 있는 보만은 마치 야마천궁과 같으니라. 또 오백억의 미묘한 보배구슬로 비추어 장식을 하였는데, 낱낱의 보배구슬마다 팔만사천 개의 광명이 있고, 낱낱의 광명마다 팔만사천 개의 다른 종류의 금색을 내며, 하나하나의 금색이 두루 그 보배국토를 비추어 곳곳마다 변화시켜 각각 다른 모습이 되게 하느니라. 혹은 금강대가 되기도 하고, 혹은 진주망이 되기도 하고, 혹은 잡화운이 되기도 하여 시방의 각각에서 뜻하는 대로 변하여 나타나 불사를 지어준다. 이것이 꽃으로 된 자리를 생각하는 것이며 제칠관이라고 이름 하느니라.[175]

제8관 불상을 생각하는 관법(상상관像想觀)

이러한 것을 보고나면 다음에는 부처님을 생각하여라. 왜냐하면 모든 불 여래께서는 바로 법계신이므로 두루 모든 중생의 마음 가운데 들어가시기 때문이니라. 그러므로 그대들이 마음으로 부처님을 생각할 때 그 마음이 곧 삼십이상과 팔십수형호이니라. 그 마음이 부처님이 되므로 그 마음이 바로 부처님이시니라. 모든 부처님의 정변지해는 마음 가운데에서 생긴다. 그러므로 응당 일심으로 계념하여 저 불·다타아가도아라가삼먁삼불타를 관하여라. 저 부처님을 생각하는 것은 다음과 같이 하여라. 우선 모습을 생각하라. 눈을 감거나 눈을 뜨거나 염부단금색과 같은 하나의 보배상이 저 꽃 위에 앉은 모습을 보아라. 형상이 앉으신 (모습을 보고난) 후에는 마음의 눈이 열리게 될 것이니 똑똑하고 분명하게 극락국의 칠보로 장엄한 보배 땅과 보배 연못과 죽 늘어선 보배나무들과 나무 위를 가득 덮은 모든 천보비단들과 허공에 가득한 수많은 보배그물들을 보아라. 이와 같은 모습을 보되, 마치 손바닥을 보듯이 극히 명료하게 하여라. 이러한 것

---

175) 위의 책(대정장12, pp.342하~343상) 참조.

을 보고나서 다시 부처님의 왼쪽에 앞에서 말한 연꽃과 다름이 없는 커다란 연꽃을 하나 만들고 또 부처님 오른쪽에도 커다란 연꽃을 하나 만들어라. 그리고 한 분의 관세음보살상이 화자의 왼쪽에 앉아서 먼젓번처럼 금색광명을 놓는 것을 생각하고, 한 분의 대세지보살상이 화좌의 오른쪽에 앉은 모습을 생각하여라. 이 생각이 이루어질 때면 부처님과 보살의 형상이 모두 묘한 광명을 놓아 그 광명이 금색으로 모든 보배나무를 비춘다. 하나하나의 나무마다 아래에 세 개의 연꽃이 있으며, 모든 연꽃 위에는 각각 한 분의 부처님상과 두 분의 보살상이 있어 그 국토에 가득 차느니라. 이러한 생각이 이루어 질 때, 행자는 마땅히 흐르는 물과 광명과 모든 보배나무와 물오리와 기러기와 원앙이 모두 묘법을 말하는 것을 들을 것이니, 정에서 나올 때나 정에 들 때나 항상 묘법을 듣는다. 행자는 정에서 나왔을 때에도 들은 것을 기억하고 지녀 놓지 않고, 수다라와 합치되게 할 것이니라. 만일 합치되지 않는다면 망상을 한 것이며 합치된다면 극락세계를 크게 생각해 본 것이다. 이것이 불상을 생각하는 것이며, 제팔관이라고 하느니라.[176)

제9관 부처님의 진실한 몸을 관하는 관법(진신관眞身觀)

이러한 상상이 이루어졌으면 다음에는 다시 무량수불의 신상의 광명을 생각하여라. 아난아, 마땅히 알라. 무량수불의 몸은 백 천 만억 야마천의 염부단금색과 같고, 불신의 키는 육십 만억 나유타 항하사유순이니라. 미간에서 백호가 오른쪽으로 마치 다섯 개의 수미산같이 둥글게 돌고, 불안은 사대해의 물처럼 청정하여 청백이 분명하며, 몸의 모든 털구멍에서는 수미산 같은 광명이 흘러나오느니라. 저 부처님의 원광은 마치 백억의 삼천대천세계와 같고 원광 속에는 백만 억 나유타 항하사만큼의 화불이 계시느니라. 낱낱의 화불에는 또한 무수히 많은 화보살이 있어 시위하고 있

---

176) 위의 책(대정장 12, p.343상) 참조.

느니라. 무량수불에는 팔만사천 종류의 모습이 있으며, 하나하나의 모습마다 각기 팔만사천 개의 수형호가 있느니라. 그리고 낱낱의 훌륭한 모습 가운데는 다시 팔만사천 개의 광명이 있고, 낱낱의 광명이 시방세계를 두루 비추어 염불하는 중생을 버리지 않고 거두느니라. 그 광명과 훌륭하신 모습과 화불 등은 이루 다 말할 수가 없으니, 오로지 생각하고 기억하여 마음으로 밝게 볼 수 있도록 하여라. 이러한 것을 보는 것은 곧 시방의 모든 부처님을 보는 것이며, 모든 부처님을 보므로 염불삼매라 이름 하느니라. 이렇게 관하는 것을 모든 부처님을 관한다고 하며, 부처님의 몸을 관하므로 또한 부처님의 마음도 보게 되느니라. 모든 부처님의 마음이란 대자비가 곧 그것이니, 무연자비로써 모든 중생을 거두시기 때문이니라. 이관을 하면 몸을 버리고 다른 세상에 태어날 때 모든 부처님 앞에서 무생인을 얻게 될 것이니, 그러므로 지혜로운 사람은 마땅히 마음을 한 곳으로 묶어 무량수불을 자세히 관하여야 하느니라. 무량수불을 관하는 것은 하나의 훌륭하신 모습으로부터 들어가게 되니, 단지 미간의 백호만을 관하되, 극히 명료하게 하여라. 미간의 백호상을 보면 팔만사천 가지의 훌륭하신 모습을 자연히 보게 되느니라. 무량수불을 보는 것은 곧 시방의 모든 부처님을 보는 것이니, 무량수불을 봄으로서 모든 부처님에게서 현전에 기별을 받게 되느니라. 이것이 모든 모습을 두루 관하여 생각하는 것이고, 제구관이라고 이름 하느니라.[177]

제10관 관세음보살을 생각하는 관법(관음관觀音觀)

무량수불을 똑똑하고 분명하게 보았으면 다음에는 관세음보살을 관하여라. 이 보살은 신장이 팔십 억 나유타 유순이고 몸은 자금색이며 정수리에는 육계가 있느니라. 정수리에 원광이 있는데 면이 각각 백 천 유순이고, 그 원광 속에 석가모니와 같은 오백 분의 화불이 계시며, 각각의 화불

177) 위의 책(대정장12, p.343중하) 참조.

마다 오백의 보살과 한량없이 많은 온갖 하늘이 시위하고 있느니라. 온몸의 광명 가운데는 오도의 중생이 있으며 모든 색상이 모두 그 가운데 나타나느니라. 정수리 위에는 비릉가마니묘보로 된 천관을 쓰고 있으며, 그 천관 속에 키가 이십오 유순 되는 화불이 한 분 서 계시느니라. 관세음보살의 얼굴은 염부단금색 같고 미간의 호상은 칠보색을 갖추었으며 그곳에서 팔만사천 종류의 광명이 흘러나와 하나하나의 광명마다 한량없고, 수없이 많은 백 천의 화불이 계시며 각각의 화불마다 무수히 많은 화보살이 시위하고 있어 자재하게 변화하여 나타나 시방세계를 꽉 채우니, 비유하면 마치 홍련화색과 같으니라. 팔십억의 미묘한 광명이 영락이 되고, 그 영락 가운데에 모든 장엄된 것들이 두루 나타나느니라. 손바닥은 오백억 연꽃의 색이고 열 손가락에는 각 손가락 끝마다 인문과 같은 팔만사천 그림이 있고, 하나하나 그림에는 팔만 사천 종류의 색이 있으며, 낱낱의 색에는 팔만사천 종류의 광명이 있어 그 광명이 부드럽게 모든 것을 두루 비치면, 그 보배손으로 중생을 서방정토로 인도하느니라. 발을 들 때에는 발바닥에 있는 천 폭의 바퀴 모습이 자연히 변화하여 오백억 개의 광명대가 되고, 발을 디딜 때에는 금강마니화가 모든 곳에 뿌려져 가득 차지 않는 곳이 없느니라. 그 밖의 신상은 많은 훌륭한 모습을 다 갖추어 부처님과 다름이 없으나, 오직 정수리 위에 육계가 있어 정수리 모습을 볼 수가 없는 점이 세존께 미치지 못하느니라. 이것이 관세음보살의 진실한 색신을 관하여 생각하는 것이며, 제십관이라고 이름 하느니라.[178]

제11관 대세지보살을 생각하는 관법(세지관勢至觀)

다음에는 대세지보살을 관하라. 이 보살의 몸의 크기 또한 관세음과 같으니라. 원광의 면은 각기 백이십오유순이며 이백오십유순을 비추느니라. 온몸의 광명으로 시방국토를 비추어 자금색이 되게 하니, 인연이 있는 중

---

178) 위의 책(대정장12, pp.343하~344상) 참조.

생은 모두 볼 수 있느니라. 이 보살의 털구멍 하나에서 나오는 광명만 보아도 곧 한량없이 많은 시방의 모든 부처님의 청정하고 묘한 광명을 보는 것이 되므로 이 보살을 일컬어 무변광이라이라고 하며, 지혜의 광명으로 모두를 비추어 삼도를 여의고 위없는 힘을 얻게 하므로 대세지라고 이름 하느니라. 이 보살의 천관에는 오백 개의 보배 연꽃이 있고, 하나하나의 보배 연꽃마다 각각 오백 개씩의 보대가 있으며 낱낱의 대 가운데에 시방의 모든 부처님의 정묘한 국토의 넓고도 넓은 모습이 나타느니라. 정수리 위의 육계는 마치 발두마화 같고, 육계 위에는 보배병 하나가 온갖 광명을 담고 있어 불사가 두루 나타나며, 그 밖의 모든 신상은 관세음 등과 다름이 없노라. 이 보살이 다닐 때에는 시방세계가 모두 진동하며 땅이 움직이는 곳마다 각각 오백 억의 보화가 있어 낱낱의 보화가 높이 드러나 장엄하니 마치 극락세계와 같으니라. 이 보살이 앉을 때에는 칠보로 된 국토가 일시에 동요하고, 아래쪽의 금광불찰로부터 위쪽의 광명왕불찰에 이르기 까지 그 중간에 있는 한량없는 미진수 같은 무량수불의 분신과 관세음보살의 분신과 대세지보살의 분신이 모두 다 극락국토에 운집하여 허공을 메우며 연화좌에 앉아 묘법을 연설하여 고통 받는 중생을 구제하느니라. 이렇게 관하는 것을 이름하여 대세지보살을 관하여 본다고 하고, 이것이 대세지의 색신을 관하여 생각하는 것이고, 이 보살을 관하는 것을 제십일관이라고 하느니라.[179]

제12관 자기왕생을 생각하는 관법(보관普觀)

이러한 일을 생각하여 관할 때는 마땅히 자기 마음을 일으켜서 자기가 스스로 서방의 극락세계에 태어나 연꽃 속에 결가부좌하고 있다고 마음먹어야 하느니라. 연꽃이 닫혀 있다고 생각하고 연꽃이 열린다고 생각하며, 연꽃이 열릴 때 오백 가지 색의 광명이 몸을 비춘다고 생각하고 눈을 뜬다

---

179) 위의 책(대정장12, p.344상중) 참조.

고 생각하여라. 부처님과 보살들이 허공에 가득한 것을 보고 물과 새와 숲과 그 밖의 모든 부처님에게서 나는 소리가 십이부경과 합치되는 묘법을 연설하는 것을 듣고 정에서 나왔을 때에도 기억하고 지녀 잊지 말아라. 이러한 일을 보고나면 무량수불의 극락세계를 보았다고 하며, 이것이 두루 관하여 생각하는 것이며, 제십이관이라고 이름 하느니라.[180]

제13관 정토의 잡상을 생각하는 관법(잡상관雜想觀)

만일 지심으로 서방에 태어나고자하면, 우선 일장 육척 되는 상이 연못 위에 있는 모습을 관하여라. 앞에서 말한 것처럼 무량수불의 몸은 한량없고 끝이 없으므로 범부의 심력으로 미칠 바가 아니니라. 그러나 저 여래의 숙원력으로 인하여 생각하고 기억하는 사람이 있으면 반드시 성취하게 되느니라. 단지 불상을 생각하기만 하여도 무량한 복을 얻게 되거늘 하물며 다시 부처님의 구족한 신상을 관하는 것이겠느냐. 아미타불께서는 마음대로 신통을 부리시어 시방의 국토에 자재하게 변화하여 나타나시느니라. 혹은 허공을 가득 채우는 커다란 몸으로 나타나시기도 하고, 일장 육척이나 팔척되는 작은 몸으로 나타나시기도 하느니라. 나타내시는 형상이 모두 진금색이며 원광과 화불과 보배연꽃도 앞에서 말한 것과 같으니라. 관세음보살과 대세지보살도 모든 곳에서 전에 말한 것과 같은 동일한 모습이므로 중생이 단지 머리보습만 보고도 그가 관세음인지 알고 대세지인줄 아느니라. 이 두 보살이 아미타불을 도와 모든 중생을 두루 교화하느니라. 이것이 잡상관이며, 제십삼관이라고 이름 하느니라.[181]

다. 아미타경의 설

『아미타경』은 부처님께서 사리불을 비롯하여 문수 등 열여섯 제자에게 서방극락정토의 아름다운장엄을 설하고 있으며, 육방의 제불이 이것을 증

---

180) 위의 책(대정장 12, p.344중) 참조.
181) 위의 책(대정장12, p.344중하) 참조.

명하고 있다.

　　사리불아, 극락국토에는 칠보로 된 연못이 있으니, 팔공덕수가 그
안에 가득 차있느니라. 연못 바닥에는 금모래가 깔려있고, 네 변에는
금·은·유리·파리가 합해져서 만들어진 층층대가 있으며, 위에는 역
시 금·은·유리·파리·자거·붉은 구슬·마노로 장식한 누각이 있고, 연
못 속에는 연꽃이 있는데 크기가 수레바퀴만 하며 미묘하게도 푸른
색에서는 푸른빛이 나고, 황색에서는 황색 빛이 나고 붉은색에서는
붉은빛이 나고, 흰색에서는 흰빛이 나며, 맑은 향기가 나느니라. 사
리불아, 극락국토는 이와 같은 공덕과 장엄을 이루느니라. 또 사리
불아, 저 불국토에서는 항상 하늘의 음악소리가 나고, 땅은 황금으
로 되어 있으며, 밤과 낮의 여섯 때 하늘에서 만다라화가 내려오느니
라. 그 국토의 중생은 항상 새벽에 각각 옷소매에 온갖 묘한 꽃을 넣
어 다른 곳에 계신 십만 억 부처님께 공양하고서 밥 먹을 때가 되면
곧 본국으로 돌아와 밥을 먹고 경행하느니라. 사리불아, 극락국토는
이와 같은 공덕으로 장엄을 이루느니라. 또 사리불아, 저 국토에는
항상 온갖 기묘한 여러 가지 색의 새들이 있느니라. 흰 고니와 공작
과 앵무와 사리와 가릉빙가와 공명조와 같은 여러 새들이 밤낮으로
여섯때에 아름답게 온화한 소리를 내느니라. 그 소리로 오근·오력·
칠보리분·팔성도분과 같은 법들을 즐겁게 연설하므로 그 국토의 중
생들이 이 소리를 듣고 나서 모두 부처님을 염하고 법을 염하고 승을
염하느니라. 사리불아, 너는 이 새들이 실로 죄보로 태어났다고 생각
하지 말라. 왜냐하면 저 불국토에는 삼악취가 없기 때문이니라. 사리
불아, 저 불국토에는 삼악도라는 이름조차 없는데 하물며 실제로 있
을 수가 있겠느냐. 이 새들은 모두 아미타불께서 법음을 널리 펴기
위하여 변화하여 되신 것이니라. 사리불아, 저 불국토에 미풍이 불어
서 늘어선 모든 보배나무들과 보배그물을 흔들어 미묘한 소리를 내

니, 마치 백 천 가지 음악소리가 동시에 함께 나는 것과 같으니라. 이 소리를 들으면 모두가 부처님을 염하고 법을 염하고 승을 염하여야 겠다는 마음을 자연히 내게 되느니라. 사리불아, 저 불국토는 이와 같은 공덕과 장엄을 성취하노라.[182]

이상이 『정토삼부경』에서 설한 극락세계의 장엄모습이다. 다음은 세친의 『왕생론』을 살펴보자.

2) 왕생론의 설

『왕생론』은 『무량수경우바제사원생게』의 약칭으로 세친이 지은 것이다. 본 논의 내용은 삼부경의 설중에 특히 장엄공덕을 총망라하여 함축성 있게 표현한 것으로 극락정토의 모습을 총29종의 장엄공덕으로 설명하였다.

이 논에서는 장엄공덕을 국토장엄國土莊嚴, 불장엄佛莊嚴, 보살장엄菩薩莊嚴으로 크게 삼종으로 구분하였고, 이 세 가지를 다시 17종의 국토장엄, 8종의 부처장엄, 4종의 보살장엄으로 나누어 관찰하는 법을 설하였다. 즉 비유정세계인 기세간器世間을 관찰하는 법과 유정세계인 부처님이나 보살의 중생세간衆生世間을 관찰하는 법을 자세히 설하였다.[183] 그러면 이 세 가지를 차례대로 간추려 살펴보기로 하자. 또한 여기에는 본 『왕생론』을 해석한 담란의 『왕생론주』의 해석이 있다.[184]

가. 17종의 국토장엄[185]

① 청정장엄공덕清淨莊嚴功德 : 극락정토는 인간의 현실적이고 더럽고 흐

---

182) 『阿彌陀經』(대정장12, pp.346하~347상) 참조.
183) 이태원저 『淨土의 本質과 敎學發展』(운주사, 2006) pp.111~112 참조.
184) 曇鸞註解 『往生論註』(대정장40, pp.828상~833하) 해석내용은 현송편저 『정토불교의 역사와 상』(운주사, 2014) pp.99~116 주석참조.
185) 婆藪槃豆菩薩造 『無量壽經優波提舍願生偈』(대정장26, p.231중하) 참조.

린 것이 없고 불완전함이 없는 맑고 깨끗하고 만족한 세계이므로 번뇌가 가득한 범부가 번뇌를 끊지 않고도 그대로 열반의 경지에 도달할 수 있다. 이 청정이란 말에는 29종의 장엄이 모두 이 내용을 포함하고 있다.

② 장엄량공덕莊嚴量功德 : 삼계는 협소하고, 지면은 높고 낮은 곳이 있으며, 머무는 곳이 좁고, 산과 내가 있어 장애를 이루고 한계가 있으나 정토는 허공과 같이 광대무변하다.

③ 장엄성공덕莊嚴性功德 : 삼계는 애욕으로써 형성되었으나 정토는 法性에 따라 형성된 청정한 국토이다. 그러므로 정토에서는 누구를 막론하고 淸淨平等無爲法身을 얻는다.

④ 장엄형상공덕莊嚴形相功德 : 우리들이 살고 있는 현상세계는 광명이 두루 하지 못하지만 정토는 광명이 가득하다.

⑤ 장엄종종공덕莊嚴種種事功德 : 정토에는 갖가지 생각하는 대로 있어서 매우 아름답다. 가령 비수갈마[186]의 기술이 아무리 절묘하다 하여도 자연히 나타난 정토의 것에 따를 수가 없다.

⑥ 장엄묘색공덕莊嚴妙色功德 : 정토의 때 없는 지혜광명은 어떠한 광명보다 뛰어나 일체의 무명을 없앤다.

⑦ 장엄촉공덕莊嚴觸功德 : 보배스런 성품의 공덕으로부터 생긴 극락세계의 풀은 부드러워 접촉한 사람은 수승한 즐거움이 생긴다.

⑧ 장엄삼종공덕莊嚴三種功德 : 정토에는 세 가지의 장엄공덕으로 이루어져 있다.

(첫째) 장엄수공덕莊嚴水功德 : 정토에는 여러 가지 보배스런 꽃이 연못과 샘물, 흐르는 시냇물 위를 장식하여 미풍이 불면 꽃과 잎이 움직이면서 아름답게 빛나 사람들의 몸과 마음을 기쁘게 해준다.

(둘째) 장엄지공덕莊嚴地功德 : 정토에는 대지가 손바닥처럼 평평하여 그 위에 세운 궁전들은 거울처럼 시방세계가 보이고 또 칠보로 장식된 나무와 난간이 빛난다.

---

186) 비수갈마毘首羯磨는 종종공작種種工作이라고 번역하며, 제석천의 신하로써 공작을 맡은 신.『摩訶止觀』(대장장46, p.52중) 참조.

(셋째) 장엄허공공덕莊嚴虛空功德 : 정토에는 보배스러운 그물이 허공에 드리워져 있고 크고 작은 방울이 매달려 있는데, 여기에서 진리의 소리를 내어 사람들을 깨닫게 한다.

⑨ 장엄우공덕莊嚴雨功德 : 정토에는 향화와 의복이 비가 내리듯이 장엄 하고 한량없는 향기가 널리 퍼진다.

⑩ 장엄광명공덕莊嚴光明功德 : 정토에는 부처님의 지혜광명이 태양처럼 깨끗하여 세상의 어두움을 제거한다. 즉 한량없는 중생을 부처님의 바른 진리에 安立시키고자 무명을 없애준다.

⑪ 장엄묘성공덕莊嚴妙聲功德 : 정토에는 부처님의 맑고 깨끗한 음성(梵音) 이 유정들로 하여금 깨닫게 하고, 깊고 그윽한 메아리가 시방세계에 퍼 진다.

⑫ 장엄주공덕莊嚴主功德 : 정토에는 항상 진리를 설하시는 부처님, 즉 법 왕이 계신다. 이 법왕은 공덕의 힘에 의해 주지(住持)하고 있다.

⑬ 장엄권속공덕莊嚴眷屬功德 : 정토의 아미타불 주위에 있는 성중은 모두 정각의 꽃으로부터 화생한다.

⑭ 장엄수용공덕莊嚴受用功德 : 정토에는 불법, 선정, 삼매로 밥을 삼는다. 그래서 정토의 중생들은 식생활에 조금의 걱정도 없다.

⑮ 장엄무제공덕莊嚴無諸難功德 : 정토에는 영원히 몸과 마음의 고통과 번 거로움을 여의고 항상 끊임없이 즐거움을 받는다.

⑯ 장엄대의공덕莊嚴大義門功德 : 정토는 대승에 들어가는 문으로 신체장 애자, 성문, 연각 등이 태어나지 않고 그런 이름조차 없는 평등한 세계다.

⑰ 장엄일체소구만족공덕莊嚴一切所求滿足功德 : 정토는 중생의 본원이 성 취된 곳으로 유정들이 원하는 것은 모두 다 만족시켜 주므로 완전한 행복 을 누리게 된다.

나. 8종의 불장엄[187]

---

187) 婆藪槃豆菩薩造『無量壽經優波提舍願生偈』(대정장26, p.232상) 참조.

① 장엄좌공덕莊嚴座功德 : 부처님의 좌대는 무량한 보배로 정교하게 장식된 연화대이다.

② 장엄신업공덕莊嚴身業功德 : 부처님의 몸은 육십 만억 나유타 항하사 유순이며, 부처님의 광명은 백억 삼천대천세계와 같다.

③ 장엄구업공덕莊嚴口業功德 : 부처님의 미묘한 음성은 시방세계에 전파되어 이 음성을 듣는 자는 모두 해탈을 얻는다.

④ 장엄심업공덕莊嚴心業功德 : 아미타불은 지·수·화·풍·공 등이 차별 없이 작용하듯이 평등한 마음에 머무른다.

⑤ 장엄대중공덕莊嚴大衆功德 : 불퇴전의 지위에 있는 성중聖衆은 다 아미타불의 청정한 지혜로부터 태어난다. 즉 부처님의 일체만법의 별상別相을 낱낱이 아는 지혜(일체종지一切種智)는 깊고 넓어 끝이 없어 성문, 연각들의 바른 생각 속에 일어나는 어지러운 선행善行을 닦는 이들을 생사에 머물지 않게 한다.

⑥ 장엄상수공덕莊嚴上首功德 : 정토에 있는 성중 가운데 아미타불이 상수가 되어 수승하고 묘한 것이 다른 것에 도저히 비할 수 없다. 즉 그 뛰어남이 여래 십호 가운데 무상사無上士, 천인사天人師, 세존世尊의 뜻과 같다.

⑦ 장엄주공덕莊嚴主功德 : 부처님은 정토에 있는 성스러운 대중 가운데 주인으로써 모든 성중과 하늘사람들이 우러러 존경하고 예경하고 찬탄하여 모신다.

⑧ 莊嚴不虛作住持功德 : 부처님의 위신력이 너무나도 위대하여 아미타불을 친견하는 사람은 누구나 헛되이 지나치지 않고 위없는 공덕을 성취하게 한다.

다. 4종의 보살장엄[188]

① 장엄부동응화공덕莊嚴不動應化功德 : 정토의 보살들은 항상 청정하고 진실한 법을 설한다. 이들이 응화신으로 시방세계에 나타나시지만 몸은

---

188) 위의 책(대정장26, p.232상) 참조.

극락세계에서 수미산처럼 움직이지 않고 교화한다. 즉 공간적인 자재함을 말한다.

② 장엄일념변지공덕莊嚴一念遍至功德 : 때가 없는 청정한 장엄의 광명은 일념, 일시에 널리 부처님 회상을 비추어 모든 중생을 이익케 한다. 즉 시간적인 자재함을 말한다.

③ 장엄무여공양공덕莊嚴無餘供養功德 : 안락국토의 보살들은 시방세계에 계신 부처님 회상에 가서 공중으로부터 음악, 연화, 의복, 묘향을 가지고 공양하고 부처님 공덕을 찬탄한다.

④ 장엄시법여불공덕莊嚴示法如佛功德 : 불법이 없는 어떤 세계든지 극락세계의 보살은 가서 불법을 설하기를 부처님과 같이 한다.

이상이 세친이 『왕생론』에서 설한 29종의 공덕장엄이다. 이와 같이 정토는 현실의 부족함을 충분히 만족시켜 줄 수 있는 세계이다. 여기서 더 이상의 아름다움과 행복을 어떤 언어로 표현할 수 있을까. 이러한 이상의 세계는 불교가 발생한 인도뿐만이 아니라 온 인류가 바라는 이상국토일 것이다. 그러나 이러한 아름다운 이상국토의 모습은 저절로 이루어져 이루어진 것이 아니라 모든 불보살의 끝없는 원력에 의해 이루어진 모습이라는 것을 알 수가 있다. 또한 29종의 장엄과 모든 활동들은 깊은 깨달음의 원리에 입각하여 있다는 것을 나타낸 것이다. 즉 이러한 장엄설은 중생들로 하여금 장엄의 모습을 깊이 관찰하여 그 원리를 깨닫게 하는데 그 의미를 두었다고 하겠다. 이 『왕생론』은 무착의 저서 『섭대승론』에서 설한 18원정十八圓淨사상의 영향을 받아 이를 구체적으로 29종으로 논했다고 할 수 있다.[189]

3) 18원정의 설

---

189) 이태원저 『淨土의 本質과 敎學發展』(운주사, 2006) pp.118~120 참조.

18원정¹⁹⁰⁾은 무착이 『섭대승론』에서 모든 부처님의 원만하고 깨끗한 정토의 모습을 밝힌 데서 비롯되었는데, 이를 열여덟 가지로 분류한 것이다. 원정이란 장엄되어 있는 모든 것이 원만하고 구족하게 깨끗하다는 뜻이다. 이 학설은 수용신受用身 즉 보신報身의 정토에 대한 설이다. 이를 세친이 『섭대승론석』 권제15에서 해석하였고, 진제眞諦(499~569)가 세친의 해석을 번역하였다. 18원정의 제목과 대강의 뜻은 다음과 같다.

① 현색상원정顯色相圓淨 : 모든 부처님의 수용토는 칠보로 장엄되어 그 하나하나의 보배는 큰 광명을 놓아 널리 한량없는 세계를 두루 비친다.

② 형모원정形貌圓淨 : 모든 장소와 곳에 각각 대중의 훌륭한 장식으로 장엄을 갖추고 있다.

③ 양원정量圓淨 : 정토의 땅은 사바세계의 양으로는 헤아릴 수 없다.

④ 처원정處圓淨 : 정토는 삼계의 행처를 벗어난 곳이다. 즉 苦諦와 集諦를 성취하지 않는다.

⑤ 인원정因圓淨 : 정토는 出出世間의 善法의 공덕으로 건립된 것으로 集諦로써 원인을 삼지 않는다.

⑥ 과원정果圓淨 : 정토는 보살과 여래의 가장 청정하고 自由自在한 唯識智를 바탕으로 하고, 집제로 근본을 삼지 않는다.

⑦ 주원정主圓淨 : 정토에는 항상 부처님이 주인으로 계신다.

⑧ 조원정助圓淨 : 정토는 보살이 평안하고 즐겁게 머무는 곳이다. 즉 부처님을 보좌하고 정법을 도와 스스로 바른 가르침을 받아 행할 뿐만 아니라, 다른 사람들에게도 바른 가르침을 받아 행하도록 하는 곳이다.

⑨ 권속원정眷屬圓淨 : 정토에는 여래의 권속으로 천·룡·야차·아수라·가루라·긴나라·마후라가 등 헤아릴 수 없는 신장들이 불법을 수호하고 있다.

---

190) 18원정에 대해 무착은 "이와 같은 정토의 청정은 색상이 원만하고 깨끗함·형모·양·처·인·과·주체·도움·권속·지님·업·이익·두려움이 없음·머무는 곳·길·탈것·문·의지의 원만하고 깨끗함을 드러낸다. 앞의 문구로 말미암아 이것들과 같이 원만하고 깨끗함이 모두 현현한다. 또한 다시 이와 같이 정토의 청정함을 받아들여 쓰므로 한결같이 깨끗하고, 한결같이 즐겁고, 한결같이 상실함이 없고, 한결같이 자재하다"라고 설명한다. 無着菩薩造 眞諦譯 『攝大乘論』 권하 「入因果修差別勝相」(대정장31, p.131하)

⑩ 지원정持圓淨 : 극락정토의 중생과 보살은 모두 대승의 진여眞如, 해탈解脫 등의 법미法味를 먹고 즐거움과 기쁨을 내며, 이로써 오분법신을 길러 보호하고 유지한다.

⑪ 업원정業圓淨 : 정토의 보살은 범부와 성문, 연각을 위해 그 지혜와 능력에 따라 바른 가르침을 설하여 그들로 하여금 여법하게 수행하여 지옥·아귀·축생·아수라 등 사악취를 떠나 생사를 버리고 스스로 받은 행을 떠나 버리게 한다.

⑫ 이익원정利益圓淨 : 정토는 삼계의 고집제苦集諦의 모든 번뇌와 망상 그리고 재난을 멀리하고 있다.

⑬ 무포외원정無怖畏圓淨 : 정토에는 음마陰魔, 번뇌마煩惱魔, 사마死魔, 천마天魔 등의 모든 공포와 두려움이 없다.

⑭ 주처원정住處圓淨 : 정토에는 비교할 수 없이 아주 훌륭하게 수용할 여러 가지 장엄이 있다.

⑮ 로원정路圓淨 : 정토에는 사마타(śamatha), 비파사나(vipasyna)로 이상의 경지에 이른다.

⑯ 승원정乘圓淨 : 정토에 갈 때에는 사마타, 비파사나를 타고(乘乘) 정토에 들어간다.

⑰ 문원정門圓淨 : 정토에는 대승의 공空·무상無相·무원無願의 세 가지 해탈문을 통해서 삼혜三慧를 통로로 하여 들어갈 수 있다.

⑱ 의지원정依持圓淨 : 정토는 한량없는 공덕을 쌓아 장엄된 크고 붉은 연꽃을 의지할 연화장세계이다.[191]

이상이 열여덟 가지의 원만하고 깨끗한 정토의 모습이다. 위에서 제7원정은 부처장엄을 밝힌 것이고, 제8, 제11, 제12의 세 가지 원정은 보살장엄을 밝힌 것이고, 제15, 제16, 제17의 세 가지 원정은 부처님, 보살, 국토의 세 가지로 장엄이 된 정토에 들어가는 길과 문과 방법을 밝힌 것이

---

191) 世親菩薩釋『攝大乘論釋』(대정장31, pp.263상~264상) 참조.

다. 그리고 나머지 제1, 제2, 제3, 제4, 제5, 제6, 제9, 제10, 제13, 제14, 제18의 열한 가지 원정은 국토장엄을 논한 것이다.

무착은 이 『섭대승논』에서 정토가 건립된 동기는 제5 인원정因圓淨에서 설명한 출출세선법出出世善法의 공덕으로 생겼으므로 정토세계의 체상體相은 청정하고 자재한 유식이라고 하였다. 또한 정토는 보살이 수행할 때 각자마다 서원이 독특하므로 보살마다 정토의 모습이 각각 다르다. 그러나 부처님의 세계는 평등하므로 제불의 정토에도 평등하고 일정한 공통적인 범주가 세워져야 한다는 생각에서 무착은 18원정을 세웠다고 본다. 이 18원정은 수용신 즉 보신의 정토에 대한 설이다. 세친은 이러한 사상에 영향을 받아 『왕생론』에서 29종의 장엄공덕으로 정토의 모습을 구체화하였다고 할 수 있다. 끝으로 '극락세계십종장엄極樂世界十種莊嚴'을 보자.

4) 극락세계십종장엄[192]

이 십종장엄은 우리불교에서 천도재 등을 지낼 때 통례적으로 염송하는 대표적인 장엄염불이다. 십종장엄은 극락세계의 훌륭한 모습을 열 가지로 나타낸 것으로 극락세계의 모든 장엄을 모두 요약하였다고 하겠다. 제목과 뜻은 다음과 같다.[193]

① 법장서원수인장엄法藏誓願修因莊嚴 : 아미타불께서 부처를 이루기전 법장비구였을 때 세자재왕부처님전에서 210억의 불국토를보고 5겁 동안 생각하여 원을 세워 장엄함을 찬탄하는 것이다.

② 사십팔원원력장엄四十八願願力莊嚴 : 『무량수경』에 나오는 마흔 여덟 가지 원력인데 이 서원으로써 극락세계가 이룩된 것이다. 곧 위의 법장서원

---

192) 태원스님에 의하면 십종장엄을 처음 열거한 사람은 원나라 시대의 왕자성王子成인데, 그가 편찬한 『예념미타도량참법』중 제5 극락장엄에서 열 가지로 분류하여 자세히 설명을 했다고 한다. 그런데 여기서는 극락세계십종장엄이란 말은 없는 것으로 보아 『석문의범』「송주편」에서 안진호가 이 말을 붙인 것 같다고 하였다. 이태원저, 앞의 책 pp.149~150 참조.

193) 안진호편 『석문의범』「송주편」(法輪社, 1984) p.85 원문 참조.

수인장엄을 구체적으로 강조하여 찬탄하는 것이다.

③ 미타명호수광장엄彌陀名號壽光莊嚴 : 아미타불은 시간적으로 무량한 수명을 지니신 분이요, 공간적으로 무량한 광명을 지니신 분으로서 이 두 가지 수승한 장엄을 찬탄하는 것이다.

④ 삼대사관보상장엄三大士觀寶像莊嚴 : 『관무량수경』에 나오는 정선십삼관의 제9관 진신관眞身觀, 제10관 관음관觀音觀, 제11관 세지관勢至觀의 보상관寶像觀을 나타낸 것으로 세분의 큰 성인이 보배상호를 갖추시고 극락세계에 장엄함을 찬탄하는 것이다.

⑤ 미타국토안락장엄彌陀國土安樂莊嚴 : 이것은 『정토삼부경』에서 설한바 극락국토는 편안하고 안락한 장엄으로 건설된 세계로써 이 국토는 칠보로 되어있고 크고 작은 바다와 산림, 계곡 등이 없으며, 또한 춘하추동 사계절이 없어 춥고 더움이 없음과 백 가지 맛있는 음식이 생각만으로도 저절로 앞에 나타나고 또 칠보로 된 연못, 땅, 정사, 나무, 꽃 등으로 장엄되어 있고 또한 하늘사람들이 음악을 연주하면 이 소리를 듣고 열반을 성취한다. 이와 같이 극락국토는 즐거움만으로 가득 차 있음을 찬탄하는 것이다.

⑥ 보하청정덕수장엄寶河淸淨德水莊嚴 : 흐르는 물소리는 미묘한 소리로 묘한 법을 설한다. 이 물소리는 듣는 이로 하여금 진리를 깨닫게 하는 소리로써 이 물은 여덟 가지 공덕으로 가득 차 있음을 찬탄하는 것이다.

⑦ 보전여의누각장엄寶殿如意樓閣莊嚴 : 궁전과 누각의 크기와 넓이 모양 등은 모든 유정들의 뜻에 따라 이루어져 이 여러 가지가 자연이 출현하여 아름답게 장엄함을 찬탄하는 것이다.

⑧ 주야장원시분장엄晝夜長遠時分莊嚴 : 사바세계의 一大劫이 극락세계의 시분으로는 하루란 것으로 그만큼 극락세계는 긴 시간으로 장엄하였음을 찬탄하는 것이다.

⑨ 이십사락정토장엄二十四樂淨土莊嚴 : 극락정토는 스물네 가지의 즐거움

으로 장엄되어 있음을 찬탄하는 것이다.[194]

　⑩ 삼십종익공덕장엄三十種益功德莊嚴 : 극락정토는 서른 가지의 이익이
있는 공덕으로 장엄되어 있음을 찬탄하는 것이다.[195]

　이상이 극락세계십종장엄이다. 위의 십종장엄가운데 ①에서 ④장엄까
지는 유정장엄有情莊嚴으로 법장보살이 원을 세워 수행하여 무량한 광명과
수명을 가지신 아미타불의 장엄을 밝힌 것이고, ⑤에서 ⑧장엄 까지는 비
유정장엄非有情莊嚴으로 극락국토의 장엄이며, ⑨와 ⑩장엄은 유정, 비유정
장엄을 총망라한 것으로써 ⑨장엄의 이십사락은 극락국토에 있는 외형적
인 장엄에 중심을 두었고, ⑩장엄의 삼십종익은 법에 대해 역점을 두었다
고 하겠다.[196]

　이상으로 극락세계의 모습을 살펴보았는데 대체로 같은 내용도 있어
중복되는 점도 있지만 이것은 여러 논사들이 극락정토의 모습에 대하여
일정한 공통적인 범주가 세워져야 한다는 관념의 결과라고 할 수 있다.
그러면 극락정토를 장엄하는 목적은 무엇일까. 이것은 오탁악세의 죄악
범부중생들이 한 생각 미혹한 무명에 덮이어 괴로운 육도윤회를 되풀이
하기 때문에 이를 구제하기 위하여 선방편으로써 깨달음의 세계를 설정

---

194) 영명연수는 24가지의 즐거움에 대해서 설하였다. ①난간으로 둘러막은 락 ②보배그물이 허공에 덮인 락 ③
길거리마다 나무 그늘이 있는 락 ④칠보로 된 목욕탕의 락 ⑤팔공덕수가 맑고 잔잔한 락 ⑥아래에 금모래
가 있는 락 ⑦층층대가 빛나는 락 ⑧누각이 허공에 솟아 있는 락 ⑨네 가지 연꽃이 향기 품는 락 ⑩황금으로
땅이 된 락 ⑪여덟 가지 음악이 항상 연주 되는 락 ⑫밤낮으로 꽃비가 내리는 락 ⑬이른 아침에 경책하여 주
는 락 ⑭아름다운 꽃을 장엄하게 가지는 락 ⑮다른 세계에 공양하는 락 ⑯본국에 다니는 락 ⑰여러 새가 화
답하여 우는 락 ⑱육시에 법문을 듣는 락 ⑲삼보에 생각을 두는 락 ⑳삼악도가 없는 락 ㉑부처님이 변화시
키는 락 ㉒나무에서 보배그물을 흔드는 락 ㉓천 나라에서 동시에 소리를 듣는 락 ㉔성문들이 발심하는 락.
『萬善同歸集』권상(대정장48, p.967중하)
195) 영명연수는 30가지의 이익이 있는 공덕장엄에 대해서도 다음과 같이 설하고 있다. ①가지가지의 공덕으로
청정한 부처님 국토에서 사는 이익 ②대승법의 즐거움을 받는 이익 ③무량수 부처님께 친근하여 공양하는
이익 ④시방세계로 다니면서 부처님들께 공양하는 이익 ⑤여러 부처님들께 법을 듣고 수기를 받는 이익 ⑥
복과 지혜의 양식이 빨리 원만해지는 이익 ⑦아뇩다라삼먁삼보리를 빨리 증득하는 이익 ⑧여러 보살들과
함께 모이는 이익 ⑨언제나 물러가지 않는 이익 ⑩한량없는 수행과 원이 생각 생각마다 늘어나는 이익 ⑪앵
무사리들이 법문을 말하는 이익 ⑫바람에 나무가 흔들려 천상의 풍류와 같은 이익 ⑬마니보배의 물이 흐르
면서 괴로움과 공한 것을 말하는 이익 ⑭여러 가지 음악이 법문을 연주하는 이익 ⑮사십팔원의 큰 서원에는
세 나쁜 갈래가 영원히 없어지는 이익 ⑯진금 빛의 몸이 된 이익 ⑰얼굴이 곱지도 밉지도 않은 이익 ⑱다섯
가지 신통을 갖추는 이익 ⑲바로 결정된 무리에 머무는 이익 ⑳모든 不善을 여의는 이익 ㉑목숨이 한없이
긴 이익 ㉒옷과 밥이 저절로 오는 이익 ㉓모든 즐거움만 받는 이익 ㉔삼십이상의 아름다운 모습을 갖는 이
익 ㉕실제로 여인이 없는 이익 ㉖소승이 없는 이익 ㉗여덟 가지 어려움을 여의는 이익 ㉘세 가지 법인을 얻
는 이익 ㉙몸에 있는 광명이 밤낮으로 빛나는 이익 ㉚나라연천과 같은 힘을 얻는 이익. 위의 책(대정장48,
p.967하)
196) 이태원저 위의 책 p.154 참조.

하여 본래 청정한 마음의 고향을 되찾아 주기 위해서이다. 그래서 모든 보살은 이를 가엾이 여겨 대서원을 세워 그 청정한 깨달음의 세계를 건설하는 것이다. 따라서 그 원심願心에 의한 국토의 장엄은 자연히 공덕장엄으로 이루어질 수밖에 없다. 그래서 법장보살은 48대원을 성취하여 깨끗한 극락정토를 건설하여 그곳에서 부처님이 되시어 우리 중생들을 기다리고 계시는 것이다.

5. 아미타불과 그 신앙의 기원

1) 아미타불의 명의

아미타불의 명칭은 아미타유스(Amitāyus)와 아미타브하(Amitābha)라는 산스크리트어의 원어를 그대로 한자에 맞추어 음역한 말이다. Amitāyus는 헤아릴 수 없는 무량을 뜻하는 아미타와 수명을 뜻하는 아유스가 합쳐진 말이며, Amitābha는 헤아릴 수 없는 무량을 뜻하는 아미타와 광명을 뜻하는 아브하가 합쳐진 말이다. 그래서 이를 일반적으로 무량수불無量壽佛 또는 무량광불無量光佛이라고 한역하였다. 아미타불이라는 명칭은 이 두 가지의 어원을 근거하여 탄생된 용어라고 할 수 있다.[197] 구마라집이 번역한 『아미타경』을 보면,

> 저 부처님을 어떤 연유로 아미타라고 부르겠느냐? 사리불아. 저 부처님의 광명이 무량하여 시방의 국토를 아무런 장애 없이 비추므로 아미타라고 부르느니라. 또 사리불아, 저 부처님의 수명과 그 인민들의 수명이 한량없고 끝없는 아승기겁이므로 아미타라고 이름 하느니라.[198]

---

197) 金英培외 『阿彌陀經諺解의 國語學的 研究』(法寶新聞社, 1979) pp.130~131 참조.
198) 『阿彌陀經』(대정장12, p.347상) 참조.

라고 하였다. 무량의 광명과 무량의 수명의 덕성을 지닌 부처님이기 때문에 '아미타'라고 이름 한다고 하였다. 그러면 여기서 왜 광명과 수명의 두 덕성을 가진 부처님을 아미타라고 부르며 산스크리트어를 그대로 음사하여 사용했을까. 그것은 경전의 번역을 보면 이해할 수 있다.

원래 아미타불이라는 명칭이 중국번역에서 처음으로 사용된 경전은 지겸(223~282)이 번역한 『대아미타경』[199] 으로 보고 있다. 또 지루가참이 번역한 『반주삼매경』[200] 에서 아미타라는 명칭을 사용하고 있다. 또 불타발타라(현각)는 『화엄경』[201] 에서 아미타불, 무량수불, 무량광불이라는 용어를 사용하고 있다. 이와 같은 용례를 볼 때 아미타불의 고유의 원어가 있다고 생각할 수 있지만 현존 산스크리트어본의 『아미타경』에는 '아미타불'이라는 명칭은 볼 수가 없고, 무량수無量壽를 뜻하는 'Amitāyus'와 무량광無量光을 뜻하는 'Amitābha'라고만 되어있다. 결론적으로 아미타불이라는 명칭은 이 두 가지 어원을 근거하여 중국 역경가들에 의해 생겨난 용어라고 할 수 있다.[202] 한편 장휘옥은 현재 가장 타당한 설은 아미타불의 두 개의 원어인 아미타유스와 아미타브하의 유래를 불타관의 변천에서 찾는 견해라고 주장하는 설이 있다고 하였다.[203] 그러면 이제 아미타불의 유래를 보자.

대승경전의 곳곳에는 아미타불에 대해 설하고 있다. 『무량수경』을 보면

199) 『阿彌陀三耶三佛薩樓佛檀過度人道經』(대정장12, p.302중) 本經은 一名『大阿彌陀經』이라고도 한다. 이 경은 한역본으로 꼽는 12역 중에서도 가장 뛰어난 것으로 평가받고 있다.
200) 『般舟三昧經』(대정장13, p.905상)
201) 60권 『華嚴經』(대정장9)
202) 이에 대해 坪井俊映은 설명하기를, 아마도 아미타불이라는 佛名은 번역자가 경전을 역출譯出할 때 만든 단어로써 아미타가 무량한 광명과 수명, 무량한 권속과 청정 등의 많은 덕성을 가진 부처님이기 때문에 이러한 덕성을 모두 포함한 부처님을 나타내기 위해 아미타불타(Amita-budaha)인 단어를 창작하여 이것을 그대로 음사한 것이라고 생각된다고 하였다. 坪井俊映著 韓普光譯 앞의 책 p.47 참조.
203) 장휘옥은 논하기를, 원시불교에서 부파불교 특히 대중부계통으로 변천해가는 과정에서 나타나는 불타관을 검토해보면, 아미타유스와 아미타브하의 원어에 대응하는 설이 발견되는데, 그것은 원시불교 경전속에 이미 석가모니의 수명의 영원성에 대한 관심이 드러나고 있고, 부처님과 광명의 결합에 대한 자료도 여러 가지 발견되고 있다. 또한 『異部宗輪論』에서도 대중부계통의 불타관 가운데 아미타유스와 아미타브하의 관념에 상당한 설을 발견할 수 있으며, 더구나 아미타유스와 아미타브하가 동일시되는 계기도 나타나 있다. 이러한 점에서 아미타불은 원시불교에서 부파불교에 걸쳐 전개된 불타관을 배경으로 성립하였음을 추정할 수 있다고 보고 있다. 이와 같이 본다면 아미타유스와 아미타브하는 원래 석가모니와 다른 부처님을 가리키는 것이 아니라 석가모니를 다른 말로 표현한 것이 된다. 이런 이유로 정토경전에서 두 개의 다른 부처님의 명호가 결합하고 동일시되었음을 알 수 있다는 것이다. 장휘옥 『淨土佛敎의 世界』(불교시대사, 1996) pp.204~205 참조.

이 부처님의 역사는 오랜 옛적 과거세에 세자재왕불의 감화를 받은 법장비구가 2백10억의 많은 국토에서 훌륭한 나라를 택하여 이상국토를 건설하기로 기원하였다. 또 48원을 세워 자기와 남들이 함께 성불하기를 소원하면서 수행한 결과 지금부터 10겁 전에 그 원행이 성취되어 아미타불이 되셨다고 하였다. 아미타불을 '무량수불' 또는 '무량광불'이라고 이름 하는 것은 그 수명이 무량하고 그 광명이 무량하다는 뜻으로 시간과 공간을 초월한 절대적인 인격성을 상징적으로 표현하여 이름 한 것이다. 이와 같은 아미타불과 그 정토에 대해서는 무려 200여부에 달하는 경전 곳곳에 나타나 있다. 여기서 아미타불의 유래가 두드러지게 나타난 설을 두 가지만 소개해 보면 다음과 같다.

먼저 『비화경』 「제보살본수기품」에 보면 보장여래 때에 아미타불이 전륜성왕으로 수행하면서 여러 가지 서원을 발하고 나니 여러 부처님이 전륜성왕에게 수기하면서 다음과 같이 말씀하신다.

> 산제람 세계의 선지겁중에 사람의 수명은 8만이며, 출현하신 부처님은 보장여래이다. 무량정이라는 전륜성왕이 4천하의 주인으로서 석 달 동안을 보장여래와 스님들에게 공양한 선근으로, 제일 항하사 같은 아승지겁을 지나 제이 항하사 같은 아승지겁에 들어가는 시초에 부처를 이룰 것이니, 호는 무량수며, 세계의 이름은 안락이라 하리라. 항상 그 몸의 광명은 시방의 항하사 같은 모든 불 세계를 두루 비추리라.[204]

라고 하였다. 다음 『법화경』 「화성유품」에는 대통지승여래 때에 열여섯의 왕자가 출가하여 지금 모두 아뇩다라삼먁삼보리를 얻어 시방의 국토에서 현재 설법을 한다고 하였는데, 아홉째 부처님이 아미타불이고 열여섯째 부처님이 석가모니불이라고 하였다.

---

204) 『悲華經』(대정장3, p.185중) 참조.

그 가운데 두 사미는 동방에서 성불하니, 첫째 이름은 아촉으로 환희국에 계시고, 둘째 이름은 수미정이니라. 동남방의 두 부처님은 그 첫째 이름이 사자음이고, 둘째 이름은 사자상이며, 남방에 계시는 두 부처님은 첫째 이름이 허공주요, 둘째 이름은 상멸이며, 서남방의 두 부처님은 첫째 이름이 제상이요, 둘째 이름은 범상이며, 서방의 두 부처님은 첫째 이름이 아미타요, 둘째 이름은 도일체세간고뇌이며, 서북방의 두 부처님은 첫째 이름이 다마라발전단향신통이요, 둘째 이름은 수미상이며, 북방의 두 부처님은 그 첫째 이름이 운자재요, 둘째 이름은 운자재왕이며, 동북방의 두 부처님의 이름은 괴일체세간포외이며, 열여섯째 부처는 나 석가모니불이니, 이 사바세계에서 아뇩다라삼먁삼보리를 성취하였느니라.[205]

라고 하였다. 이와 같이 아미타불의 유래에 관한 설화를 살펴보았다. 그러나 직접적으로 인간성을 나타내는 성불인연설화는 『무량수경』이라 할 수 있다. 이 경에서는 과거에 어떤 수행을 거쳐 성불하였는지를 자세하게 설하고 있다.

부처님께서 아난에게 말씀하셨다. "일찍이 멀고 먼 과거에 한량없고 불가사의하고 헤아릴 수 없는 겁 이전에 정광여래께서 세상에 출현하셨다. 한량없는 중생들을 교화하시고 제도하시고 해탈시켜 모두 부처님의 도를 얻게 하거나 멸도를 취하게 하셨다. 그 다음 이어서 여래가 계셨으니, 명호가 광원이라고 하였다. 그 다음은 월광이라 하였고, 그 다음은 전단향 이라고 하였다. (…중략…) 그리고 그 다음에 부처님이 계셨으니, 명호가 세자재왕여래·응공·정등각·명행족·선서·세간해·무상사·조어장부·천인사·불세존이라고 하였다. 이때 국왕이 한 사람 있었으니 부처님의 설법을 듣고 예리하고 준수한 마

---

205) 『妙法蓮華經』(대정장9, p.25중하) 참조.

음을 품어 위없이 바르고 진실한 도를 일으켰다. 그는 나라를 버리고
왕위를 물리친 다음 유행하여 사문이 되었다. 그 이름은 법장이라 하
였는데 재주가 뛰어나고 용감하고 슬기로웠으며 세상을 초월하였고
특이하였다." 그는 세자재왕여래께서 계신 곳에 나아가 부처님의 발
에 머리를 조아리고, 오른쪽으로 세 번 돈 뒤에 무릎을 꿇고 합장한
채 게송으로 찬탄하며 아뢰었다. (…중략…)

> 제가 부처를 이루는 국토는 으뜸이 되고
> 그곳의 중생들은 기이하고 오묘하며
> 그 곳의 도량은 초월적이고 절대적이며
> 국토가 마치 열반과 같아서
> 동등하고 짝할만한 것이 없으니
> 저는 마땅히 불쌍하게 여겨
> 일체를 제도하고 해탈케 할 것입니다. (…중략…)

이에 부처님께서 비구에게 말씀하셨다. "그대는 지금 말할 수 있을
것이다. 마땅히 지금이 그때임을 알도록 해라. 일체의 대중들로 하여
금 마음을 일으키고 일어나게 하고 그 마음을 기뻐하게하라. 보살은
이미 들은 대로 이 법을 수행하여 그것으로 말미암아 한량없이 큰 원
을 만족시키는데 이를 것이다." 이에 비구가 부처님께 말씀드렸다.
"오직 원하옵건대 제 말을 들어주십시오. 저의 서원을 마땅히 자세히
설하겠습니다."[206]

라고 하였다. 이와 같이 경전을 통하여 아미타불의 인행시의 수행과 유래
를 살펴보았다. 위의 경문을 보면 무량겁의 오랜 옛날 정광여래가 세상에
출현하여 무량한 중생을 교화해서 도탈케 하여 모두 도를 얻게 하시고서

---

206) 『無量壽經』권상(대정장12, pp.266하~267하) 참조.

차례차례 열반에 드시고 마지막 53번째 부처님이 출현하셨는데 그 이름이 세자재왕여래라고 하였다. 그때 국왕의 이름이 법장이다. 법장은 왕위를 버리고 출가하여 세자재왕여래의 제자가 되어 48대원을 성취하여 성불을 이룬 것이다. 이 본원에 대해서는 장을 달리하여 구체적으로 논하고자 한다.

2) 아미타불 신앙의 기원

아미타불과 그 신앙이 인도에서 발생한 것은 사실이지만 언제 어디서 어떻게 일어났는가는 아직 확실하게 밝혀지지 않고 있다. 그것은 이것을 증명할만한 고대 인도의 문헌자료가 희박하기 때문이다. 평정준영은 논하기를, 아미타불 신앙이 인도 본토, 스리랑카, 미얀마, 태국 등 남방의 여러 지역에도 찾아 볼 수가 없으며, 또한 중국으로부터 인도로 구법여행을 다녀온 법현, 현장, 의정 등의 여행기록에서도 아미타불에 대한 언급은 없다고 한다. 다만 추측할 수 있는 것은 아미타불 신앙이 중국에 전래된 불교 가운데 대승불교 경전에서 많이 설해진바 그 대승불교 경전은 주로 카시밀 및 네팔지방으로부터 전래된 것이 많기 때문에 이 지방에서 아미타불 신앙이 발생했을 것이라는 설을 근거로 그 전래를 추측할 수 있다고 한다. 이 기원에 대해서 유럽의 동양연구 학자들은 원래 카시밀(Kashmir)과 간다라(gandhāra) 등의 서북 인도 지방은 일찍이 이란의 종교영향을 많이 받은 곳이기 때문에 아미타불의 신앙의 기원을 이란의 고대신앙에서 찾아볼 수 있다고 한다. 즉 아미타불의 일명인 'Amitābha'는 무량한 광명을 가진 부처님이라는 뜻으로 이러한 관념은 이란의 태양숭배의 영향에 의해 성립된 것으로 보고 있다. 즉 원시 대승불교의 보호자인 스기샤족 및 이란인은 모두 태양숭배의 종족이었기 때문에 아미타불신앙은 태양신화에서 유래된 말이라는 주장이다.

또한 아미타불의 불격佛格은 석존으로부터 연상된 부처님이지만, 이란의 오르마쯔인 신은 무한한 광명을 가진 신이기 때문에 이 신의 관념이 불교가운데 들어와 발전 변천해서 아미타불과 그 신앙이 생기게 하였다고 말하고 있다.

다음은 아미타불과 그 신앙의 기원을 인도 내부의 사상에서 찾으려고도 하고 있다. 이것은 주로 일본의 불교학자들이다. 그것은 베다성전에서 설하는 야마耶摩(yama)천은 무상행복無上幸福한 곳이며, 또 안온불사安穩不死의 세계라고 되어 있고, 야마의 본체는 태양으로 무한의 광명을 가졌다고 하기 때문이다. 이를 근거로 아미타불 신앙의 기원을 찾으려고 하는 설이다.

다음은 범천梵天의 신화에서 기원을 찾으려는 설이 있다. 그것은 범천의 세계에서 서술하고 있는 범천왕의 옥좌의 관념이 무량광의 관념으로 계속되며, 또 옥좌를 푸라나(생기生氣 prāna)라고 부르는 점이 무량수의 관념에 결합된다고 보는 것이다.

다음 어떤 학자는 인도의 비슈누(viśnu)신화에서 기원을 찾아 이 신의 신앙이 아미타불인 불을 만들었다고 추정하고 있다. 이 외에 서방의 수호신인 바루나(varuna)와의 연관성에서 찾는 설과 아그니(Agni)신의 호칭과 관계를 찾는 설 등이 있다.[207]

이상과 같이 아미타불의 신앙과 기원에 대하여 유럽학자는 주로 이란의 고대종교에서 기원을 찾고, 일본의 학자는 인도의 고대종교에서 찾고 있지만 추정일 뿐 여기서 어느 설이 정설인지는 밝힐 수가 없다고 한다. 그러나 아미타불신앙이 인도문화권 가운데에서 흥기했다는 것은 사실이다. 특히 서북인도는 고대의 인도문화의 발생지이며 이란 문화와의 접촉지대였기 때문에 인도사상과 이란사상 그 밖의 외래사상이 첨가되어 아미타불의 불격이 생겼다는 설이라고 학자들은 논하고 있다.

---

207) 坪井俊映著 韓普光譯 앞의 책 pp.48~49 참조.

수행론

제6강 수행론

1. 불교수행의 목적

불교수행이란 말 그대로 부처님의 가르침을 한 점 의심 없이 받아 지녀 닦는 것이다. 그러면 수행의 목적은 무엇인가? 그것은 크게 두 가지이다.

첫째는 각자가 스스로 부처가 되기 위함이요, 둘째는 너와 내가 부처가 되어 우리가 사는 이 세상을 불국정토로 만들고자 하는 것이다. 이것이 불교수행의 목적이요, 대승불교의 이념이다. 그래서 사부대중은 이 목적을 성취하기 위하여 열심히 수행을 하는 것이다.[208] 보조스님은 『수심결』에서

> 삼계의 뜨거운 번뇌가 불타는 집과 같은데, 거기 오래 머물러 그 긴 고통을 달게 받겠는가. 생사윤회를 면하고자 하면 부처를 찾아야 한다. 부처를 찾으려면 부처는 곧 이 마음이니 마음을 어찌 먼데서 찾으려하는가? 이 몸을 떠나지 않느니라. 이 육신은 거짓으로 나기도 하고 죽기도 하지만 참마음은 허공과 같아서 끊어지지도 않고 변하지도 않느니라. 그러므로 온몸은 무너지고 흩어져서 불로 돌아가

---

208) 대승불교는 상구보리上求菩提 하화중생下化衆生, 성취중생成就衆生 불국토완성佛國土完成이라는 성스러운 용어를 외친다.

고 바람으로 돌아가지마는 한 물건은 언제나 신령하여 하늘을 덮고 땅을 덮는다고 한 것이다.[209]

라고 하여 "부처는 곧 이 마음"이니 먼데서 찾지 말라고 하였다. 그러면 우리 미혹한 중생이 어떻게 감히 그 위대한 부처가 될 수 있는 것인가? 이 답 또한 간단하다. 그것은 모든 중생은 부처가 될 수 있는 성품(불성)이 있으므로 눈 속의 눈을 떠서 자기 마음속의 마음 참마음을 보라는 것이다. 그 참마음이 곧 불성이요 부처인 것이다. 그래서 보조스님은 『수심결』에서 불성에 대해 다음과 같은 문답을 하였다.

> 묻는다. "만일 불성이 현재의 몸에 있다고 말한다면 이미 이 몸 안에 있어서 범부를 떠나지 않았거늘, 어찌하여 나는 지금 불성을 보지 못하는가? 다시 해석하여 모두를 깨닫게 하여주시오.
> 답한다. "그대의 몸 안에 있지마는 그대 스스로가 보지를 못할 뿐이다. 그대가 하루 종일 12시중에 배고픈 건 알고 목마른 건 알며, 추운 줄도 알고 더운 줄도 알며, 성내기도 하고, 기뻐하기도 하지마는 마침내 그것이 무슨 물건인고. 우리 육신은 땅·물·불·바람 등 네 가지 인연이 모여 된 것으로서 그 바탕은 우둔하여 감정이 없거늘 (생명이 없고 죽은 것인데) 어찌 그것들을 보고 듣고 지각할 수 있겠는가. 그러므로 능히 보고 듣고 지각하는 것은 반드시 그대의 불성인 것이다.[210]

라고 불성에 대해 설명하였다. 이와 같이 불성은 우리 육신을 구성하는 지수화풍地水火風 사대요소가 아니라 이 육신을 움직이는 마음이라 하였다. 그래서 이 참마음인 불성을 보아 내가 부처되어 이 세계를 불국토로 만드는 것이다. 부처님께서 혼탁한 이 세상에 오시어 팔만사천의 법문을 설하

---

209) 고려국보조선사술 『수심결』(대정장48, pp.1005하) 참조.
210) 普照禪師 述 위의 책(대정장48, pp.1005하) 참조.

신 것은 일체중생들이 불성이 있어 언젠가는 모두가 부처가 될 수 있으므로 일체중생을 부처로 만들기 위하여 저마다의 근기에 따라 여러 가지 수행방편을 설하신 것이다. 여기서는 이 여러 방편 가운데 염불수행법을 공부하고자 한다.

2. 염불수행법

1) 염불생인念佛生因설과 그 의의

대체로 불교의 수행문은 크게 나누어 참선을 하여 성불하는 문, 관법觀法을 통해 해탈을 성취하는 문, 다라니를 외어 업장을 소멸하여 이 몸 그대로 성불하는 즉신성불문卽身成佛門, 심오한 경전을 독송하여 자아를 개발하여 혜안이 열리는 간경문看經門, 오로지 염불하여 극락정토에 왕생하여 아미타부처님을 뵙고 무생법인無生法忍을 증득하는 염불왕생문念佛往生門이 있다.[211]

이와 같이 여러 문이 있는데, 이 가운데 가장 쉽게 들어갈 수 있는 문은 여러 선지식께서 말씀하신바 '염불왕생문'이라고 하였다. 참선과 비교하자면 참선수행문은 자기의 본래면목을 참구하여 이를 밝게 깨쳐 본래 성품을 보는 것이다. 그러므로 참선은 순수자력純粹自力으로 노력하여 깨달음에 이르는 수행법으로써 이를 어려운 길인 난행도難行道라 하였다. 그러나 염불수행문은 아미타불의 본원력本願力에 의지해서 깨달음을 얻어 정토에 왕생하여 궁극의 목적인 무생법인을 증득하는 것이다. 그러므로 염불문은 순수타력純粹他力에 의하여 깨달음에 이르는 수행법으로써 이를 쉬운 이행도易行道라 하였다. 이를 『염불경』에서 비유하기를 "참선은 어린 아이가 멀리 부모와 여행을 갔다가 서로 헤어져 길을 잃어 헤매면서 어렵게 집을 찾아오는 것과 같고, 염불은 어린아이가 멀리 여행을 갔어도 부모가 길

---

211) 대한불교조계종 불학연구소에서 편찬한 『수행법 연구』에는 염불, 주력, 절, 간경, 사경, 사불, 계율참회, 지관수행, 위빠사나수행 등 여러 가지 수행방법을 정리 하였다. 『수행법 연구』(조계종출판사, 2005)

을 잘 알아 쉽고 안전하게 집을 찾아오는 것과 같다"[212] 고 하였다. 여기서의 부모는 아미타불과 관세음보살과 대세지보살이요, 철모르는 어린 아이는 우리 중생이다.

그러면 이와 같이 염불문에 의지하게 하는 근본적인 이유는 무엇일까. 그것은 한마디로 지금의 우리는 오탁악세五濁惡世의 말법시대末法時代를 살아가는 중생이기 때문이다.[213] 그러므로 이 시대의 수행문은 오직 염불문만이 오탁악세를 벗어나는 유일한 길이라는 것이다. 그러면 이제 염불의 생인설生因說과 전개를 살펴보기로 하자.

정토왕생염불사상이 발생한 원인은 원시불교의 생천사상生天思想이 바탕이 되어 발생이 되었다고 볼 수 있다. 이러한 근거는 소승불교의 해탈관에서 나타나고 있다. 소승불교의 해탈관은 성문사과聲聞四果의 계위 가운데 최후의 도달처인 아라한과를 증득하는 것이다. 이 아라한과가 해탈의 자리로써 곧 생천의 자리가 된다. 그래서 부처님께서는 제자들에게 생천을 원하는 수행방법으로써 염불을 닦도록 설하신 것을 볼 수가 있다. 염불수행에 대하여 『증일아함경』「광연품」에서 다음과 같이 이르신다.

이때 세존은 비구들에게 이르시길 "마땅히 한 법을 수행하고, 마땅히 한 법을 널리 펴야 한다. 한 법을 수행하면 문득 명예가 있고 큰 과보를 성취하여 온갖 선이 두루 모이고, 단이슬 맛을 얻어 무위처에 이르게 될 것이다. 그리고 곧 신통을 이루고 온갖 어지러운 생각을 버리고, 사문과를 얻어 스스로 열반을 얻을 것이다. 어떤 법을 한 법이라 하는가. 이른바 부처님을 생각하는(염불)것이다.[214]

---

212) 이 비유는 도경道鏡과 선도善道가 지은 『念佛經』(대정장47, pp.122~123)의 제2문 자력自力과 타력문他力門에 설해져있다. "비유하면 자력이란 마치 나이 어린 아이가 처음 세 살 때 집에서 나와 서울을 향하여 가는데 천리를 걸어야 하는 것과 같다. 어린 아이에게 스스로 걸어서 서울까지 가 관직을 구하게 한다면 서울에 도달할 수 없다. 왜냐하면 어린아이기 때문이다. 다른 수행문도 이와 같아 다겁多劫동안 수고롭게 수행해야만 성취한다. 마치 어린아이처럼 자력으로 서울을 향하여 걸어가게 하여도 끝내는 도달할 수 없는 것은 자력이기 때문이다. 타력이란 마치 어린아이가 비록 나이는 적지만 부모나 코끼리 수레, 말 수레에 의지한다면 머지않아 서울에 도착하여 드디어 관직을 얻을 수 있는 것과 같다. 왜냐하면 타력이기 때문이다"라고 하였다.
213) 말법시대에 대해서는 앞의 종교론 참조.
214) 『增壹阿含經』(대정장2, p.554상) 참조.

라고 하신다. 이와 같이 세존께서는 모든 비구들에게 염불을 수행하여 무위처無爲處에 도달하라고 가르치신다. 여기서 사문과는 사향사과를 얻는 것이고, 무위처는 곧 해탈열반의 세계, 즉 천상의 세계에 드는 것을 의미한다. 또 위의 경 제32권 「력품」에서는 천상에 대하여 다음과 같이 설하신다.

> 또한 중생이 몸과 입과 뜻으로 악을 행하였지만 그가 만약 목숨을 마칠 때에 여래의 공덕을 생각하면 세 갈래 나쁜 길을 여의고 천상에 태어날 수가 있다. 아무리 지독한 악을 지은 사람이라도 천상에 태어날 수가 있다.[215]

라고 하신다. 또 『장아함경』 「유행경」에서는 육념六念에 대해 다음과 같이 이르신다.

> 부처님께서 비구에게 이르셨다. 다시 여섯 가지 불퇴법이 있다. 이것은 법을 증장시키어 손실이 없게 한다. 첫째는 염불이고, 둘째는 염법이고, 셋째는 염승이고, 넷째는 염계이고, 다섯째는 염시이고, 여섯째는 염천이니라. 이 육념을 닦으면 법이 증장되고 손실이 없을 것이다.[216]

라고 하셨다. 이와 같이 생천을 위하여 염불할 것을 당부하셨고, 이 생천을 위한 염불이 발전하여 불법승 삼보를 생각하는 삼념三念이 생겨나게 되었고, 이 삼념이 발전하여 계율을 지키는 염계와 보시의 공덕을 생각하는 염시와 장차 태어날 곳을 생각하는 염천이 더하여져 육념으로 발전하였고, 이 육념이 더욱 발전하여 십념十念 등의 염불법이 설해졌다. 이러한 생천을 위한 염불사상은 점차 발전하여 이 천상의 세계가 훗날 아미타불의 정토에 극락왕생을 위한 바탕이 된 것이다. 결국 이러한 사상들은 『정토

---

215) 위의 책(대정장2, p.725상중) 참조.
216) 『長阿含經』(대정장1, p.12상) 참조.

삼부경』의 핵심사상인 염불왕생사상, 문명聞名왕생사상, 칭명왕생사상을 낳게 하는 기반이 되었다고 할 수 있다.

정토사상은 앞에서 언급한 바와 같이 모든 중생은 본래가 평등하다는 대승불교(불멸후 4~500년경)의 근본사상인 '일체중생실유불성一切衆生實有佛性'의 가르침에 따라 출발하였다. 즉 일체중생은 누구라도 성불할 수 있다는 가능성을 믿으며 스스로 자기를 돌이켜 반성하고 결국엔 윤회를 해야 한다는 괴로운 삼계보다는 영원히 윤회하지 않는 안락만이 있는 이상의 세계를 동경하고 추구하기에 이르게 되었는데 정토사상은 이러한 관념에 고취되어 필연적으로 발생하게 된 것이다. 그러나 이와 같이 정토문은 열리었는데도 오탁악세의 현실세계에서 스스로의 나약한 힘으로는 들어가기가 어렵다는 것을 자각하기에 이르게 되었다. 그래서 자연히 아미타불의 본원력을 믿고 귀의하는 발원신앙이 이루어지게 되었다.

이러한 관념의 기반아래 훗날 대승불교의 경전인『반야경』·『법화경』·『화엄경』 등에는 정토신앙이 바탕에 스미어 표현되고『정토삼부경』 등의 순수정토경전이 성립되면서 정토염불신앙은 하나의 교파로서 성립되게 하였다. 위에서 보았듯이 정토염불관은 대승불교 이전서부터 염불·염법·염승이 설해졌고, 원시 근본불교와 부파불교시대에 이미 수행자는 기본적으로 오정심관五停心觀[217]을 닦았다. 그 가운데 업장이 두터운 자에게는 불상관佛相觀을 닦게 하였다. 처음의 염불은 관법觀法의 한 형식으로 닦았는데, 그 신앙의 대상으로는 부처님을 염관念觀하게 하였다. 이러한 관법형식의 염불법은『관불삼매경』[218]에 잘 나타나고 있다. 이 경의 제10권「염

---

217) 오정심관은 邪心을 정지하는 다섯 가지 관법을 의미하는데 천태지자는『사교의』(대정장46, p.776하)에서 다음과 같이 설명한다. "一은 탐욕이 많은 중생은 부정관을 하고, 二는 화를 잘 내는 중생은 자비관을 하고, 三은 산만한 중생은 수식관을 하고, 四는 아주 어리석은 중생은 인연관을 하고, 五는 장애가 많은 중생은 염불관을 하는 것이다"라고 하였다.

218) 『觀佛三昧經』은 관불삼매에 주하여 해탈을 얻는 방법을 가르친 경전으로써 부처님을 염관하기 위해서는 어떻게 수행해야 하는지를 자세히 설명하고 그 수승한 공덕 등을 부연 설명하고 있다.『관불삼매경』은 대승경전인『정토삼부경』가운데 하나인『관무량수경』과도 밀접한 관계가 있다. 이 두 경전은 구성, 대상, 용어, 형식, 목적, 방법, 성격 등 그 설하고자 하는 내용도 유사하다. 특히 그 관상방법의 동일성과 두 경전이 다 같이 시방제불의 관견觀見을 의미하는 염불삼매를 목표로 하고 있다는 것이다.『관무량수경』에 대해『관불삼매경』은 모든 부처님의 관상을 취급하고 더구나 그것은 석가모니부처님을 예상한 것이다. 따라서 특정의 부처님을 취급한다고 하더라도 과거칠불過去七佛, 사방사불四方四佛, 시방십불十方十佛이며, 왕생도 마륵정토 혹은 시방정토十方淨土에 왕생하는 것이다. 본경은 중국 정토교의 도작(562~645)의『안락집』과 선도

칠불품」과 「염시방불품」에서는 과거칠불過去七佛[219] 과 시방의 모든 부처님을 염하는 것을 밝히고 있다. 또한 제9권 「본행품」에 보면 동서남북에 상주하는 사방사불四方四佛도 등장한다. 경설을 보면,

> 동방에 나라가 있으니 나라 이름이 묘희였다. 저 국토에 부처님께서 계시니 이름은 아촉이며 제일 비구였느니라. 남방에 나라가 있으니 나라 이름이 환희였고 부처님 이름이 보상이니 곧 제이 비구였느니라. 서방에 나라가 있으니 나라 이름은 극락이요, 부처님 이름은 무량수이니 제삼 비구였느니라. 북방에 나라가 있으니 나라 이름은 연화장엄이요, 부처님 이름은 미묘정이니 제사 비구였느니라.[220]

라고 설하고 있다. 이와 같이 이 경전에서는 한 부처님만을 염관 하는 것이 아니라 사방에도 각 부처님이 계시므로 여러 부처님 가운데 근기에 따라 선택하여 염관 하라고 하였다. 이러한 설이 바탕이 되어 앞에서 언급한 제불정토설의 원류가 되었고, 이 설은 대승경전의 초기인 B.C.1세기부터 A.D.2세기 초반까지 교설되기 시작하여 그 사이에 『정토삼부경』과 같은 순전한 미타정토의 경전이 출현하게 되었다. 따라서 이 시기로부터 대승불교의 선양자들이 등장하여 염불왕생을 수행하고 권장하게 되었다. 그러면 그 전개와 사상을 보자. 먼저 인도의 가장 유명한 불교시인이라고 평하여지는 마명은 『대승기신론』 제1권에서 다음과 같이 논하였다.

> 중생이 처음으로 이 법을 배우는 사람이 바른 믿음을 구하고자하나 그 마음이 겁약한 이는 이 사바세계에 머물러서 스스로 능히 항상 모든 부처님을 만나 친히 받들어 공양하지 못할까 두려워하며, 이

(613~681)의 『관념법문』 등에 의용依用되어 있으며, 선도의 제자 회감의 『석정토군의론』에서는 『관불삼매경』 중의 내용 일부를 정토교의 참회법의 일종으로 받아들이고 있는 등 정토교에서는 상당히 중요한 경전으로 취급하고 있다. 불교신문사편 『佛敎經典의 理解』(불교시대사, 1997) pp.214~221 참조.
219) 앞의 주석 참조.
220) 『觀佛三昧海經』(대정장15, p.689상) 참조.

르되 신심을 가히 성취하기 어렵다하여 생각을 뒤로 물러서는 사람은 마땅히 알라. 여래께서 수승한 방편이 있어 신심을 섭호하여 이르시 기를, "뜻을 오로지하여 부처님을 염하는 인연으로 원에 따라 타방의 부처님 국토에 태어나 항상 부처님을 친견하여 길이 악도를 여읜다" 고 하였고 저 수다라에 설하신 것과 같이 "만약 사람이 오로지 서방극 락세계의 아미타불을 염하여 닦은바 선근을 회향하여 저 세계에 나기 를 원하면 곧 왕생함을 얻는다"고 하셨느니라. 항상 부처님을 친견하 는 까닭으로 마침내 물러남이 없으며, 만약 저 부처님의 진여법신을 관하여 항상 부지런히 수습하면 필경에 왕생하여 정정에 머문다.[221]

고 논하여 신심을 가지고 뜻을 오로지하여 아미타불을 염하면 반드시 왕 생하여 정정취正定聚에 머문다고 하였다. 또한 앞에서 언급한 바와 같이 용 수는 『십주비바사론』「이행품」에서 "육지의 길로 걸어가면 고생되고 물의 길로 배를 타면 즐거운 것처럼 보살의 길도 그러하여 부지런히 행하며 힘 써 나아가는 것이 있기도 하고 혹은 믿음의 방편으로써 쉽게 가서 아유월 치에 빨리 이르는 것이 있기도 하다"[222] 고하여 왕생하는데 있어서 자력수 행으로는 가기 어렵고 아미타불의 원력에 의지하여 가는 타력수행은 쉽다 는 난이이도難易二道를 설명하였다. 또한 세친은 『왕생론』에서

> 만약 선남자 선여인이 오념문을 닦아 성취하면 필경에는 안락국토 에 태어나 저 아미타부처님을 친견할 수가 있다. 어떤 것이 오념문인 가. 첫째는 예배문이요, 둘째는 찬탄문이요, 셋째는 작원문이요, 넷 째는 관찰문이요, 다섯째는 회향문이다.[223]

라고 논하여 이 오념문을 닦아 성취한 사람은 반드시 안락국토에 태어나 아

---

221) 馬鳴造 『大乘起信論』(대정장32, p.583상) 참조.
222) 龍樹造 『十住毘婆沙論』(대정장26, p.41중) 참조.
223) 『無量壽經優波提舍願生偈』(대정장26, p.231중) 참조.

미타불을 친견할 수 있다고 하면서 극락세계의 왕생을 권하였다.[224] 이와 같이 인도의 논사들이 염불왕생사상에 고취하여 정토문을 열기 시작했다. 그러나 이때까지는 어느 특정한 학파나 교파로 발전하여 형성되지는 못하였고, 이 염불사상은 중국으로 전래되면서부터 정토교가 성행하게 되었다. 중국으로 전래된 정토염불사상은 대표적으로 혜원, 담란, 도작, 선도 등의 논사들에 의해서 연구되고 선양되어 마침내 한 교파로써 성립시킨 것이다.

여산혜원은 중국 정토교의 시조로써 혜원의 전기에는 그의 문하에 모여들어 염불결사한 승려가 123명라고 하였다. 이것이 그 유명한 '백련사염불결사'이다. 『낙방문류』에 나오는 유유민劉遺民의 「여산백련사서문」에는 다음과 같이 뜻을 발하였다.

> 이제 다행히 이런 저런 생각을 내지 않고 많은 사람이 마음을 하나로 하여 서경에 마음을 두고 편을 두드리고 믿음을 열어 밝은 뜻을 발합니다.[225]

라고 하여 아미타불상 앞에 모여 단을 차리고 일심으로 전심專心염불하여 왕생의 서원을 굳게 결의하였다. 또한 담란은 사론의 학자로써 용수, 구마라집, 승조로 이어진 반야적인 공관사상의 영향을 받아 공관적인 기초 위에서 정토사상을 피력한 논사이다. 담란은 『왕생론주』의 서두에 위에서 언급한 용수의 『십주비파사론』에 있는 난이이문難易二門을 인용하여 나름대로 교판론을 성립시켰다.

한편 도작은 위에서도 살펴본 바와 같이 정토왕생의 행업으로써 칭명염불을 중시한 것은 말법관에 의한 염불관이다. 그래서 도작은 『안락집』권상에서 지금 이 시기에는 "참회하고 복을 닦으며 마땅히 부처님의 명호를 불러야 할 때이다"[226] 라고 하여 참회적인 염불을 매우 중요시하여 이를 강

---

224) 오념문에 대해서는 다음의 염불삼매론 참조.
225) 『樂邦文類』(대정장47, p.176상) 참조.
226) 道綽撰 『安樂集』 권상(대정장47, p.4중) 참조.

조하고 있다. 이러한 참회관의 근원에는 근본적으로 말법관이 깔려 있음을 볼 수 있다.

또한 선도는 중국의 정토교를 대성시킨 사람으로서 그의 염불사상은 담란과 도작의 영향을 받았는데, 특히 그의 스승 도작의 말법관에 의해 심심深心가운데 신기信機를 자각한 염불을 주장하였다. 다시 말해 염불하는 사람은 "본인 스스로가 말법시대에 태어난 죄악의 범부, 번뇌구족의 범부, 근기하열의 범부, 생사를 윤회하는 범부"[227] 임을 깊이 내성內省해야 한다는 것이다. 그래서 선도는 이 내성에 의한 지계, 참회를 근본으로 한 칭명염불을 주장하였다. 선도대사의 발로참회發露懺悔 한 구절 들어보자.『왕생예찬』에서 다음과 같이 발원하고 있다.

귀의하여 시방의 부처님께 참회하옵나니 원하옵건대 일체 모든 죄의 뿌리를 멸하여 주옵소서. 이제 멀고 가깝게 닦은바 선을 나와 남이 함께 안락국에 회향합니다. 항상 원하옵건대 일체 임종시에 수승한 반연과 수승한 경계가 다 현전하게 하여 주시고, 아미타 대비주와 관음, 세지, 시방존을 친견하기를 원하오며, 우러러 원하옵건대 신령스런 광명의 손으로 가피를 내리시어 섭수하시고 부처님의 본원을 입어 저 국토에 태어나게 하여 주시옵소서.[228]

라고 발원하고 있다. 이와 같이 선도도 참회염불관을 강조하며 이를 널리 홍포하여 중국의 정토교를 대성시킨 것이다.[229] 선도 외에도 국청사지의, 가상사길장, 가재, 회감 등의 논사들이 연구하고 선양하여 마침내 중국의 정토교가 성립되었다.[230]

이러한 원류를 지닌 정토염불사상과 신앙은 한국과 일본 등지에 전파되

---

227)『觀無量壽經疏』권제4(대정장37, p.271상) 참조.
228)『往生禮讚偈』(대정장47, p.440중) 참조.
229) 위 제논사의 염불관에 대한 서술은 이태원저『염불의 원류와 전개사』(운주사, 1998) 참조.
230) 정토종의 주요 논서는 다음과 같다. 세친의『정토론(무량수경우바제사)』1권(대정장26), 담란의『왕생론주』2권(대정장40), 도작의『안락집』2권(대정장47), 선도의『관경사첩소』4권(대정장37)·『법사찬』2권(대정장47)·『관념법문』1권(대정장47)·『왕생예찬』1권(대장장47)·『반주찬』1권(대정장47) 등이다.

었다. 이상과 같이 염불생인설과 그 의의에 대해 살펴보았다.

2) 염불의 종류와 특성

염불(buddha-manasikāra)은 부처님을 억념憶念하는 것으로 부처님의 공덕이나 상相을 마음에 떠올리는 것이다. 이 염불의 '염'은 불교사전에 보면 산스크리트어로 스므리티(Smṛti), 스미스라나(Smsraṇa), 마나시-카라(manasi-kāra), 아타르키카(atarkika), 싯타(citta), 크사마(kṣama) 등이라 하고 있다. 그러나 일반적으로 '염'이라고 하면 억념 또는 작의作意 등의 의식 작용으로 사용되고 있다. 이를 한자로 관념觀念, 심념心念, 사념思念, 억념憶念, 칭념稱念 등이라 번역하고 있다. 따라서 이를 의역하면 '염불'은 부처님을 항상 마음에 간직하는 것, 생각하는 것, 떠올리는 것이라고 정의할 수 있다. 또한 염불을 육념의 하나로 보는 경우도 있다. 육념은 앞의 『장아함경』에서 보았듯이 염불, 염법, 염승, 염계, 염시, 염천을 육념이라 하였다.

이와 같이 여러 가지 술어로 표현되는 것은 염해야하는 대상인 부처님의 개념에 여러 가지 의미가 있기 때문에 경우에 따라 용어도 여러 가지로 나타나는 것이라고 본다. 즉 부처님의 실상實相과 상호相好를 대상으로 할 경우에는 관념염불이 되고, 부처님의 명호를 대상으로 할 경우에는 칭명염불이 되고, 부처님의 본원을 대상으로 할 경우는 억념염불이 되는 것이다.[231] 그러면 염불의 종류를 살펴보기로 하자.

염불은 크게 두 가지로 나눌 수 있다. 위에서 보았듯이 하나는 부처님을 모습이나 공덕을 마음속으로 떠올리거나 생각하는 관념염불이고, 또 하나는 마음속으로 생각한 부처님의 명호를 오직 입으로 외우는 칭명염불이다. 그런데 염불하는 사람의 근기와 그 대상에 따라 여러 가지 종류로 나누어지고 있다. 이 염불의 종류에 대해 태원스님은 다음과 같이 정리하였

---

231) 이태원저 앞의 책 p.65 참조.

다. 염불의 종류에는 크게 두 가지로 나누어지는데, 정토교 경전에 바탕을 둔 아미타부처님에 대한 염불이고, 다른 하나는 기타 염불하는 대상에 따른 다양한 염불이라고 규정짓고 있다. 여기서 전자는 아미타부처님에 대한 염불이므로 정토염불로 규정짓는다고 하였다. 여기서 각 종류별로 분류하되 자세한 설명은 참고문헌[232]을 참조하기로 하고 여기서는 염불의 명칭과 그 수행법을 간추려보고자 한다.

• 정토왕생염불로써 ①칭명염불稱名念佛 ②관상염불觀像念佛 ③관상염불觀想念佛이 있다.

칭명염불은 아미타부처님의 명호를 입으로 또박또박 부르는 것이다. 이 칭명염불은 다시 여러 가지로 가지로 분류할 수 있는데 예를 들자면 큰 소리를 내어 염불하면 고성염불, 작은 소리로 염불하면 저성염불, 입술만 움직이고 소리를 내지 않으면 묵념염불이다. 그러나 이러한 분류는 수행법에 따른 분류이고, 이 모두는 칭명염불 한 단어에 통일된다. 관상염불觀像念佛은 부처님을 입으로 칭명하면서 앞에 모셔진 부처님의 원만한 상호를 관하는 것이고, 관상염불觀想念佛은 부처님의 수승한 공덕이나 극락세계의 여러 가지 장엄한 모습을 마음속으로 떠올리면서 염불하는 것이다. 여기에 대해 경설을 대비하여 살펴보면 다음과 같다.

① 칭명염불은 말 그대로 부처님의 이름을 부르는 것이다. 이 칭명염불은 『정토삼부경』에서 강조하고 있다. 『아미타경』을 보면,

> 만일 선남자 선여인이 아미타불의 이름을 듣고 그 이름을 마음속으로 간직(집지명호執持名號)하고 외우기를 하루나 이틀 사흘 나흘 닷새 이레 동안 한결같은 마음으로 염불하여 마음이 조금도 흐트러지지 아니하면, 그 사람이 목숨을 마치려 할 때에 아미타불이 여러 거

---

232) 이태원 『淨土의 本質과 敎學發展』(운주사, 2006) pp.215~321 참조.

룩한 제자들과 그 앞에 영접하러 오실 것이다.[233]

라고 하였다. 위의 경설에서 '집지명호'가 나오는데 이 말은 신심을 금강과 같이하여 마음을 흐트러지지 않게 하여 부처님의 이름을 잊지 말라는 뜻이라고 풀이할 수 있다.[234] 위에서 칭명염불을 강조한 부분이 "한결같은 마음으로 염불하여 마음이 조금도 흐트러지지 아니하면(일심불란一心不亂)"이라고 한 것은 바로 다른 소선근복덕을 마음에 두지 말고 오로지 아미타불을 칭명하라는 것을 말한다. 또한 하루 내지 칠 일간이라고 한 것은 평생을 계속하라는 의미라고 본다.[235] 다음 『무량수경』에서는 아미타불의 48원 가운데 제18원 '염불왕생원'에서 강조하고 있다.

> 만약 내가 부처를 이룰 적에 시방세계 중생들이 내 나라에 태어나기 위해 지극한 마음으로 신심과 환희심을 내어 내 이름을 내지 십념하여 내 나라에 태어날 수 없다면 부처를 이루지 않겠나이다.[236]

라고 하였다. 이 18원의 십념염불에 대해서는 논사들의 많은 연구가 있다. 다음 『관무량수경』에서는 하품하생下品下生하는 사람을 위하여 "그대가 만약 부처님을 생각할 수 없으면 마땅히 무량수불을 불러서 귀명하라. 이렇게 지극한 마음으로 소리가 끊어지지 않게 십념을 구족하여 나무아미타불을 부르면, 부처님의 명호를 부른 까닭에 일순간에 팔십 억겁 동안의 생사의 죄가 없어진다"[237] 고 하였다. 이와 같이 『정토삼부경』에서는 칭명

---

233) 『阿彌陀經』(대정장 12, p.347중) 참조.
234) 이에 대하여 태원스님은 해석하기를, 『아미타경』의 왕생행도는 아미타불의 명호와 공덕, 정토장엄에 대한 이야기를 듣고 우러나는 욕생심에다 근본바탕을 두고 타상잡념他想雜念이 없이 일심불란하게 하는 것이 '집지명호'라고 하였다. 이 심식작용의 염불 즉 '집지명호'가 다선근복덕인연이 되어 왕생하는 것이라는 것이다. 이태원 『念佛의 源流와 展開史』(운주사, 1998) p.164 참조.
235) 여기에 대하여 태원스님은 이 기일염불期日念佛사상은 염불을 하게 하기 위한 하나의 방편으로 아미타불을 염하는 사상이 발전하면서 형성된 것이라고 본다며 이와 같은 기일염불사상은 우리나라에 많은 영향을 주어 만일염불, 천일염불, 백일염불, 사십구일염불, 이십일일염불 등의 일수를 정해 염불하는 기일염불로 발전되었다고 하였다. 이태원 위의 책 p.165 참조.
236) 『無量壽經』 권상(대정장12, p.268상) 참조.
237) 『觀無量壽經』(대정장12, p.346상) 참조.

염불을 강조하고 있다.

② 관상염불觀像念佛은 단정하게 앉아서 한 마음 한 뜻으로 아미타불의 불상이나 탱화 등을 보고 생각하는 것이다. 이 관상염불법에 대해서는 『관무량수경』에서 강조하고 있다. 『관무량수경』에는 16가지 관법이 나오는데, 여덟째의 관법인 상상관像想觀처럼 금색의 불상이 연화좌에 앉아 있고, 관음·세지 두 보살상이 좌우에서 시립하여 제각각 금색광명을 비춘다고 관하는 것과 열째의 관법인 관음관觀音觀처럼 아미타불의 협시보살인 관세음보살의 진실한 색신色身을 관하는 것과 열한째의 관법인 세지관처럼 아미타불의 협시보살인 대세지보살의 색신을 관하는 것과 열셋째의 관법인 잡상관雜想觀처럼 1장6척의 아미타불상이 연못 위에 있고, 혹은 대신大身이 허공에 가득하다고 관하는 것이다. 이 관상염불觀像念佛은 칭명염불과 반대의 개념이지만 사실상은 하나가 되어야 한다. 왜냐하면 오직 입으로만 칭명한다고 눈을 감고 염불하는 것은 아니기 때문이다. 즉 눈으로 관음·세지보살이 광명을 놓아 내 몸을 비추어주는 것을 관상觀像하면서 입으로 칭명염불을 하는 것이다. 이 관법이 익숙해지면 앞에 불상이 없어도 마음속으로 원만한 상호를 떠올릴 다음의 관상염불觀想念佛과 하나가 될 수 있다.

③ 관상염불觀想念佛은 고요히 앉아서 순수한 그대로의 마음(순일심純一心)으로 부처님의 거룩하고 성스러운 모습(상호相好)과 공덕을 보고 생각하는 것이다. 이것은 앞의 관상觀像염불법보다 한 계단 위라고 할 수 있다. 왜냐하면 이 관법은 눈으로 보는 것이 아니라 마음으로 관해야 되기 때문이다. 이 관법도 『관무량수경』의 첫째 관법인 일상관日想觀처럼 서방을 향하여 정좌하고 마음을 오로지 하여 태양이 극락세계에 떨어진다고 생각하며 극락세계를 관하는 것과 둘째의 관법인 수상관水想觀처럼 극락세계가 맑은 물이나 투명한 얼음처럼 영롱한 유리로 되었다고 관하는 것과 셋째의 관법인 지상관地想觀처럼 극락세계는 금강과 칠보로 장엄된 금당이 유리로 된 땅을 지탱하고 있으며 극락세계의 지상은 황금과 갖가지 보배로 장

엄되어 있고, 그 보배마다 제각각 오백 가지의 빛이 빛난다고 관하는 것이다. 또 넷째의 보수관寶樹觀처럼 극락세계는 일곱 겹의 가로수가 늘어서 있고 가로수마다 칠보의 꽃과 잎이 골고루 갖추어져 있으며 꽃과 잎마다 기이한 색깔이 빛나고, 또 낱낱의 나무 위에 일곱 겹의 보배그물이 있다고 관하는 것이다. 또 다섯째의 보지관寶池觀처럼 극락세계에는 팔공덕수가 흐르고, 낱낱의 물속에는 60억 개나 되는 칠보로 된 보련화가 피어있으며, 마니수가 그 사이를 흐르면서 묘법을 연설하고, 백 가지 보배로운 빛깔이 나는 새가 항상 염불·염법·염승을 찬탄한다고 관하는 것이다. 또 여섯째의 보루관寶樓觀처럼 극락세계에는 500억의 보배누각이 있고 그곳에서 한량없는 천신들이 기악을 연주하고, 또 악기가 허공에 매달려서 저절로 연주한다고 관하는 것이다. 일곱째의 화좌관처럼 아미타불과 관음·세지 두 보살이 앉은 연화좌를 관하는 것이다. 여덟째의 보관普觀처럼 자신이 극락에 왕생하여 연화에 결가부좌하고, 연화가 필 때에는 오백 가지 빛이 자신을 비추고 불보살이 허공에 가득하다고 관하는 것이다.

이와 같이 살펴본바 관상염불觀想念佛은 극락의 장엄과 그곳에 계시는 불보살을 순수하게 마음으로만 관하는 수행법을 말한다. 이 수행법은 앞의 두 수행법보다 훨씬 어려운 수행법이다. 그런데 이 수행법이 숙달된다면 삼업을 모두 맑히는 수행법이 되는 것이다. 즉 첫째의 칭명염불은 입을 맑히고, 둘째의 관상염불觀像念佛은 눈을 맑히고, 셋째의 관상염불觀想念佛은 마음을 맑혀주는 염불인 것이다. 그런데 이 세 가지는 사실상 동시에 수행되어야 한다고 본다. 왜냐하면 우리의 육근六根은 조금만 다른 경계에 부딪치면 곧 산란해져 다른 경계에 물들어 버리기 때문이다. 그러나 이것은 개인적인 생각이고 위의 설들은 근기에 따른 수행법을 분류한 것으로 보아야 한다.

• 부처님 위치에 따른 염불로써 ①색신염불色身念佛 ②법신염불法身念佛 ③실상염불實相念佛 ④십호염불十號念佛이 있다.

이 염불들은 용수의 『십주비바사론』의 설에 근거하여 제시하고 있다.

① 색신염불은 위의 책 「염불품」에서 설한 "전심으로 모든 부처님의 상호를 취하여 억념"[238] 하는 것이다.

② 법신염불은 위의 책 「사십불공법품」에서 설한 "보살은 이와 같이 32상 80종호로써 부처님의 몸을 염하고 나서 이제 마땅히 부처님의 모든 공덕의 법을 염해야 한다. 소위 또 마땅히 40불공법으로써 부처님을 염하라. 모든 부처님의 법신은 다만 육신이 아니기 때문이다. (…중략…) 만약 사람이 이를 염하면 곧 환희를 얻는다. 왜냐하면 모든 부처님은 색신이 아니고 법신이기 때문이다"[239] 라는 설을 근거로 하여 이를 법신염불이라 하였다.

③ 실상염불은 위의 책 「조염불삼매품」에서 설한 "색신에 집착하지 않고 법신에도 집착하지 않아 능히 일체법을 알아서 영원히 고요함을 허공과 같이 해야 한다. 이 보살은 상세력을 얻어 색신불이나 법신불에도 탐착하지 않는다. 왜냐하면 공법을 믿고 바라기 때문에 모든 법이 허공과 같은 줄 알기 때문이다. 허공이라고 하는 것은 장애가 없기 때문이다"[240] 라는 설을 근거하여 실상염불이라 하였다.

④ 십호염불은 위의 책 같은 품에서 설한 "신발의보살은 마땅히 십호의 묘상으로써 염불해야 한다는 것은 설한바와 같다. 신발의보살은 십호묘상으로써 염불하면 잃어버리지 않는 것이 마치 거울 속에 나타난 모습을 보는 곳과 같다. 십호묘상이란 이른바 여래·응공·정변지·명행족·선서·세간해·무상사·조어장부·천인사·불세존이다"[241] 라는 설을 근거하여 십호염불이라고 설명하였다.

• 부처님의 덕과 대상에 의한 염불로써 ①오종염불五種念佛 ②사종염불四種念佛이 있다.

---

238) 龍樹撰 『十住毘婆沙論』 「念佛品」(대정장26, p.68하) 참조.
239) 위의 책 「四十不共法品」(대정장26, p.71하) 참조.
240) 龍樹撰 위의 책 「助念佛三昧品」(대정장26, p86상) 참조.
241) 龍樹撰 위의 책(대정장26, p86상) 참조.

① 오종염불은 징관의 『화엄경소』[242] 에서 말한 다섯 가지 염불문으로 연경염불문緣境念佛門, 섭경유심염불문攝境唯心念佛門, 심경구민문心境俱泯門, 心심경무애문境無礙門, 중중무진문重重無盡門을 말한다. 이를 징관은 다음과 같이 설명한다.

"첫째의 '연경염불문'은 객관의 경계를 반연하여 염불하는 것으로, 혹은 진신眞身, 또는 응신應身을 염하며, 혹은 정보正報와 의보依報를 염하는 것이고, 부처님의 명호를 부르는 것까지도 전부 객관의 대상을 반연한 염불문이고, 둘째의 '섭경유심염불문'은 관의 대상인 의보와 정보 등 두 가지를 섭수하여 '이 마음이 곧 부처이고, 이 마음으로 부처를 짓는다(시심시불시심작불是心是佛是心作佛)'는 것을 관하는 염불문을 말한다. 셋째의 '심경구민문'은 능관能觀인 마음과 소관所觀의 경계를 다 함께 잊어버리고 상相이 끊어져 가히 얻을 것이 없는 염불문이고, 넷째의 '심경무애문'은 주관인 마음과 객관인 경계가 원융하여 장애되는 일이 없을 뿐만 아니라 이사理事두 가지를 다 비추고, 존재하고 없는 것을 두루 융섭하는 염불문이고, 다섯째의 '중중무진문'은 하나가 곧 일체(일즉일체一卽一切)이고, 일체가 곧 하나(일체즉일一切卽一)로써 서로 융합하는 것으로 중중무진한 것을 관하는 염불문이다. 이상이 오종五種의 염불문을 말한다"고 하였다.

② 사종염불은 화엄종의 대가 종밀(780~841)이 『화엄경행원품소초』[243] 에서 말한 네 가지 염불문으로 칭명염불稱名念佛, 관상염불觀像念佛, 관상염불觀想念佛, 실상염불實相念佛을 말한다. 이 종밀의 사종염불은 앞에서 살펴본 정토왕생염불과 염불의 명칭은 같으나 경전근거를 정토경전에서 인용하지 않고 있다. 이를 종밀은 다음과 같이 설명한다.

"첫째 칭명염불이란 『문수반야경』에서 설한 것과 같이 "만약 선남자 선여인이 이 일행삼매에 들어가고자 하면 마땅히 한가하고 조용한 곳에 있

---

242) 『大方廣佛華嚴經疏』(대정장35, p.924중) 참조.
243) 종밀은 『화엄경행원품소초』『新纂大日本續藏經』5, pp.280하~281상)에서 "염이란 분명히 마음에 기록하여 잊어버리지 않는 것을 뜻으로 삼고, 체體는 곧 혜慧로서 지금 염이라 이름 한 것은 즉 가깝게 이름하여 나타낸 것뿐이다. 그러나 염불은 같지 않아 모두 네 가지 종류가 있다"고 하면서 염불의 종류에 대해 언급하였다. 이것이 4종염불이다.

으면서 모든 어지러운 생각을 버려야 하고, 모양을 취하지 말고 마음을 한 부처님께 집중하여 오로지 명호를 부르며, 부처님이 계신 곳을 향하여 단정히 앉아 바로 향하고, 능히 한 부처님을 생각 생각에 이어가면 곧 염念 가운데 능히 과거와 현재의 모든 부처님을 친견할 수 있다. 한 부처님의 공덕이 무량무변한 것이 일체 모든 부처님의 공덕과 둘이 아님을 염하라. 이와 같이 다하여 항하사와 같이 모든 부처님의 법계가 차별상이 없는 것을 알면 아난과 같은 총지다문總持多聞의 변재도 백 천분의 일에도 미치지 못한다."[244]

둘째 관상염불觀像念佛이란 여래를 흙으로 만들었거나 그림으로 그린 형상을 관하는 것이다. 『대보적경』에서 설한 것과 같이 "부처님의 인행시가운데 대정진보살로 있었을 때 비구가 그린 부처님의 형상을 보고 발심하고 출가하여 모직물에다 그린 불상을 가지고 산에 들어가 관하였다. 이 그린 불상을 관하여 여래와 다르지 않게 하여 다섯 가지 신통을 성취하였고, 보광삼매普光三昧를 얻어 시방의 부처님을 친견하였다."[245]

셋째 관상염불觀想念佛인데 이 가운데는 두 가지가 있다. 하나는 하나의 상호를 관하는 것으로 32상 가운데서 한 상호를 관하면 모든 무거운 죄가 소멸된다. 『관불삼매경』에서 말씀하신 것과 같이 "부처님께서 부왕을 위하여 백호관白毫觀을 설하셨다. 다만 미간에 있는 백호상을 관하는데 오른쪽으로 돌아 변화가 있고, 아름다운 것이 마치 가을 달과 같고, 열 가지 위엄을 성취하고 안과 밖이 통명通明하여 하얀 유리로 만든 통과 같으며, 또한 그믐밤에 밝은 별과 같이 관하면 성취하고 성취하지 못하고를 막론하고 구십억항하사미진수겁과 같은 많은 생사의 죄가 소멸되고, 항상 부처님의 가피를 입는다."[246] 또 하나는 『좌선삼매경』에서 설한 것과 같이 "만약 부처님 도를 구하려면 입선 할 때 먼저 마땅히 마음을 집중하여 부처님

---

244) 이 설은 『文殊師利所說摩訶般若波羅蜜經』 권하(대정장8, p731중)를 축약 인용한 것이다.

245) 이 설은 『大寶積經』(대정장11, p.513중하)의 내용이다.

246) 이 설은 『觀佛三昧海經』(대정장15, p.655상중)의 내용을 축약하여 인용한 것이지만 자기의 견해가 삽입된 부분이 있다. 즉 "如秋月十稜成就 內外通明 如白毫琉璃筒 亦如暗夜中明星"과 같은 구절은 경전에 없는 내용이다.

의 생신生身을 염해야 한다. 땅·물·불·바람·산·나무·초목·천지 등 여러 가지 외에 다른 모든 법을 생각하지 말고, 다만 부처님의 몸이 허공에 계신 것과 같이 생각하면 큰 바다가 깨끗할 때 금산왕이 있어 상호가 원만하고 한량없는 청정한 광명을 내는 것과 같다. 이 허공의 푸른색 가운데서 항상 부처님 몸을 생각하면 문득 시방삼세의 모든 부처님이 눈앞에 계시게 된다. 만약 마음에 다른 반연이 일어나면 다시 거두어 들여 머물게 하면 무량겁의 죄가 소멸된다."[247]

넷째 실상염불實相念佛은 법신염불이라고도 한다. 즉 이것은 자신 및 일체법의 진실한 자성을 관하는 것이다. 『문수반야경』에서 "생기지도 않고 없어지지도 않으며(불생불멸不生不滅), 오지도 않고 가지도 않으며(불래불거不來不去), 이름도 아니고 상도 아닌(비명비상非名非相) 이것을 이름 하여 부처라 한다. 스스로 몸의 실상을 관하는 것과 같이 부처를 관하는 것도 또한 이렇다"[248] 는 것이다. 또 말하기를, "법계의 한 모습에 몰입한 이것을 일행삼매一行三昧라 말한다"[249] 고 하였고, 또 『대지도론』에서 이르기를 "색신 및 상호를 가지고 염하지 말라. 부처님 몸은 스스로 있는 바가 없기 때문이다. 억념이 없기 때문에 이것을 이름 하여 염불이다"라고 하였다. 또 『점찰경』에서 설하기를 "모든 법은 평등한 법신임을 사유하면 일체 선근 가운데 이 업이 가장 수승하다"[250] 고 하였고, 또 『대경』에서 설하기를 "일체 모든 부처님 몸은 오직 이 하나의 법신이기에 한 부처님을 염할 때 곧 일제 부처님을 염하는 것이 된다."

이와 같이 여러 경전의 설을 적절히 인용하여 4종의 염불수행법을 주장하였다. 여기에 대해 태원스님은 설명하기를, 종밀의 네 가지 염불사상은 정토교의 소의 경전인 삼경일론[251] 에 근거하여 성립된 것이 아니고, 다른 경과 논에 의해서 성립되었음을 알 수 있으며, 또한 종밀이 천행淺行을

---

247) 이 설도 『坐禪三昧經』(대정장15, p.281상중)의 내용을 인용하고 있지만 조금 다른 점 있다.
248) 이 설은 『文殊師利所說摩訶般若波羅蜜經』(대정장8, p.728상)을 인용하였다.
249) 이 설도 위의 경(대정장8, p.731상)에서 인용하였다.
250) 이 설은 『占察善惡業報經』(대정장17, p.909상)을 인용하였다.
251) 『무량수경』·『관무량수경』·『아미타경』·『왕생론』

위주로 하여 염불을 논한 것은 말법관에 근거해 근기가 하열한 범부를 위한 것이라고 생각할 수 있으나 궁극의 목적은 자성을 깨닫게 하기 위한 염불[252] 이라고 설명하였다.

이상과 같이 종밀의 사종염불을 살펴보았는데 이 네 가지 염불의 특색은 염불자의 근기에 따라 수행하기 쉬운 것에서부터 점차 깊은 수행으로 이어져 최후에는 법신을 관하는 실상염불에 도달케 하는 수행법을 논한 것을 볼 수가 있다. 위 종밀의 설을 간추려보면 첫째의 칭명염불은『문수반야경』[253] 을 바탕으로 한 염불법으로 오로지 입으로 아미타불의 명호를 부르고 외우는 것으로써 중국의 선도는 이 염불법을 대성시켜 널리 홍포하였다. 둘째의 관상염불觀像念佛은『대보적경』[254] 등의 설을 바탕으로 한 염불법으로 단정하게 앉아서 한 마음 한 뜻으로 아미타불의 불상이나 탱화 등을 보고 생각하는 것이다. 그런데 이 염불법은 오로지 아미타불 한 부처님만 생각하는데 형상이 없어지면 생각이 끊어지는 결점이 있다. 셋째의 관상염불觀想念佛은『관불삼매경』·『좌선삼매경』[255] 등을 바탕으로 한 염불법으로 고요히 앉아서 순수한 그대로의 마음(純一心)으로 부처님의 거룩하고 성스러운 모습相好과 공덕을 보고 생각하는 것이다. 넷째의 실상염불實相念佛은『문수반야경』·『점찰경』[256] 등을 바탕으로 한 염불법으로 자신과 함께 모든 존재의 진실한 바탕(自性)인 법신을 자세히 관하는 것으로 부처님의 법신이 있는 것도 아니고, 공한 것도 아닌 중도실상中道實相의 이치임을 살피고 관하는 것이다. 이와 같이 종밀의 네 가지의 염불법을 간추려보았다. 그런데 이 염불법은 염불자의 근기에 따라 설해져 있음을 알 수가 있다. 즉 첫째의 칭명염불법을 제외한 나머지 둘째의 관상觀像, 셋째의 관상觀想, 넷째의 실상염불은 칭명이 아닌 관념염불이라는 것이다. 그래서 도작과 선도는 하근기의 중생은 이 세 가지는 관법수행이므로 성취하기가

---

252) 이태원『淨土의 本質과 敎學發展』(운주사, 2006) p.221 참조.
253)『文殊師利所說摩訶般若波羅蜜經』(대정장8)의 약칭
254)『大寶積經』(대정장11)
255)『觀佛三昧經』(대정장15)·『坐禪三昧經』(대정장15)
256)『占察善惡業報經』(대정장17)의 약칭.

어려우므로 첫 단계인 칭명염불법을 권하고 강조한 것이다.

• 염하는 대상에 따른 분류로써 ①석가모니 염불 ②아미타 염불 ③약사여래 염불 ④관세음보살 염불 ⑤지장보살 염불 등이 있다.

이 대상에 따른 염불은 염해야할 대상인 여러 부처님과 보살의 명호에 따라 나누어지므로 그 대상에 의거하여 분류한 것이다. 이러한 대상에 따른 염불의 목적은 염불을 통하여 내가 염하는 불보살같이 되는 길, 내가 염하는 불보살의 가피를 입어 소망하는 바를 성취하는 길 등의 목적이 있다. 이 대상에 따른 염불수행방법은 우리가 일상적으로 하는 정근이다. 이 정근법은 위에서 언급한 사종염불이 여기에 적용된다. 즉 근기에 따라 칭명염불도 할 수 있고 관상염불觀像念佛도 할 수 있고, 관상염불觀想念佛도 할 수 있고, 실상염불도 할 수 있는 것이다. 또한 이 염불을 실천하기 위해서는 방법이 필요한데 그 방법은 날짜를 정해 놓고 하는 기일염불과 하루의 24시간 시간가운데 몇 시간을 정해서 하는 시간염불과 염불하는 수량을 정해 놓고 하는 수량염불, 대상을 염하며 하는 예배염불(절) 등이 있다.[257]

이상과 같이 염불의 종류와 각 염불의 특성과 이에 따른 염불법을 대략 살펴보았다. 그런데 이와 같은 여러 용어들은 수행법에 따라 분류한 것이므로 여러 유형으로 염불명칭을 붙인 것이다. 여기서는 염불의 종류를 모두 밝히다보니 용어가 중복되었으나 이를 통일하여 보면 종밀이 말한 ①칭명염불稱名念佛, ②관상염불觀像念佛,③ 관상염불觀想念佛, ④실상염불實相念佛 네 가지다. 말하자면 이 네 가지 속에 모든 염불의 종류가 속해 있다고 본다. 이를 또 크게 나누면 입으로 하는 칭명염불과 생각으로 하는 관념염불 두 가지로 말할 수 있다. 왜냐하면 관상염불觀像念佛, 관상염불觀想念佛, 실상염불은 모두 마음으로 떠올리는 관념염불에 속하기 때문이다. 그러면 이제 역대 논사들의 염불삼매론을 살펴보기로 하자.

257) 염불의 종류와 염불수행법에 대해서는 이태원 스님의 자세한 논의가 있다. 이태원 『淨土의 本質과 教學發展』(운주사, 2006) pp.159~213 참조.

3. 염불삼매론

삼매는 산스크리트어 삼마디히(samādhi)의 음사어로 삼마지三摩地·삼마
제三摩提 등으로도 음사하고 등지等持·정정正定·정정正定·정의正意·조직정調直定·
정심행처正心行處 등으로 한역한다. 이를 풀이하면 마음을 하나의 대상이
나 경계에 집중하여 동요가 없이 안정된 상태를 말한다. 이에 대해『잡아
함경』에서는 "고요한 방이나 길가에 앉아 마음을 집중하여 생각을 한 곳
에 묶어두고 관찰하며 잘 배우는 것을 삼매라 한다"[258] 고 하였다. 일반적
으로 이 상태에 도달하면 바른 지혜가 일어나 이치를 깨닫게 되므로 삼매
와 지혜가 하나의 쌍으로 따른다는 것이다. 그래서『화엄경』에서 "갖가지
삼매에 들어가 최상의 지혜로 두 가지 차별이 없는 경지를 고요하게 관찰
한다"[259] 고 하였다.[260] 즉 염불삼매란 고요한 마음으로 오로지 부처님을 염
하여 마음이 통일되어 안정이 실현되는 상태라고 말할 수 있다. 다음을 보
자.『관무량수경』에서 위제희 부인이 부처님께 말씀드리기를,

> 저는 극락세계의 아미타불께서 계신 곳에 태어나기를 원하오니 오
> 직 바라옵건대 세존이시여, 저에게 사유를 가르쳐주시고, 저에게 정
> 수를 가르쳐 주소서.[261]

라고 하였다. 그래서 부처님께서는 위제희 부인에게 정선13관법을 가르
쳐 주셨던 것이다. 이 관법이 바로 염불삼매에 드는 방법이다. 다음의『삼
보감응요약록』에 실린 설화 한편을 감상해보자. 염불삼매에 드는 방법과
도리를 문학적으로 잘 표현하고 있다.

---

258) 『雜阿含經』(대정장2, p.207상) 참조.
259) 60권『大方廣佛華嚴經』(대정장9, p.472상) 참조.
260) 대승경전에서 삼마라고 이름붙인 경전은『般舟三昧經』(대정장13)·『首楞嚴三昧經』(대정장15)·『慧印三昧經』(대정장15)·『坐禪三昧經』(대정장15)·『佛印三昧經』(대정장15)·『法華三昧經』(대정장9)·『念佛三昧經』(대정장13)·『月燈三昧經』(대정장15)·『金剛三昧經』(대정장9) 등 여러 종류가 있다.
261) 『觀無量壽佛經』(대정장12, pp.341중하) 我今樂生極樂世界阿彌陀佛所 唯願世尊 敎我思惟敎我正受.

안식국의 사람들은 변두리의 땅에 살기에 어리석고 부처님의 법을 알지 못하였다. 그때 앵무새가 그 빛이 황금색에다가 푸르고 흰 무늬로 꾸며졌고, 능히 사람의 말을 하므로 왕과 신하와 사람들이 다 함께 사랑하였다. (그러나 앵무새는) 몸은 살쪘어도 기력은 약하였다. 사람들이 묻기를, "너는 무엇을 먹느냐?" 하니 앵무새가 말하기를, "나는 아미타불을 부르고 듣는 것으로 먹는 것을 삼아 몸이 살찌고 힘이 강해집니다. 만약 나의 힘을 길러 주려면 부처님의 이름을 부르는 것이 옳을 것입니다." 하니 모든 사람들이 아미타불을 불러 주었다. 앵무새는 허공을 날아올랐다가 땅으로 돌아와서 말하기를, "그대들은 풍요로운 나라를 보고 싶은가?" 사람들이 대답하기를, 보고 싶다 하니 새가 말하기를, "보고 싶으면 나의 날개를 타라"고 하였다. 여러 사람들이 그 날개에 올라타니 새의 힘이 약해졌다. 새가 사람들에게 염불하기를 권하였다. (사람들이 염불을 하니 새는) 곧 허공으로 날아올라 서쪽을 가리키며 갔다. 왕과 신하들이 그 기이함을 칭찬하여 말하기를, "이는 아미타불이시다. 새의 몸으로 화작하여 변방의 어리석은 사람들을 인도하여 가신 것이니 어찌 현재의 몸으로 왕생하는 것이 아니랴." 곧 그 땅에 절을 세우고 앵무사라고 불렀다. 매 재일마다 염불삼매를 닦게 하였으니 그 이래로 안식국 사람들은 조금만 부처님의 법을 알아도 정토에 왕생하는 이가 대체적으로 많았다.[262]

고 하였다. 본 이야기는 아미타불께서 원력으로 저 어리석은 변방의 중생들을 정토로 인도하기 위해 잠시 새의 몸으로 변하여 현신왕생의 모습을 생생하게 보여줌으로써 미혹한 중생들로 하여금 불법의 숭고함과 왕생의 도리를 신심 나게 가르쳐주는 영험적인 설화라고 할 수 있다. 위의 설화에서 "너는 무엇을 먹느냐?"고 하니 앵무새가 말하기를, "나는 아미타불을 부르고 듣는 것으로 먹는 것을 삼아 몸이 살찌고 힘이 강해집니다"라고

262) 『三寶感應要略錄』권상(대정장51, p.831하) 참조.

하였는데 여기서 아미타불의 본원에 의해 삼매를 증득하여 왕생할 수 있는 도리가 잘 나타나고 있다. 이것은 용수가 문명과 칭명의 공덕을 강조한 것과도 일치함을 볼 수 있다. 용수는 『십주비파사론』「역행품」에서 다음과 같이 설명한다.

> 만약 어떤 사람이 모든 부처님께서 명호를 설하는 것을 들으면, 곧 무량한 공덕을 얻는다. 이것은 보월을 위하여 설함과 같기에, 나는 모든 부처님께 예배한다. 현재 시방세계에서 부처님 명호를 부르는 사람이 있다면, 곧 불퇴전의 지위를 얻을 수 있다.[263]

라고 하였다. 이와 같이 용수는 부처님 명호를 듣는 것만으로도 무량한 공덕을 얻고, 부처님의 명호를 부르는 것만으로도 불퇴전의 지위를 얻는다고 하였다. 이것은 곧 왕생을 하는 데는 오직 염불삼매 밖에는 없다는 것을 말해주는 것이다. 다시 위의 설화를 보자. 이 짧은 이야기 속에는 정토왕생의 근본도리가 모두 나타나 있다. 즉 원생자는 대자비의 원력을 세운 아미타불의 본원에 의지하여 오로지 염불삼매를 증득해야 한다고 강조하고 있다. 이 설화에서 핵심 되는 것은 왕생하는 모습을 생생하게 보여준 것이지만 더욱 중요한 것은 왕생할 수 있는 방법을 가르쳐 주고 있다는 점이다. 이러한 도리를 『반주삼매경』「행품」에서는 다음과 같이 설한다.

> 비유하자면 사람이 잠들어 꿈속에서 온갖 금·은·보배·부모·형제·처자·친족과 아는 사람들을 보고 서로 오락을 즐겁고 기쁘게 즐기니 어긋남이 없었다. 무릇 깨어나서 사람을 위해서 이것을 설하니 나중에 눈물을 흘리며 꿈속에서 생각하는 것과 같다. 이처럼 발타화보살이여, 만약 사문과 재가 신자가 서방극락의 아미타불의 정토를 들으면 마땅히 아미타불을 생각해야 하느니라. 계를 어기지 말아야하며,

---

263) 龍樹撰 『十住毘婆沙論』「易行品」(대정장26, p.42상) 참조.

한결같은 마음으로 아미타불을 염하기를 하루 밤낮이나 혹은 칠일
밤낮을 염하면 칠일이 지난 후에 아미타불을 뵙게 되느니라. 깨어나
서 뵙지 못하면 꿈속에서라도 뵙느니라.[264]

라고 하였다. 이와 같이 계를 지키면서 7일 밤낮을 오로지 아미타불을
염하면 7일 후에 꿈속에서라도 아미타불을 친견하게 된다고 하였다.
이것이 염불삼매에 드는 방법이다. 또 위의 경에서는 다음과 같이 설한
다.

발타화여, 보살이 이 세간의 국토에서 아미타불을 듣고 끊임없이
염불하는 까닭에 아미타불을 친견하게 되느니라. 부처님을 친견하고
나서 여쭙기를, "마땅히 어떤 법을 지니어 아미타불의 정토에 왕생하
겠습니까?" 하니 그 때 아미타불께서 보살에게 말씀하셨다. "나의 나
라에 태어나길 원한다면 항상 나를 생각하기를 끊이지 않고 마땅히
생각을 지켜서 쉬어서는 안 된다. 이와 같이 하면 곧 나의 나라에 왕
생하게 되느니라.[265]

라고 하였다. 이와 같이 아미타불을 끊이지 않고 생각하며 염불하면 반드
시 정토에 왕생한다고 하고 있다. 이것이 염불삼매로써 왕생한다는 도리
이다. 그래서 역대의 논사들은 이 염불삼매를 증득하기 위해 여러 방편의
수행법을 터득하여 널리 가르치고 있다. 여기서는 대표적 정토논사인 인
도의 마명, 용수, 세친과 중국의 여산혜원, 담란, 도작, 선도의 왕생행도를
간략히 살펴보고자 한다.

먼저 인도 마명은 앞에서 살펴본 바와 같이 그의 찬술이라고 일컬어지
는 『대승기신론』에서 "신심을 가히 성취하기 어려운 사람은 마땅히 뜻을
오로지하여 닦은바 선근을 회향하여 아미타부처님을 염하면 항상 부처님

264) 『般舟三昧經』「行品」(대정장13, p.905상) 참조.
265) 위의 책(대정장13, p.905중) 참조.

을 친견하여 길이 악도를 여의고 필경에 왕생함을 얻어 정정에 머문다"[266] 고 하였다. 이와 같이 마명은 신심을 가지고 아미타불을 念하면 삼매를 증득하여 반드시 왕생한다고 설하였다. 이러한 삼매에 대해서 용수는 『십주비바사론』에서 다음과 같이 증명하고 있다.

> 부처님 명호를 듣고 반드시 삼매에 들어갈 수 있는 것은 부처님의 본원이 있기 때문이다. 혹 나의 명호를 듣는 사람이 곧 삼매에 들어가는 것은 부처님을 친견하는 것과 같다. (…중략…) 만약 사람이 신해력이 많고 모든 선근을 성취하여 업장의 장애가 이미 다했다면 부처님의 명호를 들을 수 있다. 또 모든 부처님의 본원의 인연으로 왕생할 수 있다.[267]

고 하였다. 이와 같이 용수는 본원에 의해 왕생함을 강조하고 있다. 즉 부처님의 명호를 들은 사람이 반드시 삼매에 들어갈 수 있는 것은 부처님의 본원이 있기 때문이라고 강조하고 있다. 이는 곧 문명聞名의 공덕을 말하는 것으로 앞에서 살펴본 『삼보감응요약록』의 이야기와 일맥상통하고 있다.

한편 세친은 전술한바 『왕생론』에서 오념문을 왕생행도로 세우고 있다. 이 오념문을 닦아 성취한 사람은 반드시 안락국토에 태어나 아미타불을 친견할 수 있다고 하면서 극락세계의 왕생을 권하였다. 좀 장황하지만 오념문의 내용을 새겨보도록 하자. 세친의 저서는 한역으로 되어 있는 것만도 27부 88권[268]이나 된다. 그런데 이 많은 저서는 거의 유가瑜伽에 대한 것이고, 정토교에 관한 저술로써 『무량수경우바제사』(약칭 『정토론』·『왕생론』)[269] 뿐이다. 그러나 인도에서 오직 정토를 설한 정토교의 논서 로서는 이 책이 唯一하다. 세친은 이 책에서 서방아미타불의 정토에 왕생하는 방

---

266) 馬鳴撰 『大乘起信論』(대정장32, p.583상) 앞의 인용문 참조.
267) 龍樹撰 『十住毘婆沙論』 「釋願品」(대정장26, pp.32하~33상) 참조.
268) 이태원저 『念佛의 源流와 展開史』(운주사, 1998) pp.233~234 참조.
269) 世親造 『無量壽經優婆提舍』(대정장26) 참조.

법으로 오념문을 밝히고 있다. 오념문이란 ①예배문 ②찬탄문 ③작원문 ④관찰문 ⑤회향문의 다섯 가지 문을 말한다. 세친은 이러한 오념문의 행도를 닦음으로 인하여 정토에 왕생하여 아미타불을 친견할 수 있다고 하였다.

① 예배문이란 신업身業으로써의 문을 말한다. 즉 예배의 대상은 아미타불이요, 예배는 신뢰하는 마음의 자세이며 일심으로 귀명하는 종교적 행위로써의 첫 번째 관문으로 몸의 업을 다해 부처님께 예를 올리는 것을 말한다.

세친은 『원생게』에서 "어떤 것이 예배인가. 몸의 업으로 아미타여래·응공·정변지에게 예배하는 것으로 그 나라에 태어나고자하기 때문이다"[270] 라고 하였다. 이러한 관념은 『무량수경』에서 법장보살이 세자재왕부처님 앞에서 예배하는 것과 같은 의미이며, 『화엄경』에서 선재동자가 모든 불보살님께 예를 올리는 것과 같은 의미이다. 그래서 세친은 『원생게』의 첫머리에서 "세존이시여, 저는 일심으로 모든 시방에 장애가 없는 광명을 가진 여래에게 귀의하옵고, 안락국에 태어나기를 원합니다"[271] 라고 하였다.

그러면 세친의 불신관佛身觀을 보자. 여기에 대한 답은 다음의 두 문에서 알려주고 있다. 세친은 셋째의 작원문에서 사마타奢摩他의 행으로써 일심전념一心專念해야한다고 하였고, 넷째의 관찰문에서는 비파사나毘婆舍那로써 관찰해야 한다고 하였다. 이 말은 반야지혜로써 관찰해야 한다는 것을 말하는 것이다. 즉 진실한 지혜로써 관조觀照된 무위법신無爲法身을 보고자 하는 것이다. 진불眞佛을 본다는 것은 곧 불지佛智를 증득하는 것을 말한다. 이와 같은 뜻으로 볼 때 세친은 아미타불의 몸을 사마타와 비파사나로써 관찰하여 그 불신불신을 무위법신으로 보고, 그 법신에 일심전념하여 예배함으로써 극락에 왕생하여 아미타불을 친견하게 된다는 논리이다. 세친의 이러한 반야공관적인 불신관념은 용수가 『대지도론』에서 "모든 부처

---

270) 婆藪槃豆菩薩造 『無量壽經優波提舍願生偈』(대정장26, p.231중) 참조.
271) 婆藪槃豆菩薩造 위의 책(대정장26, p.239하)참조.

님은 가히 색신色身으로는 볼 수 없다"[272] 라고 한 것과 같다고 볼 수 있다. 결론적으로 세친은 사마타와 비파사나에 의해서 관찰된 법신에 대해 신업으로써 귀명하여 예배한다는 것이다.

② 찬탄문이란 구업口業으로써의 문을 말한다. 즉 입으로 아미타불을 찬탄하고, 여래법신에 나타나는 광명을 찬탄하는 것이다. 세친은 『원생게』에서 "어떤 것이 찬탄인가. 입의 업으로 찬양하는 것으로 그 여래의 이름을 부르는 것이다. 그 여래의 광명지상光明智相처럼, 그 이름의 뜻과 같이 여실하게 수행하여 상응하고자하기 때문이다"[273] 라고 하였다. 이 말은 예배의 행으로 증득한 진리상인 광명지상을 주관으로부터 객관으로 이끌어 내는 것이다. 곧 자기 자신에의 반조返照이다. 찬탄에는 광찬과 약찬이 있다. 광찬은 게송이나 강설로 부처님의 공덕을 칭찬하는 것이고, 약찬은 입으로 아미타불을 부르는 것을 말한다. 세친은 "찬탄이란 입의 업으로 찬양하는 것으로써 그 여래의 이름을 부르는 것"이라고 하였다. 이것은 곧 칭명염불을 의미한다고 본다. 여기서 세친의 칭명염불관을 볼 수 있다.

③ 작원문이란 의업意業으로써의 문을 말한다. 즉 자신의 성불과 중생을 제도하려는 원을 세워서 부처님의 가르침과 같이 사마타(Samatha)행으로써 일심전념하여 극락세계에 반드시 왕생하기를 바라는 것이다. 세친은 『원생게』에서 "어떤 것이 작원문인가. 마음으로 항상 서원을 짓는 것이니 오로지 한 마음으로 결국에는 안락국토에 왕생하기를 생각하는 것이다. 사마타를 여실하게 수행하려고 하기 때문이다"[274] 라고 하였다.[275] 이 말은 생生과 무생無生을 일치시키려는 의도이다. 이 말은 곧 수행하여 무생법인을 얻는다면 영원히 사라지지 않는 법신을 얻는다는 것으로 태어나는 것은 곧 태어나는 것이 아니고, 윤회하는 것은 곧 윤회하는 것이 아니라는

---

272) 龍樹撰 『大智度論』「釋曇無竭品」(대정장25, p.745상) 참조.
273) 婆籔槃豆菩薩造 앞의 책(대정장26, p.231상) 참조.
274) 婆籔槃豆造 앞의 책(대정장26, p.231중) 참조.
275) 이 설을 태원스님은 설명하기를, 정토사상에서는 극락세계에 왕생하는 자체가 有의 입장인데 반하여 공관사상에서는 왕생은 본래 없기 때문에 無의 입장이라는 것이라고 하였다. 이태원 『왕생론주 강설』(운주사, 2009) p.72 참조.

것을 설명한 것이다. 이것이 곧 『반야심경』의 '색즉시공色即是空 공즉시색空即是色'의 논리이다.

④ 관찰문이란 지업智業으로써의 문을 말한다. 즉 비파사나(Vipasyana)로써 관찰하는 문이다. 세친은 『원생게』에서 "어떤 것이 관찰인가. 지혜로 관찰하는 것이니 바른 정신집중으로 그것을 관하여 비파사나毘婆舍那를 여실하게 수행하는 것이다. 그 관찰에 세 종류가 있으니 첫째는 그 불국토의 공덕장엄을 관찰하는 것이고, 둘째는 아미타부처님의 공덕장엄을 관찰하는 것이고, 셋째는 그곳의 모든 보살의 공덕장엄을 관찰하는 것이다"[276] 라고 하였다. 이 세 가지 장엄을 17종의 국토장엄, 8종의 부처장엄, 4종의 보살장엄으로 나누어 총29종의 장엄공덕으로 설명하였다.[277] 즉 29종의 장엄공덕은 비유정세계인 기세간器世間을 관찰하는 법과 유정세계인 부처님이나 보살의 중생세간衆生世間을 관찰하는 법을 자세히 설한 것이다.[278] 이 관찰문은 비파사나로 관찰하는 문이다. 그런데 이 비파사나는 사마타奢摩他의 수행과는 다르다. 먼저 사마타를 보자. 사마타는 산스크리트어 śamatha의 음사어로 모든 망념을 그치고 마음을 고요하게 가라앉혀 특정대상에 마음을 머물게 하는 것으로 사마타舍摩陀·사마타舍摩他·사마舍摩 등이라고 하고 지止라 한역한다.[279] 이를 40권본 『대반열반경』에서 다음과 같이 설명한다.

사마타란 능멸이라 하니 모든 번뇌를 소멸시킬 수 있기 때문이다. 사마타란 능조라고도 하니 모든 감각기관에서 일어나는 악하고 착하지 않은 것을 조복시키기 때문이다. 사마타란 적정이라고도 하니 몸과 입과 마음의 행위에 고요함을 성취하게 하기 때문이다. 사마타란 원리라고도 하니 중생으로 하여금 다섯 가지 욕망을 멀리 여의게 하기 때문이다. 사마타란 능청이라고도 하니 탐욕과 분노, 어리석음 등

---

276) 婆藪槃豆菩薩造 앞의 책(대정장26, p.231중) 참조.
277) 이 29종의 장엄에 대해서는 본서 제3장2절 '極樂世界의 實相'의 '往生論의 설' 참조.
278) 이태원저 『淨土의 本質과 教學發展』(운주사, 2006) pp.111~118 참조.
279) 智冠編著 앞의 辭林(12권) p.253 참조.

의 세 가지 혼탁한 법을 청정하게하기 때문이다.[280]

라고 하였다. 그런데 사마타는 보통 비파사나와 한 쌍을 이루어 수행의 요체로 거론된다.『구사론』을 보면, "이미 닦아 성취한 뛰어난 사마타를 소의로 하여 비발사나(비파사나)를 성취하기 위해서 사념주를 닦아야 한다"[281]고 하였다. 비파사나는 산스크리트어 vipaśyanā의 음사어로 바른 지혜로 대상의 본질을 관찰하는 것을 말한다. 비파사나는 팔리어의 독음에 따라 '위빠사나'라고도 한다[282] 비파사나에 대해『대장엄론경』에서는 "사마타와 비파사나를 닦으면 반드시 번뇌를 다할 수 있다. 만약 이것을 닦지 않으면 번뇌를 다할 수 없다"[283]고 하였다. 그리고『대보적경』에서 "부처님께서는 부정관으로 탐욕을 다스리고 자애로운 마음으로 분노를 다스리며, 비파사나로 어리석음을 다스리라고 말씀하셨다"[284]라고 설하고 있다. 이와 같이 비파사나는 지혜로써 관찰하는 것이다.[285] 특히 세친은 오념문 중에서도 작원문과 관찰문에 중점을 두었는데 이것은 세친이 유가불교의 대성자로서 유가의 관행觀行을 강조하기 위하여 그와 같은 관행을 중시한 것이라고 볼 수 있다.[286]

⑤ 회향문이란 지업방편智業方便으로써의 문을 말한다. 이것은 앞의 4념문으로 이루어진 지혜와 복덕을 혼자만 수용하는 것이 아니라 일체중생에게 되돌리는 것이다. 세친은『원생게』에서 "어떤 것이 회향인가. 모든 괴로움에 번민하는 중생을 버리지 않고 마음으로 항상 소원을 지어 회향할

---

280) 40권본『大般涅槃經』(대정장12, p.547상) 참조.
281) 世親造『阿毘達磨俱舍論』(대정장29, p.118하) 참조.
282) 智冠編著 앞의 辭林(11권) p.1264 참조.
283)『大莊嚴論經』(대정장4, p.306하) 참조.
284)『大寶積經』 권제68(대정장11, p.388하) 참조.
285) 태원스님은 설명하기를, "이 지혜로 관찰하는 것은 극락세계의 依報莊嚴인 17종장엄과 正報莊嚴인 12종장엄을 관찰하는 것이다. 이 정보와 의보를 관하는 것은『觀無量壽經』의 제16관 가운데 定善13관의 주된 내용이다. 그래서 세친의『往生論』에서도 이 관찰문이 많은 부분을 차지하고 있다. 이것은 세친이 정보장엄과 의보장엄을 관찰하는 비파사나에 역점을 두었다고 볼 수 있다"고 하였다. 이태원저『念佛의 源流와 展開史』(운주사, 1998) p.243 참조.
286) 태원스님은 설명하기를, 천친은 사마타와 비파사나를 왕생행도로 본 것이라고 하였다. 그렇기 때문에 作願門의 "如實修行奢摩他"와 觀察門의 "如實修行毘婆舍那"는 필연적인 관계가 있는 행도이고, 이것은 瑜伽思想에서 기인한 천친의 독창적인 발상이라고 하였다. 이태원저 위의 책 p.244 참조.

것을 우선으로 삼으니, 대비심을 성취하기 위한 것이다"[287] 라고 하였다. 이 문은 세친이 분류한 오념문의 마지막 문으로 앞의 네 문은 자리적인 수행문으로 본다면 이 마지막 회향문은 일체중생을 위한 것이므로 이타적인 수행문이라고 할 수 있다.

회향이란 산스크리트어로 파리나마parlṇāma라고 하는데, 이 말은 지금까지 자기가 이룬 것을 남에게 되돌린다는 뜻이다.[288] 위의 세친의 설을 담란은『왕생론주』에서 "회향이란 것은 자기의 공덕을 돌이켜 중생에게 널리 베풀어서 아미타여래를 함께 친견하고 안락국에 태어나게 하는 것"[289] 이라고 하였다. 또한 담란은『왕생론주』에서 회향을 '무상보리심無上菩提心'이라고 해석하였다. 담란은 말하기를 "무상보리심이란 곧 부처가 되려고 원하는 마음이고, 부처가 되려고 원하는 마음은 곧 중생을 제도하려는 마음이다"[290] 라고 해석하였다. 그리고 이것이 정토에 왕생하는데 정인正因이 된다고 하였다.

이상과 같이 오념문을 중심으로 세친의 정토염불사상을 간략하게 살펴보았다. 세친의 오념문에 나타난 염불사상은 작원문에서의 사마타와 관찰문에서의 비파사나로써 법신불을 염하는 염불관이다. 세친은 이러한 관념을 왕생행도로 회향하고 있다. 유가사상을 대성시킨 세친의 탁견이라할 수 있다. 이러한 사상은 형인 무착의 영향을 받은 것이다. 여기서는 오념문에 국한하여 정토염불사상을 고찰했지만 진제가 번역한『섭대승론석』[291] 에서는 법신염불관이 잘 나타나고 있다. 그러나 세친은 법신염불을 주장하지만 찬탄문에서 칭명염불사상을 강조함을 볼 수 있다. 이와 같이 인도의 논사들은 왕생을 하기 위해서는 오직 수행하여 염불삼매를 증득해야 된다고 강조하고 있다.

---

287) 婆藪槃豆菩薩造 앞의 책(대정장26, p.231중) 참조.
288) 이러한 회향에는 왕상회향往相迴向과 환상회향還相迴向이 있다. 왕상회향은 자신의 선행공덕을 다른 사람에게 베풀어 동시에 정토에 왕생하기를 바라는 것이고, 환상회향은 정토에 왕생한 사람이 다시 이 세상에 태어나 중생을 제도하는 것을 말한다. 이에 대한 선도의 해석이 있는데 본서 제8장3절 '삼심을 구족하라'에서 ③회향발원심 참조.
289) 曇鸞註解『無量壽經優婆提舍願生偈』권상(대정장40, p.833하) 참조.
290) 曇鸞註解 위의 책(대정장40, p.842상) 참조.
291) 世親造 眞諦釋『攝大乘論釋』(대정장31) 참조.

다음은 중국 논사의 설을 보자. 이들 또한 왕생을 할 수 있는 길은 오직 염불삼매를 닦는 것을 강조하고 있다. 여산혜원은 중국 정토교의 시조로 써 혜원의 염불사상은 반야사상에 입각한[292] 견불삼매見佛三昧 즉 반주삼매 적般舟三昧的인 것이라 할 수 있다. 혜원의 행적을 보면 견불한 사실을 『불조통기』 권26에서 다음과 같이 기록하고 있다.

> 사師가 산에 거주한지 30여년, 자취는 세속에 들어간 적이 없고, 오직 정토에 대한 염을 부지런히 했다. 처음 11년은 마음을 밝히는 생각을 이어가니 세 번이나 성상을 보았으나 침착하고 진득하게 말하지 않았다. 그 후 19년 7월 그믐날 저녁 반야대 동감에서 바야흐로 정定에서 일어나니 아미타불의 몸이 허공에 가득 찼고, 원광가운데 모든 화불이 계시고, 관음과 세지 등 두 보살이 좌우에서 모시는 것을 보았다. 또 물의 흐르는 광명을 보니 열네 가지로 나누어지고, 상하로 흘러 들어가면서 고·공·무상·무아란 소리를 연설하였다. 부처님께선 이것을 일러 "나의 본원력을 사용하기 때문에 와서 너를 위하여 안위한다. 너는 칠일 후에 마땅히 나의 국토에 태어날 것이다"라고 하였다.[293]

라고 하였다. 이와 같이 혜원의 염불은 부처님을 친견하는 견불을 목적으로 한 반주삼매에 근본을 둔 염불관임을 알 수 있다. 위에서 "나의 본원력을 사용하기 때문에 와서 너를 위하여 안위한다. 너는 칠일 후에 마땅히 나의 국토에 태어날 것이다"라고 한 것은 정토왕생은 오직 아미타불의 본원에 의한 것임을 증명하고 있는 것이다. 이러한 감응사례에서 삼매와 왕생의 도리가 잘 나타나고 있다.

그래서 담란은 앞에서 언급한바 『왕생론주』 서두에서 용수의 『십주비파

---

292) 태원스님은 혜원이 반야사상에 근본을 두었다는 것을 뒷받침해 주는 것은 백련사 염불결사를 한 정사의 이름이 반야정사라고 한 것을 보면 혜원을 비롯한 여기에 모인 대중들이 반야사상을 좋아하였고, 그 사상위에서 염불하였다고 생각할 수 있다고 하였다. 이태원 『念佛의 源流와 展開史』(운주사, 1998) p.275.

293) 『佛祖統紀』(대정장49, 262하) 참조.

사론』에 있는 난이이문難易二門을 인용하여 설하기를, "단지 신불인연을 가지고 정토에 태어나기를 원하면 부처님 원력을 입어 저 청정한 국토에 왕생할 수가 있고, 부처님의 힘에 주지하여 곧 대승정정취에 들어간다. 정정이란 곧 아비발치이다. 비유컨대 물위에서 배를 타는 즐거움과 같다"[294]고 말한 것이다. 이와 같이 담란은 부처님을 믿고 발심하여 왕생을 원하면 부처님의 원력으로 극락세계에 왕생하기가 쉽다고 하였다.

한편 도작은 정토왕생의 행도로 칭명염불을 강조하고 있다. 이러한 염불사상의 배경에는 전술한 바와 같이 근본적으로 말법관이 깔려 있다. 그래서 도작은 특히 참회적인 염불을 중요시하였다고 본다. 도작은 『안락집』 권상에서

> 바로 이 참회하고 복을 닦으며 마땅히 부처님의 명호를 불러야 할 때이다. 만약 일념으로 아미타불을 부르면 곧 능히 팔십억 겁의 생사죄가 소멸된다. 일념이 이미 그렇거늘 하물며 항상 염을 닦는 것이야. 곧 이것을 항상 참회하는 사람이라 한다.[295]

라고 하였다. 이와 같이 원생자는 부처님 명호를 부르면서 일심으로 참회하면 팔십억 겁의 생사의 죄가 소멸되어 왕생을 할 수 있다고 강조하고 있다. 이것은 말법시대에는 모두가 죄악이 많은 범부중생이므로 참회로써 죄를 소멸하고 왕생을 원하여야한다는 말이다.

도작의 뒤를 이은 선도 또한 참회염불로써 왕생을 원하고 있다. 선도는 앞에서도 살펴본 바와 같이 『왕생예찬』에서 "귀의하여 시방의 부처님께 참회하오니 … 원하옵건대 신령스런 광명의 손으로 가피를 내리시어 섭수하시고 부처님의 본원을 입어 저 국토에 태어나게 하여 주시옵소서"[296]라고 발원하고 있다. 선도는 담란과 도작의 영향을 받았는데 특히 그의 스

---

294) 曇鸞註解『無量壽經優婆提舍願生偈』(대정장40, p.826중) 참조.
295) 道綽撰『安樂集』 권상(대정장47, p.4중) 참조.
296) 善導集記『往生禮讚』(대정장47, p.440중) 참조.

승인 도작의 말법관에 의해 심심深心가운데 신기信機를 자각自覺한 염불을 주장하였다.

이와 같이 중국의 논사들은 모두 한결같이 정토왕생의 인因은 오직 수행하여 염불삼매를 증득하는데 있다고 하였다.[297] 또한 이 염불삼매는 아미타불의 본원에 의한 것임을 강조하고 있다. 그래서 『관불삼매해경』에서는 "이 염불삼매의 힘 때문에 시방의 모든 부처님께서 큰 광명을 발하며 그 수행자 앞에 나타난다"[298] 고 하였다.

염불삼매는 염불하는 사람이 마음으로 부처님의 본원에 의지하여 부처님의 마음과 나의 마음이 서로 끊어지지 않고 계속 이어져(염염상속念念相續) 하나가 되면 이때에 안으로는 마음이 일어나지 않고, 밖으로는 육근六根으로 인한 어떤 대상(육경六境)이 침입하지 않아 여러 가지 느낌(수受:감수작용)을 받지 않고 무념무상無念無想의 경지에서 법을 수용하여 마음에 두는 정수正受를 받게 되는데 이것을 염불삼매라고 할 수 있다. 앞에서 고찰한바 종밀은 사종염불설에서 ①칭명稱名 ②관상觀象 ③관상觀想 ④실상實相의 네 가지 염불삼매를 세웠는데 이를 크게 묶으면 칭명과 관념 두 가지의 염불이다. 이 칭명은 부처님 명호를 외우거나 불러 염불삼매를 이루는 것을 말하는 것이고, 나머지 염불법은 모두 한 마음으로 부처님의 거룩한 상호相好을 자세히 살피거나(관觀), 한 마음으로 진리의 몸(법신法身)을 자세히 살피거나, 한 마음으로 극락의 장엄을 자세히 사유하여 염불삼매를 증득하는 것이다. 그런데 이 두 가지 수행법은 서로 분리된 것이 아니라고 본다. 즉 입으로는 부처님 명호를 부르고, 마음으로는 부처님 모습을 생각하여 입과 마음이 하나가 되면 부르는 자기 목소리가 들리지 않고 염불하는 자신과 부르는 대상인 부처님과 하나가 된다는 논리이다. 즉 내가 부처님을 지극한 마음으로 생각하고 부르면 부처님은 내 안에 들어오고, 또한 내가 부처님의 마음에 들어가(입아아입入我我入) 나와 부처님이 따로 없어 주객主客이 끊어진다는 것이다. 이와 같은 경지가 삼매의 경지라고 하겠다. 그래서 선

---

297) 태원스님은 論師들의 염불관에 대해 종합적으로 정리하였다. 이태원 『염불의 원류와 전개사』(운주사, 1998)
298) 『觀佛三昧海經』(대정장15, p.693하) 참조.

도는 정수正受에 대해 『관무량수경소』 권제1에서 "정수란 망령된 생각에 오염된 마음이 모두 그치고 대상에 따라 움직이는 분별이 함께 사라져 삼매와 상응하는 경계를 말한다"[299] 고 하였다.

이상과 같이 염불삼매의 도리를 이해하기 위하여 경론과 역대 논사들의 염불관을 통해 간략하게 살펴보았다. 결론은 왕생을 이루게 하는 근본 인因은 오직 염불삼매수행과 아미타불의 본원에 있다는 것으로 요약된다. 그러나 이를 증득하는 것은 왕생자의 세 가지 근본 자량인 믿음과 발원과 실천이 구족됨으로써 이루어진다. 즉 첫째로는 아미타부처님의 원력을 깊이 믿어야 하고, 둘째로는 이 깊은 믿음을 바탕으로 지극한 발원을 해야하며, 셋째로는 이 믿음과 발원을 실천함으로써 염불삼매를 증득하게 된다는 것이다.

4. 선정겸수론

참선수행과 정토수행은 불교의 가장 근본적인 실천수행법이다. 그런데 양자는 언제나 대립되고 있다. 까닭은 무엇인가. 그것은 서로가 도달하려하는 목적지는 같지만 그곳을 찾아가는 행도行道가 상반相反되기 때문이다. 그 상반된 행도란 성도문聖道門과 정토문淨土門, 자력문自力門과 타력문他力門, 유심정토唯心淨土와 타방정토他方淨土, 차토성불此土成佛과 피토성불彼土往生, 현세정토現世淨土와 내세정토來世淨土 등이라 하겠다. 이러한 여러 행도를 비교해 볼 때 목적지는 오직 한 곳이지만 행도로써는 정반대의 입장이다. 여기서 대립되는 각 행도문의 전자들은 선종의 주장이고, 후자들은 정토교의 주장이다. 이러한 주장들은 한마디로 관념의 대립이다. 즉 선禪은 무념無念을 증득하여 당처當處를 찾으려 하고, 염불은 반대로 오직 유념有念으로써 목적지에 도달하려고 노력하는 것이다. 선정겸수란 위의 상반된 관념들을 서로 융합하여 하나의 수행법으로 삼고자하는 것이다.

---

299) 『觀無量壽經義疏』(대정장37, p.247하) 참조.

중국불교사를 통해볼 때 선정을 융합하여 하나의 수행법으로 삼으려는 노력들은 선종의 초조로부터 시작하여 여러 선승들 사이에서 많이 행해졌음을 볼 수 있다. 이 선정겸수를 논한 모든 선사들의 사상과 그 이론을 종합적으로 고찰하자면 매우 범위가 넓고 깊다. 이에 본 고찰에서는 먼저 선정겸수의 원류라고 할 수 있는 대표적인 설들을 대략 살펴본 후에 이를 대성시킨 영명연수의 겸수사상을 간략히 살펴보고자 한다.

1) 선정겸수의 근원

본래 참선은 어떤 화두를 정하여 그것을 깨우치고자 '생각을 한곳으로 몰입하는 것'이고, 염불은 평소 보고 들었던 부처님의 공덕이나 상相을 '마음에 떠올려 억념憶念하는 것'이다. 이와 같이 볼 때 참선과 염불은 궁극의 목적은 같을지라도 수행조건이 서로 다른 것이다. 그러나 결론적으로 참선과 염불은 상호 밀접한 관계가 있다. 그 관계란 위의 말처럼 생각을 한곳으로 몰입하는 것과 마음에 떠올려 억념하는 것의 관계라고 생각된다.

그래서 이와 같은 상반되거나 밀접한 관계에 따른 관념들을 하나로 융합하기 위해 중국을 비롯한 일본, 한국의 역대 선승들 사이에서 많은 노력이 행해졌던 것이다. 이것이 이른바 염불선念佛禪이다. 선이 중국에서 본격적으로 발전하게 된 계기는 양나라 무제武帝 때에 중국으로 건너온 달마로부터 시작된다. 이러한 기반에서 중국의 선은 크게 달마達磨→혜가慧可→승찬僧璨→도신道信→홍인弘忍→혜가慧能의 순으로 그 계보를 이었다. 여기서 모든 선사의 사상을 살펴보는 것은 생략하고 중국선의 종조인 제1조 달마와 제4조 도신, 제5조 홍인 제6조 혜능의 선사상에 나타난 염불선의 도리를 대략 살펴보고자 한다. 먼저 달마[300]는 몇 권의 저술을 남겼는데 그의 어록으로는 『소실육문집』·『남천축국보리달마선사관문』·『보리달마사행론』·『무심론』·『관심론』 등 각각 1권이 전해지고 있다. 달마의 중심

---

300) 달마의 생몰연대에 대해서는 ?~495, ?~436, 346~495, ?~528 등 여러 설이 있다. 智冠編著 앞의 辭林(3권) p.977 참조.

사상을 보면 『소실육문』 제6문 「혈맥론」에서 다음과 같이 설한다.

> 본성이 곧 마음이고, 마음이 곧 이 성이다. 곧 이 성이 모든 부처님의 마음과 같다. 전불과 후불이 다만 이 마음에서 전하니 이 마음을 제하고 밖에서 부처를 가히 얻을 수 없느니라. 전도된 중생이 자기마음이 부처인줄 모르고, 종일 바쁘게 염불하고 예불을 한다마는 부처가 어느 곳에 있는가. 마땅히이와 같은 등의 견해를 짓지 말라. 다만 자기의 마음을 알고, 마음 밖에 다시 다른 부처가 없음을 알라.[301]

라고 하였다. 이와 같이 달마는 오직 마음속의 부처를 염하라고 하고 있다. 그런데 달마는 그것을 요달하는 방법을 『소실육문』 제2문 「파상론」에서 다음과 같이 설한다.

> 이와 같은 뜻을 요달하는 것을 지재라 한다. 식에는 다섯 가지가 있는데 첫째는 법희식으로 이른바 정법에 의지하여 환희봉행 하는 것이고, 둘째는 선열식으로 내외가 깨끗하고 고요하여 몸과 마음이 기쁜 것이고, 셋째는 염식으로 항상 모든 부처님을 염하여 마음과 입이 상응하는 것이고, 넷째는 원식으로 행주좌와에 항상 착한 원으로 구하는 것이고, 다섯째는 해탈식으로 마음이 항상 청정하여 욕진에 물들지 않는 것이다. 이 다섯 다지 식을 이름 하여 지재라 하느니라.[302]

고 하였다. 이 논의 셋째에서는 모든 부처님을 염하여 마음과 입이 상응해야함을 설하고 있다. 이것은 자기본성을 깨닫기 위해서 염불을 하나의 수행법으로 택한 것을 볼 수 있다. 위의 『파상론』을 좀 더 보자.

> 부처란 각이다. 이른바 몸과 마음을 각찰하여 악이 일어나지 않

---

301) 『小室六門』 「血脈論」(대정장48, p.374하) 참조.
302) 위의 책 『破相論』(대정장48, p.368하) 참조.

게 하라. 염이란 억이다. 이른바 계행을 억념하여 잊어버리지 말고 정진하여 이와 같은 뜻을 요달하는 것을 이름하여 염이라 한다. 그러므로 알라. 염은 마음에 있지 말에 있는 것이 아니다. (…중략…) 이미 부처님의 명호를 칭념할 때는 모름지기 염불의 도를 알아야 한다. 만약 마음에 실다움이 없으면 입으로 헛된 이름만 외우는 것이다. (…중략…) 입에 있는 것을 송이라 하고, 마음에 있는 것을 염이라 한다. 그러므로 알라. 염은 마음을 따라 일어나므로 이름하여 각행의 문이라 하고, 송은 입 가운데 있으므로 곧 이것을 음성의 상이라 한다. 밖에 집착하여 진리를 구하면 끝내 옳은 것이 아니다. 그러므로 알라. 과거 모든 성인이 닦은바 염불은 모두 외설이 아니니라.[303)]

고 하였다. 이와 같이 달마는 오직 마음 밖에서는 부처를 구하지 말라는 것이다. 여기서 선은 정토교와 다른 점을 알 수 있다. 즉 선은 정토교와 같이 순수하게 아미타불의 본원력을 믿고 염불하여 왕생을 구하는 것과 달리 오직 자성을 깨닫기 위한 방편으로 염불을 사용하려고함을 알 수 있다. 이 선정겸수의 사상은 달마로부터 그의 제자 이어지는데 모두 한결같이 이 마음이 곧 정토인데 마음 밖에서 무슨 정토를 따로 찾으며, 성품이 미타인데 성품 밖에 따로 무슨 아미타불이 있겠느냐고 하는 자성미타관自性彌陀觀에 의한 철저한 유심정토설[304)]을 주장하고 있다. 제4조 도신(580~651)을 보자. 도신의 정토사상을 엿볼 수 있는 것은 『능가사자기』이다. 이 책에서 서방정토에 대해 다음과 같이 설한다.

만약 마음이 본래 불생불멸不生不滅이며, 구경에 청정한 줄 알면 곧 이것이 청정한 불국토이기에 다시 서방을 향할 필요가 없다. 화엄경에 설하기를, "무량겁無量劫이 일념一念이요, 일념이 무량겁이다"고

303) 위의 책 『破相論』(대정장48, p.369상) 참조.
304) 앞의 '유심정토설' 참조.

하였느니라. 모름지기 일방一方이 무량방無量方 이요, 무량방이 일방
인줄 알아야 한다. 다만 부처님께서는 둔근중생鈍根衆生을 위해 서방
을 향하게 하였지, 이근중생利根衆生을 위해 설한 것이 아니니라.[305]

고 하였다. 이 말을 새겨보면 마음밖에는 서방정토가 따로 없지만, 무조건
염불을 부정한 것은 아니다. 즉 부처님께서 서방을 세운 것은 하근기의 중
생을 위한 것이므로 근기에 따라 서방을 염해도 된다는 것을 말한 것이라
고 본다. 그래서 도신은 『대품경』을 인용하여 다음과 같이 설한다.

대품경에서 말씀하시기를, 무소념無小念을 염불이라 한다. 어떤 것
을 무소념이라 이름하는가? 곧 염불하는 마음이 무소념이다. 마음을
여의고 따로 부처가 없고, 부처를 여의고 따로 마음이 없다. 염불이
곧 이 염심念心이요, 마음을 구하면 곧 이 부처를 구하는 것이니라.[306]

라고 하였다. 이와 같이 도신은 "염불이 곧 이 염심이요, 마음을 구하면
곧 이 부처를 구하는 것"이라고 하였다. 이것은 곧 『관무량수경』에서 설한
"이 마음으로 부처를 이루고 이 마음이 곧 부처니라"[307] 고 한 것과 같은 의
미이다. 이러한 사상이 도신의 정토관이며 염불선사상이라 할 수 있다. 다
음은 도신의 제자 제5조 홍인(602~675)을 보자. 홍인은 정토교를 대성시킨
선도와 같은 시대 사람으로 그의 저서라고 하는 『최상승론』에서 다음과
같이 설한다.

만약 초심으로 좌선을 배우는 사람이 있다면 『관무량수경』에 의지
하여 단정히 앉아 바른 생각으로 눈을 감고, 입을 다물며, 마음 앞을
평등하게 보되 뜻으로는 멀고 가까움에 따라 일상관을 짓고, 진심을

305) 『楞伽師資記』(대정장85, p.1287하) 참조.
306) 위의 책(대정장85, p.1287상) 참조.
307) 『觀無量壽經』(대정장12, p.343상) 是心作佛 是心是佛.

지켜 염염에 머무르지 마라.[308]

고 설하고 있다. 이와 같이 홍인은 초심자에게는 정토의 관법을 가르치고
있다. 이러한 의도는 결국 진심眞心을 얻기 위한 방편이다. 그러나 여기서
관념염불을 통하여 선으로 들어가게 하는 목적이 보이고 있다. 끝으로 제
6조 혜능(638~713)의 염불사상을 보자. 혜능은 앞의 유심정토설에서 살펴
본바와 같이 『단경』에서 "어리석은 사람은 자성을 요달하지 못하기 때문
에 자기 몸속의 정토를 알지 못하고 동쪽을 원하고 서쪽을 원하지만, 깨달
은 사람은 있는 곳마다 일반이라"[309] 고 하였다.

　이와 같이 혜능은 자성미타관에 의한 유심정토설을 주장하였다. 역대
선종에서는 마음 밖에 정토가 따로 없고 오직 이 마음에서 정토를 찾으라
고 역설한다. 이것은 타방정토를 완전히 부정하는 것이다. 그렇다고 해서
정토라는 존재자체를 부정하는 것은 아니다. 왜냐하면 정토는 부처님이
이루고자하는 땅이요, 일체중생이 염원하는 땅이기 때문이다. 그래서 선
사들은 이러한 부처님의 본의를 알기 때문에 부정보다는 융합을 하고자
노력하였다고 본다. 이것이 염불선인 것이다.

　이러한 조사들의 염불선사상을 이어 받아 여러 선사들이 선양하여 구
체화하기에 이르렀는데 이를 대성시킨 선사가 영명연수이다. 그래서 『감
산집』 권46에서 선정겸수를 대성시킨 연수선사를 두고 말하기를 "선정겸
수를 실천하는 수행자는 매우 많다. 예를 들면 영명연수가 주장하는 염불
참선이나 참선염불과 같다. 이른바 선도 있고 정토도 있는 것은 마치 뿔이
달린 호랑이와 같아서 현세에는 인천의 스승이 되고 미래세에는 불조가
될 것이니, 이는 최상의 수행법이기도 하다"[310] 고 하였다. 또 『종범』 권하
에서 "사람마다 이번 생에 피안으로 뛰어 올라가도록 하려면 선정겸수라
는 하나의 수행문과 비교할 만한 상대가 없다"[311] 고 하였다. 이와 같이 선

308) 弘忍禪師述 『最上乘論』(대정장48, pp.378상중) 참조.
309) 『檀經』(대정장48, p.352상) 참조.
310) 『감산집』(卍속장경127, p.845하) 참조.
311) 『宗範』 권하 「遺敎(貴敎)」(卍속장경114, p.695하) 참조.

정겸수를 긍정적으로 칭양하고 있다.

2) 영명연수의 선정겸수론

연수는 법안종法眼宗 문익文益의 삼세법손三世法孫이고 천태덕소天台德韶의 법을 이었으며, 선종이 가장 성황을 이룰 때의 대표적인 종장宗匠으로 알려져 있다. 전기는『송고승전』권제28[312],『불조통기』권제26[313],『낙방문류』권제3[314],『여산연종보감』권제4[315],『경덕전등록』권제26[316],『오등회원』권제10[317],『선림승보전』권제9[318] 등에 실려 있다. 연수의 덕풍德風을 보면,『불조통기』에서 다음과 같이 기록하고 있다.

> 영명에 거주한지 15년에는 제자 1700인을 두었다. 그는 항상 대중들에게 보살계를 수여하였고, 밤에는 귀신에게 밥을 베풀었으며, 낮에는 생명을 놓아주고, 모두 다 장엄정토에 회향하였다. 어떤 사람들은 부르기를 자씨가 하생하였다고 하였다.[319]

고 하였다. 이 기록만 보아도 연수의 덕풍이 얼마나 대단한지를 짐작케 한다. 연수는 선사로서 선정겸수를 대성했지만, 그의 근본사상은 제행겸수諸行兼修이다.

연수의 저서는『종경록』100권(대정장48),『만선동귀집』3권(대정장48),『신서안양부』(대정장47),『유심송』(대정장48),『수보살계법』(신편대일본속장59) 각1권 등 무려 60여부가 있었다고 전해지고 있다. 이 가운데 제행겸수를

312)『송고승전』(대정장50, p.887중)
313)『불조통기』(대정장49, pp.264중~265상)
314)『낙방문류』(대정장47, p.195상중)
315)『여산연종보감』(대정장47, p.325상중)
316)『경덕전등록』(대정장51, pp.421하~422상)
317)『오등회원』(신편대일본속장경80, p.211상중)
318)『선림승보전』(신편대일본속장경79, pp.510상~511하)
319)『佛祖統紀』(대정장49, p.264하) 居永明十五年 弟子一千七百人 宗與衆授菩薩戒 敎施鬼神食晝放生命 皆悉回向莊嚴淨土 時人號爲慈氏下生.

단적으로 표현한 것은 그의 저서 『만선동귀집』이다. 이 책에서는 ①이사무애理事無碍 ②권실쌍행權實雙行 ③이제병진二諦並陣 ④성상융즉性相融卽 ⑤체용자재體用自在 ⑥공유상성空有相成 ⑦정조겸수正助兼修 ⑧동이일제同異一際 ⑨수성불이修性不二 ⑩인과무차因果無差 등 열 가지 문을 세워 논하고 있다. 또한 이것을 104의 문답으로 설하고 있는데, 이것은 당시 선종의 사람들이 단지 이理에만 집착하여 사事에 미혹하고, 또 교가敎家의 사람들은 오직 사事에만 집착하여 이理에 미혹한 것을 보고 양자가 편견에 떨어진 것이라고 하여 이사무애·공유상성의 뜻을 밝히고, 이러한 뜻으로써 이사합행理事合行·제행겸수의 중요성을 역설한 것[320] 이라고 하였다.

연수가 『만선동귀집』상권 서두에서 "모든 선과 만 가지 수행은 모두 실상에 들어간다"[321] 고 역설한 것을 보면 연수가 제행겸수를 얼마나 중하게 여겼는지 알 수 있다. 그러면 『만선동귀집』권상에서 설한 연수의 근본사상인 이사무애문을 보자.

수행하는 사람들은 마땅히 모든 수행의 길을 널리 행하여야한다. 어리석음만을 지키며 헛되이 앉아 참된 수행의 길을 막아서는 안 된다. 만약 만행을 두루 일으키려고 한다면 끝까지 반드시 이理와 사事를 의지하여야한다. 이와 사에 걸림이 없으면 도가 그 가운데 있어 비로소 나와 남을 이익 되게 할 수 있다. 그리하면 동체의 대비가 원만해져서 끝까지 한결같고, 다함이 없는 행을 이룰 수 있다. (…중략…) 만약 사事를 여의고 이理만 찾는다면 성문의 어리석음에 떨어질 것이고, 또한 이理를 버리고 사事만을 찾는다면 범부가 집착하는 것과 같을 것이다. 마땅히 알라 이理를 떠나서는 따로 사事가 없는 것은 전체의 물이 파도인 것과 같고, 사事를 여의고 이理가 없는 것은 전체의 파도가 물인 것 같다.[322]

---

320) 望月信亨著 李太元譯 『中國淨土敎理史』(운주사, 1997) pp.335~337 참조.
321) 『萬善同歸集』권상(대정장48, p.958상) 참조.
322) 위의 책(대정장48, p.958상중) 참조.

고 하였다. 이와 같이 이理를 버리면 사事를 이룰 수 없고 반대로 사事를 버리면 이理를 얻을 수 없다고 역설하였다. 이 말은 곧 선종의 사람들이 이理에 집착하여 사事에 미혹하고, 교가의 사람들이 오직 사事에만 집착하여 이理에 미혹한 것을 보고, 양자가 편견에 떨어진 것을 지적하여 이사합행理事合行·이사쌍수理事雙修·제행겸수諸行兼修의 중요성을 역설한 것이다. 그리고 연수는 만선萬善이 모두 실상實相에 귀의한다는 것을 주장하기 위해 『만선동귀집』 권하에서 다음과 같이 문답한다.

> 묻는다. 지금 수행하는 만선은 무엇으로 근본을 삼는가? 답한다. 이와 사는 오직 마음을 가지고 근본을 삼는다. 이를 잡아 말한다면 경에 이르기를, "일체 법이 곧 마음의 자성임을 관하여 지혜신을 성취하는 것으로 다른 것으로 말미암아 깨닫는 것이 아니다"라고 하였으니, 이것이 곧 진실관이고, 진실심으로 근본을 삼는 것이다. 다음 사를 잡아 말한다면 경에 이르기를, "마음이란 그림장이와 같아서 능히 온갖 세상을 그려내나니 오온이 모두 이 마음을 따라 나는지라 짓지 않는 법이 없다"고 하였으니, 이것이 곧 심식관이고 연려심으로 근본을 삼는다. 진실심은 체가 되고 연려심은 용이 되니, 용은 곧 심생멸문이요, 체는 심진여문이다. [323]

라고 하였다. 이와 같이 연수는 이사의 근본은 결국 마음에 있다고 결론 내리고 있다. 연수는 이러한 제행겸수와 이사겸수의 사상을 가지고 유심정토관에 입각한 선정겸수를 대성시켰다고 할 수 있다. 그러면 이제 연수의 정토염불관을 보자. 연수는 『종경록』 권 제17에서 다음과 같이 문답한다.

> 묻는다. 앞에서와 같이 이사를 분명히 쪼개어 나누면 부처 밖에는 마음이 없고, 마음 밖에는 부처가 없다. 어찌하여 교 가운데 다시 염

---

323) 위의 책(대정장48, p.991상) 참조.

불법문을 세우는가? 답한다. 단 자기의 마음이 이 부처인줄을 믿지 않고 밖을 향하여 구하기 때문이다. 만약 중근기나 하근기이면 권으로 부처님의 색신을 관하게 하고, 관념을 계연하여 밖으로부터 안이 나타나 점점 자기의 마음을 깨닫는다. 만약 이 상근기이면 지금 몸의 실상을 관하게 하여 관하는 부처가 역연하다.[324]

라고 하였다. 이 말은 상근기는 법신을 관할 수 있지만 중·하근기는 부처님의 색신을 관하여 점차로 자기의 마음을 깨닫게 해야 된다는 것이다. 그래서 연수는 『수보살계법』에서 "만약 안양安養에 태어나 구품의 글을 받으려면 상근기는 계를 받고 선을 닦아야하며, 중근기나 하근기의 행도는 염불해야 한다. 중생의 근기가 평등하지 않기 때문에 한 가지만을 국집하여 모든 것을 의심하지 말라"[325] 고 이른다.

　이와 같이 중생을 상·중·하의 근기로 분류하여 상근기는 참선을 하고, 중·하근기는 염불을 해야만 한다고 하고 있다. 이것이 연수의 본의이다. 위의 글속에는 선은 자력으로 수행할 수 있지만 염불은 부처님의 본원력에 의지하여 타력으로 수행해야함을 강조한 것이다. 그래서 연수는 자력과 타력에 대해 『만선동귀집』 권상에서 다음과 같이 설명한다.

　만약 자력이 충분히 갖추어져 있다면 곧 반연을 빌리지 않아도 되지만, 만약 자력으로 감당치 못한다면 반드시 다른 이의 힘을 빌려야 한다. (…중략…) 비유하면 무거운 물건을 운반할 적에 자기의 힘으로만 감당하지 못할 때엔 반드시 다른 사람의 구원을 빌려야 비로소 능히 움직일 수 있는 것과 같다.[326]

고 하였다. 이러한 비유는 도작 등이 말한바 말법시대에는 근기가 하열하

---

324) 『宗鏡錄』(대정장48, p.506상) 참조.
325) 『수보살계법』(新編大日本續藏經59, p.367하) 참조.
326) 앞의 책(대정장48, p.961하) 참조.

므로 그 근기에 상응한 것은 오직 타력인 염불수행뿐이라고 말한 것과 같다. 이러한 이치를 연수는 위의 책, 권상에서 다음과 같이 설명한다.

> 묻는다. 일생동안 악업만을 익혀서 진루의 인을 쌓음이 깊었는데 어찌 임종 때에 이르러 십념만으로도 능히 모든 업장을 단박에 없앤다고 하는가? 답한다. 『나선경』에 보면 국왕이 나선사문에게 물어 말하기를 "사람이 생전에 악업만을 지어 백세에 이르더라도 임종 때에 염불하면 죽은 뒤에 반드시 불국토에 태어날 수 있다고 하는데 내가 이 말을 어떻게 믿을 수 있겠는가?"하니 나선이 답하기를 "마치 백 덩이의 큰 돌일지라도 배에다가 실으면 배를 의지하였기 때문에 빠지지 않듯이 사람이 비록 본래 지은 악업이 있을지라도 한 때에 염불하면 그 힘으로 지옥에 빠지지는 않습니다. 그러나 작은 돌일지라도 바로 물에다 던지면 곧 가라앉고 마는 것은 마치 사람이 악업을 짓고도 염불할 줄 모르면 바로 지옥에 들어가는 것과 같습니다.[327]

라고 설명하고 있다. 이와 같이 연수는 염불의 공덕과 그 힘이 얼마나 큰가를 『나선비구경』[328]을 인용하여 증명하고 있다. 그러나 이 인용문은 염불은 부처님의 본원력에 의지하여 수행해야함을 강조한 것이다. 즉 염불은 순수한 타력수행임을 역설한 것이다. 다음은 연수의 유심정토관을 보자.

연수는 위의 책 권상에서 『여래불사의경계경』[329]의 설을 인용하여 유심정토를 설명하였다. 앞에서 인용한 바와 같이 "유심정토라는 것은 마음을 요달하면 비로소 태어날 수 있는 곳이다. (…중략…) 그러므로 마음을 알면 바로 유심의 정토에 나며 경계에 집착하면 오로지 소연의 경계 가운데 떨어지는 것이니 여기에는 이미 인과가 차이가 없다. 곧 마음 밖에는 법이

---

327) 『萬善同歸集』 권상(대정장48, p.967상) 참조.
328) 『나선비구경』(대정장32, pp.701하~702상) 참조.
329) 『大方廣如來不思議境界經』(대정장10, p.911하) 참조.

없음을 알라" ³³⁰⁾ 고 설한다. 이와 같이 일체법이 오직 마음의 현상이라고 깨달으면 곧 유심정토에 난다고 하였다. 연수의 이러한 사상은 앞에서 말한 일체의 이와 사는 마음을 근본으로 한다는 이사무애문에 근거한 것이다. 그래서 연수는 『만선동귀집』을 마무리하면서 다음과 같이 발원한다.

맹세코 물듦이 없는 진노를 끊어 유심정토에 나기를 발원하노니, 실제의 이지를 남김없이 무애관문으로 마음대로 드나들며, 그림자 같은 마군을 모조리 항복받고, 꿈속의 불사를 크게 지어 널리 환화와 같은 함식을 제도하고, 함께 적멸보리를 증득하여 지이다. ³³¹⁾

라고 자신이 유심정토에 나기를 발원하며 결론짓고 있다. 이 결론에서 연수는 청정한 마음을 깨닫는 것을 근본으로 하고 있음을 알 수 있다. 결국 정토는 마음에 있다는 것을 강조한 것이다. 이제 끝으로 연수의 선정쌍수관을 보자. 연수는 위의 책 상권에서 다음과 같이 말한다.

혹은 염불로 인하여 삼매를 증득하고, 혹은 좌선을 좇아 지혜문을 발하며, 혹은 오로지 송경하여 법신을 친견하고, 혹은 행도로써 성인의 경지에 드는 등 오직 득도하는 것을 가지고 뜻을 삼는다. 마침내 한 가지 일정한 문을 고집하여 취하지 말고, 반드시 뜻을 오로지하고 한 정성만을 의지할 것이요, 허망한 말들을 믿고 따라서는 안 되는 것이다. ³³²⁾

라고 하였다. 이와 같이 볼 때 연수가 생각하는 선정쌍수관은 여러 수행가운데 포함되어 있음을 알 수 있다. 즉 제행겸수를 주장하는 것이다. 다시 말해 모든 문은 해탈을 위한 문이므로 어느 문을 고집하지 말고 융합하여

---

330) 앞의 책(대정장48, p.966중하) 참조.
331) 『萬善同歸集』 권하(대정장48, p.993상) 참조.
332) 위의 책(대정장48, p.964상) 참조.

수행을 하다보면 이사무애문에 든다는 것을 말한 것이다. 연수의 이러한 제행겸수의 사상은 자민의 영향을 받았다고 할 수 있다. 『만선동귀집』 권상의 설을 보면,

> 그러므로 자민삼장이 말하기를 "성인의 교에서 설한바 올바른 선정이란 마음을 한 곳에 모으고 염염상속하여 혼침과 산란함을 여의고, 평등한 마음을 가지는 것이다. 만약 수면이 와서 장애가 생기면 부지런히 마음을 채찍질하며 염불·송경·예배·행도·강경·설법 등을 해야 한다. 중생을 교화하는데 만행을 없애지 말고, 닦은바 행업을 서방정토에 회향하여 왕생하라. 만약 능히 이와 같이 선정을 닦아 익힌다면 이것이 곧 부처님의 선정이고, 성인의 가르침과 합한 것이며, 이것이 중생의 안목이다. 모든 부처님이 인가하신 일체불법은 평등하여 차별이 없다. 만약 일여에 오르면 최정각을 이룬다"고 하였다.[333]

라고 자민의 설을 들어 강조하고 있다. 위의 글을 보면 자민은 선과 염불을 겸하여 수습修習하는 것을 배척하지 않았는데 이것이 자민의 선정겸수·제행일치사상이다. 연수는 이러한 자민의 사상에 영향을 받아 만선동귀萬善同歸를 주장하였다고 본다.[334]

이상과 같이 『만선동귀집』을 중심으로 연수선사의 선정겸수론을 대략 살펴보았다. 이러한 자민의 사상을 근본으로 한 연수의 선정융합사상은 중국후대에 많은 영향을 주었고, 우리나라 조선시대의 서산휴정(1520~1604)이 이러한 융합사상에 영향을 받아 선·교·율·정의 일치사상을 주장하였다고 할 수 있다.

현재 우리나라의 사찰에서 참선·염불정근·독경·예배 등을 종합적으로 병합하여 수행하고자하는 체계의 근원은 상기와 같은 사상이 전파된 것이

---

333) 위의 책(대정장48, p.963하) 참조.
334) 이태원 『念佛의 源流와 展開史』(운주사, 1998) pp.658~681 참조.

다. 그러나 아직까지도 선정겸수·제행겸수의 체계적인 이론은 정립되지 않고 있다. 그것은 아직도 각 종파가 서로 자기종파의 우월성을 주장하기 때문이라고 본다.

사바세계

청산은 좋으나
골짜기마다
메아리가 치는 곳

달빛은 좋으나
꽃마다
그림자가 지는 곳

그래서
가슴이
아픈 곳

제7강
수행자의 마음가짐

제7강 수행자의 마음가짐

　수행자는 반드시 다음의 네 가지 마음가짐을 구족해야 한다. 이 마음 가짐은 불교의 모든 수행자가 꼭 지녀야할 기본적 마음가짐이다. 특히 타력을 위주로 하는 염불행자는 꼭 마음속에 지녀야 한다.

　　첫째, 범부임을 자각하라
　　둘째, 믿어라(신信)
　　셋째, 원하라(원願)
　　넷째, 행하라(행行)

　수행자는 모름지기 마음속에 이 기본적인 자량資糧[335]이 갖추어져야 한다. 이 네 가지는 마치 책상의 네 다리와 같다. 만약 이 가운데 하나라도 부실하면 상은 그대로 넘어지고 말듯이 수행자의 마음가짐도 이와 같아 어느 하나라도 부실하면 기도는 성취되기 어렵다.

　　첫째. 범부임을 자각하라

---

335) 자량 : 불과佛果에 이르는 양식糧食으로 불도를 이루는 선근공덕을 말함.

모름지기 수행자는 제일 먼저 내가 범부凡夫임을 자각自覺해야 한다. 이 자각이 없이는 절대로 정토문은 열리지 않는다. 왜냐하면 범부라는 이름은 곧 번뇌를 뜻하기 때문이다. 즉 나라는 존재 속에 번뇌가 조금이라도 남아 있는 한 나는 언제까지나 범부라는 것이다.

범부란 산스크리트어로 프리타그자나(pṛthagjana)라 하고, 필률탁걸라必栗託㐌那라고 음사하고, 이생異生이라 한역하는데 이를 줄여서 '범凡'이라고 한다. 보리유지는 '모도범부毛道凡夫'라고 한역한바 이 말은 머리털이 바람에 날리는 것과 같이 근성이 우둔하여 안정된 마음이 없다는 뜻이다.

또 진제와 급다 등은 각각 '영아범부·소아범부嬰兒凡夫·小兒凡夫'라 한역했는데, 이는 산스크리트어 발라프리타그자나(bāla-pṛthag-jana)의 한역어이며, 그 음사는 바라필률탁걸라婆羅必栗託㐌那이다. 여기서 '바라'는 '어리석다'는 뜻이며, 같은 맥락에서 '우동범부愚童凡夫'라고 한역하기도 한다. 곧 심신의 발달이 충분히 이루어지지 않은 어린아이를 지혜가 성숙되지 못한 범부를 수식하는 말로써 비유한 것이다.[336] 이러한 설명은 『금강반야론회석』에서 자세히 설하고 있다.

> "범어의 음사는 바라필률탁걸나라고 하는데, '바라'란 이 두 가지 뜻을 가리킨다. 하나는 털가죽을 지닌 짐승과 같다는 뜻이고, 다른 하나는 어리석다는 뜻이다. 이 경전에서는 어리석다는 뜻을 취한 것이다. 필률탁걸나를 한역하면 이생이라고 하는데, 각각의 중생들이 서로 다른 업을 타고 윤회하기 때문이다. 구역에서는 이생이란 태어나는 것을 애착하는 것이 범부이므로 범부라 한다고 하였다. 앞에서 어리석다는 뜻을 취하여 이러한 범부를 가리키므로 신역에서는 우부이생이라 한다. 진제는 영아범부라고 하였고, 그 논에서는 소아범부라 하였다. 영아와 소아는 모두 어리석다는 뜻을 취한 것이니 범부와 이승이 어리석은 것은 마치 간난 아기나 어린아이가 자아의 본체가

---

336) 智冠編著 앞의 辭林8권, p.1060 참조.

공이라는 진실을 모르는 것과 같다.[337)

라고 하였다. 같은 맥락의 설명이지만 이를 『대일경소』에서 다음과 같이
말하고 있다.

> 범부란 바르게 한역하면 이생이라 해야 한다. 곧 무명으로 말미암
> 아 업에 따라 과보를 받아 자재롭지 못하여 여러 가지 중생의 종류에
> 떨어지고 몸과 마음의 종류가 각각 차별되게 나타나므로 이생이라
> 한다.[338)

고 범부에 대해 설명하고 있다. 여기서 이생이란 곧 범부를 말하는 것으로
범부는 생류生類인 까닭에 성자와는 달리 무명으로 인하여 선악업을 짓고,
혹은 인·천人天의 선취善趣에 태어나거나 혹은 지옥·아귀·축생의 악취惡
趣에 태어나는 등 그 태어나는 장소가 각기 다르기 때문에 이생異生이라고
이름한다고 하였다.[339) 그래서 『법화경』에서는 "범부란 천박하여 오욕에
깊이 집착한다"[340) 고 하였고, 『십주비파사론』에서는 "범부란 아직 고집멸
도 등의 4제를 얻지 못한 자를 말한다"[341) 고 하였다. 이는 아직 수행의 계
위조차도 모르는 천박한 식견을 가진 무리를 말하는 것이다. 이와 같은 성
격을 지닌 중생들을 범부라 칭하고 있다.

　이러한 범부와 반대되는 존재는 성인이다. 『범망경』에서는 "나는 이
미 백아승기겁동안 심지를 수행하였으니, 그것을 원인으로 삼아 처음으
로 범부의 어리석음을 버리고 등정각을 이루어 노사나라고 이름하게 되었
다"[342) 고 하였다. 이와 같이 범부도 성인이 될 수가 있다. 그 될 수 있는 길
은 자신이 어리석은 범부임을 깊이 자각하여 열심히 수행하여 보리를 증

---

337) 大乘基撰『金剛般若論會釋』권하(대정장40, p.775중) 참조.
338) 阿闍梨記『大毘盧遮那成佛經疏』(대정장39, p.592하) 참조
339) 李太元著『淨土의 本質과 敎學發展』(운주사, 2006) p.325 참조.
340) 『妙法蓮華經』「譬喩品」(대정장9, p.15중) 참조.
341) 龍樹造『十住毘婆沙論』(대정장26, p.46중) 참조.
342) 『梵網經』권상「盧舍那佛說菩薩心地戒品」(대정장24, p.997하) 참조.

득하는 것뿐이다.

불교의 수행계위를 보면, 사향사과四向四果[343]의 성인을 기준으로 볼 때 도를 깨닫지 못한 자들을 모두 범부라고 하는데 구사종俱舍宗에서는 그 중에서 네 가지 선근善根은 내범內凡이라하고, 삼현三賢은 외범外凡이라하며, 삼현이하는 저하범부低下凡夫라고 하였다. 이에 비해 대승은 초지初地이전을 범부라 하고, 십주·십행·십회향十住十行十廻向을 내범이라 하고, 십신十信을 외범이라 하며, 외범이하를 범부라고 하였다. 또한 성문·연각·보살·불 등의 사성四聖을 기준으로 하여 말한다면 육도에서 생사윤회하는 중생들은 모두 육범六凡이라고 하였다. 이는 곧 지옥의 중생으로부터 천계의 중생에 이르기까지 모두 이러한 범부에 속한다는 것이다.[344] 혜원은 내범에 대해 『대승의장』에서 다음과 같이 설명한다.

> 내범이란 종성이상으로 점차 연을 끊으므로 안으로 진성을 추구하므로 내라 한다. 육도의 분단생사를 비록 부분적으로 끊어서 여의었다고 하더라도 아직 다한 것은 아니니, 아직 범부의 몸이 다하지 않았으므로 범이라고 한다. 그러므로 『열반경』에서 범이라고 하였다.[345]

라고 설명한다. 이 말은 결국 생사의 번뇌를 완전히 끊기 전에는 범부라는 이름을 벗어날 수 없다는 말이다. 그래서 부처님께서는 『법화경』에서 이르시기를,

> 사리불이여, 마땅히 알아라. 내가 부처의 눈으로 6도중생을 관하여 보니 빈궁하고 복과 지혜가 없어 생사의 험한 길에 들어가 끊임없이

---

343) 사향사과四向四果는 성자의 네 가지 위위를 말하는 것으로, 소승불교에서 세우는 네 가지의 수행목표(向)와 도달경지(果)를 말한다. 사과는 ①예류預流(수다원須陀洹) ②일래一來(사다함斯陀含) ③불환不還(아나함阿那含) ④아라한阿羅漢인데 이 네 가지에 각각 향과 과를 세운다. 『俱舍論』(대정장29, pp.123하~129상) 참조.
344) 李太元著 앞의 책 pp.326~327 참조.
345) 遠法師撰 『大乘義章』(대정장44, p.810중하) 참조.

고통을 받으며 오욕에 깊이 집착함이 마치 물소가 자기 꼬리를 사랑함과 같으며, 탐내고 애착으로 자기를 덮어 (마치) 맹인이 보지 못하는 것과 같으니라. 큰 위력의 부처님과 고통을 끊는 법을 구하지 않고 깊이 사견에 빠져 있어 고통으로 고통을 버리고자 하니 이러한 중생을 위해 (부처는) 더욱 대비심을 일으키니라"[346]

고 하셨다. 이 말씀은 6도중생은 오욕에 집착하여 깊이 사견에 빠져있으므로 도저히 생사윤회를 벗어날 수 없다는 결론이다. 그래서 부처님은 이러한 어리석은 범부중생을 위하여 크나큰 자비심을 일으킨다고 하셨다. 그래서 아미타불께서는 대원을 세워 "시방세계 중생들이 내 이름을 열 번 불러 나의 나라에 태어나지 못한다면 나는 정각을 이루지 않겠다"고 하셨다. 이것이 이른바 부처님의 대자비심에 의해 성취된 본원이다.

그러나 여기서 명심해야할 것이 있다. 누구라도 죄악을 묻지 않고 아미타불의 이름만 열 번 부르면 그곳에 태어나는 것이 아니다. 여기에는 조건이 있다. 그 조건이란 제일 먼저 "내가 이렇게 생사윤회를 거듭하는 것은 나의 죄악 때문이다"라는 것을 자각해야한다. 이 자각에 의해 참회가 이루어지고, 그 참회에 의해 다겁생래의 죄악이 소멸되고, 그 죄악이 소멸된 마음으로 부처님의 이름을 부른다면 그때에 비로소 왕생의 조건이 성립되어 극락정토의 문이 열리는 것이다. 그래서 중국의 정토교를 대성시킨 선도대사는 조건을 제시한다. 즉 왕생을 하고자하면 제일 먼저 내가 죄악범부임을 자각하여 참회염불을 해야 한다고 강조하였다.

그러면 과연 죄란 무엇인가. 『유가사지론』에서는 죄의 성품에 대하여 다음과 같이 논하고 있다.

어떤 것이 성품의 죄(성죄性罪)[347]인가. 성품이 착하지 못함으로써 잡되게 더러워지기 때문에 남을 손해 시키고, 자기도 손해된다. 만

---

346) 『妙法蓮華經』「方便品」(대정장9, p.9중하) 참조.
347) 성죄性罪란 그 자신이 죄인행위, 그 자체가 죄악인 것, 살생·투도·사음·망어를 말한다.

약 막아 억제할 수 없어, 현재 행하면 곧 악도에 떨어지고, 또 능히 사문을 방해 한다. 어떤 것이 차죄[348] 인가. 부처님께서 말씀하기를 저 형상을 관해 여법하지 않기 때문이며, 혹은 중생이 정법을 중요시 하지 않기 때문이며, 혹은 짓는 것을 보고 현행 성죄의 법을 따르기 때문이며, 혹은 남의 마음을 비호하여 따르기 때문이며, 혹은 선취의 수명과 사문의 성품을 장애함을 보기 때문이다. 그러므로 올바르게 차지[349] 하라. 만약 이와 같은 일을 현재 행하면 이를 말해 차죄라 부른다.[350]

라 말하고, 차죄에 타승죄他勝罪(바라이죄波羅夷罪), 중여죄衆餘罪(승잔僧殘), 손타죄損墮罪(바일제죄波逸提罪), 별해죄別海罪(제사니提舍尼), 악작죄惡作罪(돌길라突吉羅) 등 다섯 가지를 설하고 있다. 이 차죄는 석존께서 제정하신 금계를 범한 죄이고, 불도 수행을 위해 또는 교단 유지를 위해 제정하신 규범과 질서를 위반하는 행위를 범한 사람에게 대한 죄이다. 이것에 비해 성죄란 본질적인 죄이고, 성품이 착하지 못함으로 잡다한 염법染法때문에 자기에게 손해를 끼치는 악한 행을 말한다. 곧 착하지 못한 업이 자기와 남에게 손해 끼침을 죄라 하지만 이것은 불선업不善業에 의한 행위의 결과에서 본 것이다. 불교는 근본무명根本無明에 의해 생사윤회를 한다. 여기에 존재로써 생각되는 인간은 벗어나기 어려운 업고業苦의 인간이다. 그래서 번뇌를 끊는 문제가 수도의 중심이고, 구하는 것은 무루無漏의 지혜이다. 이 근본무명의 가장 본질적이라 생각되는 것은 무명을 무명이라 알지 못하는 무명이다. 이것을 무시무명無始無明이라 하고 자각되지 않는 무명이라 한다.

마명이 『대승기신론』에서 "홀연히 생각을 일으킴을 무명이라 이름 한다"[351] 고 말하는 것은 자각된 무명이다. 이것은 무시무명이 아니고, 유시

---

348) 차죄遮罪는 성죄의 반대말. 행위 그 자체는 죄가 아니지만, 그 결과로서 죄를 범할 우려가 있기 때문에 금지된 것, 예를 들면, 음주, 또는 땅을 일굼으로서 벌레를 죽이거나 초목을 꺾거나 하는 등의 가벼운 죄.
349) 차지遮止란 몸을 절도 있게 하는 것.
350) 彌勒菩薩說 『瑜伽師地論』(대정장30, pp.869하~870상) 참조.
351) 馬鳴造 『大乘起信論』(대정장32, p.577하) 참조.

무명有始無明이다. 여기에 번뇌를 끊는 수행이 일어난다. 그러나 중생은 무명을 무명이라 알지 못하기 때문에 생사의 세계를 윤회한다. 이 생사의 세계에 중생이 윤회하고 있는 것이 정토교에서 말하는 죄악이다. 그래서 도작은 『안락집』권상에서,

> 모든 중생은 모두 불성이 있어 오랜 옛날부터 이 사람은 많은 부처님을 만났을 것이다. 무엇에 의해 지금에 이르기까지 아직 생사를 윤회하고 화택을 나오지 못하는가.[352]

라고 설하고 있다. 이는 곧 일체 중생은 먼 옛날부터 무명에 의해 연기의 법을 모르고, 법성의 이치를 깨닫지 못해 생사윤회를 되풀이 하는 사이 부처님을 만나도 부처님의 가르침을 따르지 않기 때문에 아직 화택을 나올 수 없다는 말이다.

  이에 대해 평정준영은 설명하기를, 그 연기에 어둡고, 모두 부처님의 가르침에 따르지 않고, 등지고, 법을 거슬리는 것이 정토교에서 말하는 죄악관이다. 이 죄악을 범하고 있는 사람이 자기라고 인정하는 것이 '죄악생사의 범부'라는 자각이다. 죄란 본래 자각적인 것으로, 자기 개인에게는 자각되지 않는 죄는 존재하지 않는다. 생사의 세계를 윤회하고, 진리를 등지고 가르침에 역행하는 것이 나라고 자각하는 것에서부터 정토교의 죄악관은 존재한다. 『관경』에서 말하는 생사의 죄란 이와 같은 죄악관에 입각한 죄이다. 그래서 이 죄악관이 단지 자기 한 사람에게 한한다면 그것은 자기가 지어 자기가 받는 것이지만, 지기뿐 아니라 다른 사람이 범한 것 내지 사회, 세계가 범한 것 까지도 자기 때문이라고 자각하는 것에서 '나는 십악오역죄十惡五逆罪를 지은 범부'라는 정토교적인 인간관이 성립된다고 하였다. 즉 생사윤회의 세계에 대해 자기 한 사람이 책임을 지는 것을 정토교의 죄악관이라고 하고 있다.[353]

---

352) 道綽撰 『安樂集』 권상(대정장47, p.13하) 참조.
353) 坪井俊映 李太元譯 『淨土三部經개설』(보국사, 1988) pp.411~413 참조.

그래서 이 생사유전生死流轉하는 범부의 자각에 대해 선도는 『관경소』「산선의」에서 말하기를 "결정코 자신은 현재 죄악범부이며 오랜 옛적부터 계속 항상 유전하는데 빠져 출리의 연이 없다는 것을 믿어야한다"[354]고 하였다. 이와 같이 선도는 자신을 '죄악생사의 범부'라고 단정하여 자기의 죄업에 대한 자기반성을 해야 한다고 하였다. 이러한 죄악으로 인하여 중생들이 악도에 유전하게 된 까닭을 선도는 『관경소』에서 다음과 같이 말하고 있다.

> 너희들은 광겁이래 금생에 이르기까지 신·구·의 삼업으로 모든 범부 및 성자들에 대해 십악·오역·사중방법·천제·파계·파견 등의 죄를 지어, 아직 그 죄를 제거하지 않았다. 그리하여 이러한 죄는 중생을 삼계의 악도에 묶어둔다.[355]

라고 설한다. 이와 같이 중생은 광겁이래 오늘에 이르기까지 각종의 죄업으로 하여금 중생들을 삼계의 악도에 묶어두므로 이를 빠져나올 반연이 없다고 하였다.

이와 같이 선도의 관념은 현재의 우리는 말법의 오탁악세에 주住하는 범부이기 때문에 번뇌를 구족한 범부일 수밖에 없고, 이 번뇌로 인해 죄를 지을 수밖에 없다고 하였다. 이것이 선도의 죄악관이다. 그래서 선도는 우리는 어쩔 수 없이 생사윤회를 할 수 밖에 없는 범부라는 것을 믿어야하며 이를 깊이 자각해야 한다고 강조하는 것이다. 선도의 참회염불은 이와 같은 인간의 죄악관에 근본을 두고 있다고 하겠다.

이상과 같이 수행자는 자기가 범부중생임을 자각해야한다는 것을 새겨보았다. 그런데 결론은 이 자각을 자각으로써 끝내면 안 된다는 것이다. 그것은 이 자각을 반드시 믿어야만 한다는 조건이다. 왜냐하면 믿지 않으면 이 죄악관을 스스로 인정하여 받아들일 수가 없기 때문이다.

---

354) 善導集記 『觀無量壽佛經疏』(대정장37, p.271상) 참조.
355) 善導集記 위의 책(대정장37, p.272중) 참조.

둘째, 믿어라

"믿어야 한다"는 것은 거룩하신 부처님께서 세우신 서원誓願과 8만4천 가르침을 지극한 마음으로 굳게 믿는 것이다. 그리고 그 서원은 반드시 성취 된다는 것을 믿는다는 것이다. 믿는다는 말의 신信은 의疑의 반대말이다. 수행자가 자기를 가르치는 교주의 가르침을 조금이라도 의심을 한다면 나의 원願은 이미 십만 팔 천리 저 먼 곳으로 사라져 버린다.

그래서 『화엄경』에서는 "믿음은 도의 근원이며 공덕의 어머니다. 일체의 여러 선한 법을 길러내며, 일체의 여러 의심을 없애서 소멸시키며, 위없는 도를 드러내보여서 깨닫게 한다. 깨끗한 믿음은 더러움을 떠나 마음을 견고하게 하며, 교만을 소멸 제거시키니 공경의 근본이다. 믿음은 보배로운 가르침 중에서 으뜸가는 법이며, 청정한 손이 되어 뭇 실천을 받아들이게 한다. 믿음은 능히 여러 염오와 집착을 버려 떠나게 한다. 믿음은 오묘하고 깊고 깊은 법을 이해하게 하며, 믿음은 능히 방향을 바꿔 뭇 선을 이루어 마침내는 반드시 여래의 경지에 이르게 한다"[356] 고 하였다. 또 『대일경소』에서 믿음이란 "(어떤 사람이) 마치 우물을 파고 내려가다가 점차로 진흙바닥에 이르면 비록 물이 보이지 않더라도 반드시 물이 가까이 있음을 아는 것과 같으므로 신해라 한다"고 하였다.[357]

특히 정토문에서는 이 믿음을 중요시한다. 정토문에서의 믿음이란 『무량수경』에서 설한 아미타불의 48원과 『관무량수경』에서 설한 석가세존의 가르치신 말씀과 『아미타경』에서 설한 시방세계의 부처님의 찬탄과 권유를 믿는 것이다. 정토교에서는 자기 자신은 어쩔 수 없는 번뇌를 구족한 죄악범부罪惡凡夫라는 것을 믿어야만 부처님의 서원을 믿을 수 있다고 하였다. 이 믿음에 대하여 중국 정토교를 대성大成시킨 선도(善尊 613~682)는 『관경소』에서 다음과 같이 말한다.

356) 60권본 『화엄경』 권6(대정장9, p.433상) 참조.
357) 阿闍梨記 『대일경소』 권3(대정장39, p.614중) 참조.

첫째는 결정코 깊이 자신은 현재 죄악이 있고 생사하는 범부이며, 한량없는 세월동안 항상 윤회하여 벗어날 반연이 없는 줄 믿는 것이다. 둘째는 결정코 깊이 아미타불이 48원을 가지고 중생을 섭수하신다는 것에 의심이 없어야 하며, 염려하지 말고 저 원력을 입어 결정코 왕생할 수 있다는 것을 믿는 것이다. 또 결정코 깊이 석가모니불이 이 관경에서 삼복·구품·정선과 산선 등 두 가지 선을 설하시고, 저 부처님의 의보와 정보 등 두 가지 보를 증명하고 찬탄하시어 사람들로 하여금 기뻐하고 사모하게 하신 것을 믿는 것이다. 또 결정코 깊이 아미타경 가운데 시방의 항하사와 같은 모든 부처님들께서 일체 범부는 결정코 태어날 수 있다고 증명하고 권한 것을 믿는 것이다.[358]

라고 하였다. 이와 같이 믿음에 대해서는 추호도 의심치 말아야함을 강조하고 있다. 그러나 우리 중생심은 죽는 날 까지 찰나에도 의심이 나고 들어 마음이 항상 산란하여 믿음의 뿌리가 내리기가 어렵다. 불교의 모든 수행이 그러하지만 특히 정토의 문은 이 믿음으로부터 열리기 시작한다. 이 믿음이 있어야만 내가 죄악생사의 범부임을 자각할 수 있고, 이 자각에 의해 보리심이 발해지는 것이다. 믿음이 없는 종교는 이미 신앙의 의미를 상실한 것이며, 또한 믿음이 없는 사람은 신앙을 가져야 할 이유도 없다. 그래서 『종경록』에서는 "믿지 아니하는 사람은 천불千佛이 오셔도 (그를) 구제할 수 없다"[359]고 하였다. 필자는 이 믿음에 대해 나름대로 정리해보았다.

1. 나는 거룩하신 부처님의 모든 가르침이 틀림없다는 것을 믿는다.
2. 나는 부처님께서 설하신 삼세인과설三世因果說을 분명히 믿는다.
3. 나는 현재의 죄악으로 인해 생사윤회生死輪廻를 할 수 밖에 없는 범부

---

358) 『觀無量壽佛經疏』(대정장37, p.271상중) 참조.
359) 延壽集 『종경록』(대정장48, p.670중) 唯除不信人 千佛不能求.

중생임을 깊이 믿는다.

4. 나는 부처님의 가피력加被力과 위신력威信力을 깊이 믿는다.

5. 나는 부처님의 모든 서원誓願은 반드시 이루어진다는 것을 믿는다.

6. 나는 현재 범부중생의 몸이지만 참회수행을 거듭하면 과거의 생사죄가 소멸되고 미래에 반드시 부처의 몸이 될 것을 믿는다.

7. 나는 미래세에 부처님 같이 자유로운 법신法身이 되어 시방세계 어디든지 다닐 수 있고, 또한 내가 태어나고자 하는 곳에 마음대로 태어날 수 있게 된다는 것을 굳게 믿는다.

8. 나는 악한 것이 착한 것을 결코 이길 수 없다는 것을 굳게 믿는다.

9. 나는 불법이 살아있는 한 언젠가는 사바세계가 극락세계가 되어 너와 내가 다르지 않아, 네 것 내 것이 없는 평등한 세상이 반드시 온다는 것을 굳게 믿는다.

10. 나는 진실한 기도는 반드시 이루어진다는 것을 굳게 믿는다.

셋째, 원하라

"원해야 한다"는 것은 이와 같은 부처님의 모든 말씀을 굳게 믿고 그렇게 되어 지기를 간절한 마음으로 발원하는 것이다. 이러한 서원의 뜻에 대해 『법원주림』에서는 다음과 같이 설명한다.

> 불국토에 태어나는 것은 큰일이므로 혼자 공덕만을 행해서는 성취할 수 없나니 반드시 원력을 필요로 한다. 소가 아무리 힘껏 수레를 끌어도 반드시 부리는 사람이 있어야 하는 것과 같아서 청정한 불국토에 가는 데에는 서원이 앞에서 이끄는 것으로 말미암아 이루어지는 것과 같다. 또 원력에 의해 복덕이 증장하여 잃지도 않고 무너지지도 않아 항상 그 부처를 보기 때문이다.[360]

---

360) 『法苑珠林』「發願部」(대정장53, p.405중하) 참조.

라고 했다. 이와 같이 불국토에 태어나고자 할 때에는 공덕의 행만으로는 이룰 수가 없고 반드시 서원을 세워야 한다. 이 경문을 해석해 보면 소는 힘들게 공덕을 운반하는 복덕은 지었지만 소는 목적지가 어디인 줄을 알지 못한다는 말이다. 왜냐하면 소는 처음부터 어디로 가고자 하는 서원을 세우지 않았기 때문이다. 그래서 "소가 아무리 힘껏 수레를 끌어도 반드시 부리는 사람이 있어야 하는 것과 같다"고 한 것이다. 목적지가 없는 여행은 아무런 의미가 없다. 또한 지루하여 가다가 포기하고 말게 될 것이다. 그래서 반드시 목적지를 세워야 한다. 이 분명한 목적을 세우는 것이 곧 서원이다. 여기서 중요한 것은 발원을 하되 반드시 부처님의 서원의 원력에 의지한 발원이어야 한다. 왜냐하면 우리는 오탁악세의 말법시대를 살아가는 마음 여린 범부중생이므로 감히 부처님 같은 대원大願을 세울 수 없기 때문이다. 부처님의 서원은 곧 본원本願이다. 이 본원의 의미를 알아야 내가 어떠한 마음가짐으로 발원을 해야 하는가를 알 수 있다.

1) 본원의 의의

본원이란 범어 푸르바-푸라니드하나(Pūrva-Pranidhāna)의 역으로 불보살이 아직 불과佛果를 얻기 이전의 과거세에 중생을 구제하고자 일으키는 것으로 서원誓願 또는 숙원宿願과 같은 의미이다. 이 서원은 불보살이 인위因位의 시절에 대원을 일으켜 일체중생을 구제하겠다는 원망願望이기 때문에 서원이라고도 한다. 따라서 서원과 본원은 개념적으로 보면 동의어이다. 본원의 '본本'은 근본회根本解라는 뜻을 지니는데, 비록 보살의 마음이 광대하고 서원 또한 헤아릴 수 없이 크지만 오로지 이 서원만을 근본으로 삼기 때문이다. 그래서 본원이라고 부르는 것이다. 이를 법장은 『화엄경탐현기』에서 다음과 같이 설명하고 있다.

부처님의 본원이란 부처님께서 과거세에 일대사를 일찌감치 아셨

음을 밝힌 것이다. 원인은 곧 원을 일으킨 것이며, 그 원이 현세에 이루어진 것이다.[361]

라고 하였다. 이와 같이 본원은 불보살이 과거세에 일으키는 서원을 말한다. 또한 본원을 구별하면 총원總願과 별원別願으로 구분하는바 총원은 보살로서 누구라도 일으키지 않으면 안 되는 기본적이고 보편적인 서원을 말하고, 별원은 보살자신이 특별한 목적을 달성하기 위하여 일으킨 특수한 서원을 말한다. 이와 같은 총원은 일반적으로 사홍서원을 말하는데, 이 서원은 제불보살이 공통적으로 일으키는 다음의 네 가지서원을 말한다.

중생이 한량없지만 맹세코 건지기를 원합니다
(중생무변서원도衆生無邊誓願度).
번뇌가 한량없지만 맹세코 끊을 것을 원합니다
(번뇌무진서원단煩惱無盡誓願斷).
법문이 한량없지만 맹세코 배울 것을 원합니다
(법문무량서원학法門無量誓願學).
불도가 위없지만 맹세코 성취할 것을 원합니다
(불도무상서원성佛道無上誓願成).

이 사홍서원의 설에 대해서 최초로 이야기한 사람은 중국 양나라 법운(467~529)이다.[362] 그는 『법화경』의 주석서인 『법화의기』에서 『법화경』의 「약초유품」[363]을 해석하면서 사홍서의 이름을 붙였다.[364] 그 이후 천태지자가 『석선바라밀차제법문』에서 『보살영락본업경』[365]의 설을 인용하여 사제를 배열하였다.[366] 이설을 체관은 『천태사교의』에서 다음과 같이 자세

361) 法藏述『華嚴經探玄記』(대정장35, p.155하) 참조.
362) 香川孝雄著『四弘誓願の源流』(『印佛研究』38-1號) p.294 참조.
363) 『法華經』(대정장9, p.19중) 참조.
364) 『法華義記』(대정장33, p.648하) 從未度者令度下 明四弘誓之德.
365) 『菩薩瓔珞本業經』(대정장24, p.1013상) 참조.
366) 天台智者說『釋禪波羅蜜次第法門』(대정장46, p.476중) 참조.

히 기록하고 있다.

　　다음으로 장교에서 보살의 계위를 밝히면 다음과 같다. 처음 보리
심을 발할 때부터 사제라는 대상을 인연으로 하여 네 가지 큰 서원을
발하고, 그 다음에 육바라밀을 닦는다. 네 가지 큰 서원이란 첫째, 아
직 구제되지 못한 중생을 구제하는 것이다. 곧 중생이 헤아릴 수 없
이 많지만 모두 구제하겠다는 서원이다. 이것은 고제라는 대상을 인
연으로 하여 생겨난다. 둘째, 아직 깨닫지 못한 중생을 깨닫게 하는
것이다. 곧 번뇌가 다함이 없지만 모두 다 끊겠다는 서원이다. 이것
은 집제라는 대상을 인연으로 하여 생겨난다. 셋째, 아직 안주하지
못한 자를 안주하게 한다. 곧 법문이 한량없지만 모두 배우겠다는서
원이다. 이것은 도제라는 대상을 인연으로 한다. 넷째, 아직 열반을
얻지 못한 이들로 하여금 열반을 얻게 하는 것이다. 곧 부처님의 도
리는 위가 없이 높지만 모두 성취하겠다는 서원이다. 이것은 멸제라
는 대상을 인연으로 한다.[367]

라고 하였다 이와 같이 사홍서원은 사제의 인연으로 인해 생겨난다고 설
명하고 있다. 이상에서 살펴본 바와 같이 총원은 제불보살이 공통적으로
세우는 서원을 말한다.[368] 이에 대해 별원은 불보살이 각각 독자적으로 세
우는 서원을 말한다. 예를 들면 『비화경』에서 설하는 석가모니불의 500
대원, 『미륵보살소문본원경』에서 설하는 미륵보살의 10가지 본원, 『아축
불국경』에서 설하는 아축불의 20대원, 『약사여래본원경』에서 약사보살이
세운 12대원, 『무량수경』에서 법장보살이 세운 48원과 등이 그 예이다.
이는 모두 독자적으로 세우는 서원이기 때문에 별원이라고 한다. 이와 같
이 예를 들어보았는데, 이 가운데 가장 대표적으로 잘 알려진 서원은 아미

---

367) 諦觀錄 『天台四敎儀』(대정장46, p.777중) 참조.
368) 사홍서원에 대해서는 태원스님의 자세한 설명이 있다. 李太元 『淨土의 本質과 敎學發展』(운주사, 2006)
　　 pp.137~138 참조.

타불의 48대원이다. 그러면 위에서 열거한 제불보살이 세운 각 서원의 내용과 그 원이 세워진 인연을 보자.

2) 제불보살의 본원

먼저 석가모니불이 『비화경』에서 세운 500대원의 내용은 다음과 같다.

> 부처님께서 적의보살에게 말씀하시기를, 선남자야, 그때 보혜바라문이 보장부처님 처소에서 모든 하늘·대중·사람·사람 아닌 것 앞에서 대비의 마음을 성취하고 광대무량한 오백 가지 서원을 세우고 나서 다시 부처님께 사뢰었느니라. "세존이시여, 만약 제 소원이 이루어지지 않고 자기의 이익을 얻지 못하면 저 미래 현겁의 무거운 오탁악세에서 서로 투쟁하고, 말세에 눈멀고 어리석으므로 스승 삼아 물을 바가 없고 가르치고 경계할 이 없으니 모든 見에 떨어져서 큰 어둠 속에서 오역죄를 짓는 것이 위에 말씀한 바와 같은데, 그 가운데에서 불사를 지을 소원을 이루지 않고서는 이제 곧 보리심을 버리겠사오며 또한 다른 불국토에서도 모든 선근심기를 원하지 않겠나이다."[369]

라고 하였다. 이와 같이 석가모니부처님께서는 500대원을 세우고 나서 수기를 주시기를 원하고 있다. 다음은 『미륵보살소문본원경』에서 설하는 미륵보살이 봉행하는 열 가지 선한 본원을 보자.

> 미륵보살은 본래 불도를 구할 때에 귀와 코와 머리와 눈과 손과 발과 몸과 목숨과 보물과 성읍과 처자 및 국토를 가지고 모든 사람에게 보시하되 불도를 이루지 않고 선권·방편·안락의 행으로써 위

---

369) 『悲華經』(대정장3, p.212중하) 참조.

없는 정진의 도를 얻어 이루었느니라. (…중략…) 아난아, 미륵보살은 도를 구할 때에 본원은 "내가 부처를 이룰 때엔 나의 나라 인민은 모든 때와 더러움이 없고 음·노·치도 크지 않고 은근히 십선을 받들어 행하게 되면 나는 그때야 비로소 위없는 정각을 취하겠노라"고 하였느니라. 부처님은 아난에게 말씀하셨다. "아난아, 이후 다가오는 세상에 인민이 때와 더러움이 없고 십선을 받들어 행하고 음·노·치로 마음이 거칠지 아니한 그때를 당하여 미륵이 마땅히 위없는 정진의 도를 얻어 최정각을 이루리라. 그것은 미륵보살의 본원으로 이루어진 것이니라.[370]

라고 하였다. 이와 같이 미륵보살은 끝없는 자심慈心으로써 중생을 구제하겠다고 대원을 세웠다. 미륵보살의 열 가지 선한 본원이란 십선행을 말하는 것으로써 이 행도는 우리가 법회 때마다 독송하는 『천수경』에 나오는 십악참회의 내용이다. 이와 같은 미륵경전을 토대로 한 미륵신앙은 우리나라에는 백제로부터 시작하여 신라에 정착되어 미타신앙과 함께 오늘날까지 민중의 신앙으로써 크게 신봉되고 있다. 다음은 『아축불국경』에서 설하는 아축보살의 20대원이다. 아축보살은 대목여래로부터 앞으로 언젠가는 성불하여 아축여래가 될 것이라는 수기를 받는다. 아축이란 무진에 無瞋恚란 뜻으로 '성내지 않는다'는 뜻이다. 아축보살은 항상 선한 일을 하고, 결코 성내지도 않으며 마음의 동요가 없다. 그래서 그 이름이 '아축' 또는 '부동'이라고 불린다. 아축보살은 위없이 높고 바르고 두루한 불법을 위해 변함없이 수행을 쌓아 마침내 아비라제국의 부처가 되었다. 아축이 세운 서원은 앞의 미륵보살처럼 여러 가지 선한 행이다.

오직 천중천이시여, 저는 그러한 살운야(일체지一切智)의 뜻을 일으키고 살피면서 다음과 같이 서원합니다. 위없이 바르고 진실한 도를

---

370) 『彌勒菩薩所問本願經』(대정장12, pp.188하~189상) 참조.

추구하는데 있어서 첫째는 만약 일체의 인민 및 곤충과 꿈틀거리는 벌레의 무리에 이르기까지 그들에 대해 화내거나 분노를 일으키고, 둘째는 뜻으로 만약 성문·연각의 뜻을 일으키고자 하며, 셋째는 오직 뜻으로 음욕을 염하며, 넷째는 만약 뜻을 일으키는데 수면을 염하면서 온갖 생각을 염하며, 다섯째는 뜻을 일으키는데 의심하여 결정하지 못함을 염하면서 나아가 최상의 바른 깨달음을 성취하고자 한다면 저는 그 모든 불세존 모든 계산할 수 없고 헤아릴 수 없으며 불가사의한 한량없는 세계 속의 모든 부처님·천중천께서 지금 설하신 법을 속이는 것이 될 것입니다.[371]

라고 서원을 세우고 있다. 본 인용문 이외의 서원도 모두 선한 법에 대한 서원을 계속 발하는 내용이다. 다음은 약사여래가 『약사여래본원경』에서 세운 12가지의 대원을 보자. 문장구성은 마치 아미타불의 48원과 같다. 예를 들자면 처음 시작할 때 "제가 내세에 보리를 얻을 때"라고 시작한다. 따라서 편의상 시작하는 문구는 생략하고 내용을 보기로 하자.

(만약 내가 내세에 보리를 얻을 때…)

① 내 몸의 광명을 치성하게 하여 한량없고 무수하고 끝없는 세계를 비출 것이며, 장부의 서른 가지 대상大相과 여든 가지의 소호小好로써 장엄할 것이며 나의 몸이 그렇게 된 다음에는 모든 중생들을 나와 다름없이 하겠습니다(광명조요대원光明照曜大願).

② 몸이 유리처럼 안과 밖이 청정하여 다시는 티끌과 더러움이 없을 것이며, 광명이 광대하고 위덕이 치연熾然하여 몸이 불꽃 그물에 잘 안주安住하도록 장엄하여 해나 달을 능가하게 하겠습니다. 그리하여 만일 어떤 중생이 세간에 태어나 혹 사람들 중에서 어두운 곳이거나 밤에 갈 곳을 알지 못하더라도 나의 광명으로 뜻하는 대로 모든 사업事業을 할 수 있도록 하

---

371) 『阿閦佛國經』(대정장11, p.752상) 참조.

겠습니다(신여유리대원身如琉璃大願).

③ 끝없고 한이 없는 지혜의 방편으로써 한량없는 중생계로 하여금 다함이 없음을 受用하게 하되, 한 사람이라도 조금의 부족함이 없게 하겠습니다(수용무진대원受用無盡大願).

④ 이도異道를 행하는 중생들을 모두 보리도菩提道가운데 안립安立하게 할 것이며, 성문도聲聞道를 행하거나 벽지불도를 행하는 사람들은 모두 대승으로써 안립시키겠습니다(대승안립대원大乘安立大願).

⑤ 만일 어떤 중생이 나의 법 가운데서 범행을 닦는다면, 이 모든 중생이 한량없고 끝없다하여도, 모두 다 계를 빠트리거나 줄어들게 하지 않고 삼취계三聚戒를 다 갖추게 할 것이니 계를 깨트림으로써 악도에 떨어지는 사람이 없게 하겠습니다(삼취구정대원三聚具定大願).

⑥ 만일 어떤 중생의 몸이 하열하고 모든 근을 온전히 갖추지 못하여 추하고 더럽거나, 완고하고 어리석거나, 벙어리거나, 장님이거나, 절름발이거나, 앉은뱅이거나, 곱추거나, 나병이거나, 미치거나 또 그 밖의 온갖 병이 있다면, 그 중생들이 나의 이름을 듣고 나서 모두 다 모든 근이 다 갖추어지고 몸의 각 부분이 온전히 되게 하겠습니다(제근구족대원諸根具足大願).

⑦ 만일 어떤 중생이 모든 환난에 핍박받으나 보호해줄 사람도 없고 의지할 곳도 없으며, 머물 곳도 없고 모든 물자와 의약도 없으며, 또 친척도 없이 가난하고 불쌍하다면, 그 사람이 나의 이름을 듣고 나서 모든 고난이 다 없어지고 모든 고통과 괴로움이 다 없어져 구경에는 무상보리無上菩提에 이르도록 하겠습니다(중환실제대원重患悉除大願).

⑧ 만약 어떤 여인이 부인이 되어 온갖 악에 핍박받아 그 때문에 여자 몸을 싫어하고 여자의 모습을 버리고자 원한다면, 그 여인이 나의 이름을 듣고 나서 여인의 몸이 변하여 장부의 모습이 되어 구경에는 무상보리에 이르도록 하겠습니다(전녀성남대원轉女成男大願).

⑨ 일체 중생으로 하여금 악마의 그물에서 해탈하게 할 것이며, 만약 모든 이견異見의 숲에 떨어진다 하여도 모두 안립시켜 정견正見에 있게 하고

차례로 보살의 행문을 보여 주겠습니다(안립정견대원安立正見大願).

⑩ 만일 어떤 중생이 온갖 王法에 걸려 붙잡혀 매를 맞고 옥에 갇혀 죽게 되거나 한량없는 재난으로 절박한 근심과 걱정으로 몸과 마음이 괴롭다면, 그 중생이 나의 복력으로 인하여 모든 고뇌에서 모두 해탈토록 하겠습니다(계박해탈대원繫縛解脫大願).

⑪ 만일 어떤 중생이 배가 너무 고파 견딜 수 없어 먹을 것을 구하기 위하여 모든 악업을 짓는다면, 내가 그 사람이 있는 곳에서 우선 가장 묘한 색과 향과 맛이 나는 음식을 가지고 그를 배부르게 한 다음 법미로써 필경畢竟의 안락을 건립하게 하겠습니다(기근안락대원饑饉安樂大願).

⑫ 만일 어떤 중생이 가난하여 옷도 없이 추위와 더위와 모기와 등에에 밤낮으로 시달린다면, 제가 그에게 필요한 옷이나 온갖 여러 물건을 그가 좋아하는바에 따라 베풀어 줄 것이며, 또한 모든 보배로 장엄한 기구들과 화만華鬘과 도향塗香과 음악과 온갖 놀이로써 그 중생이 원하는바에 따라 모두 만족시켜 주겠습니다(의복엄구대원衣服嚴具大願).[372]

이상이 약사여래의 12대원이다. 이와 같이 약사여래는 열두 가지 대원을 통해서 모든 중생의 질병을 치료해주고 무명의 고통에서 벗어나게 해주기 때문에 마치 의사와도 같으므로 대의왕이라는 이름이 붙여졌다. 위의 12대원 가운데 병과 약에 대해서는 제6원과 7원이다. 이러한 『약사여래본원경』을 토대로 한 약사신앙은 우리나라에 전래된 이래 오늘날까지 관음신앙, 지장신앙, 미륵신앙, 미타신앙과 함께 많이 신앙되어 오고 있다. 이상과 같이 제불보살의 서원을 대략 살펴보았다. 다음은 아미타불의 본원과 대표적인 제사의 해석을 보자.

3) 아미타불의 본원

---

372) 『藥師如來本願功德經』(대정장14, pp.401중~402상) 참조.

아미타불의 본원은 아미타부처님께서 부처가 되기 이전 인위의 시절에 법장이라는 비구였을 때 세웠던 48가지 서원이다. 이 서원은 모든 불보살의 서원중에 제일 대표적인 서원으로 알려져 있다.

그런데 48원이 나오는 곳은 『무량수경』[373]과 보리유지가 한역한 『대보적경』권17에 실린 「무량수여래회」[374] 두 곳뿐이고, 이역본에서는 『대아미타경』[375]과 『무량청정평등각경』[376]에 나오는 24원, 『대승무량수장엄경』[377]에 나오는 36원과 범본의 46원 또는 47원, 티베트본의 49원 등으로 각각 다르다. 또한 본원의 내용도 일치하는 것이 아니라 조금씩 다르다. 이와 같은 미타본원은 처음에 24원이 차츰 늘어나 48원이 된 것으로 추정된다. 이러한 근거로써 전술한 바와 같이 경전의 성립시기도 따라서 추정되는 것이다. 장황하지만 48원의 원명과 내용을 모두 살펴보고자 한다. 먼저 원명을 보자.

이 명목에 대해 평정준영은 48원의 명목을 요혜의 『무량수경초』[378]의 설과 성총의 『직담요주기』[379]의 설, 그 외의 이칭異稱을 대조하였는데, 명칭이 조금씩 다르지만 의미는 같다[380]고 하였다. 여기서는 일반적으로 잘 알려진 요혜의 『무량수경초』의 설을 보고자한다. 명목은 다음과 같다.

①무삼악취원無三惡趣願 ②불갱악취원不更惡趣願 ③실개금색원悉皆金色願 ④무유호추원無有好醜願 ⑤숙명지통원宿命智通願 ⑥천안지통원天眼智通願 ⑦천이지통원天耳智通願 ⑧타심지통원他心智通願 ⑨신경지통원神境智通願 ⑩속득누진원速得漏盡願 ⑪주정정취원住正定聚願 ⑫광명무량원光明無量願 ⑬수명무량원壽命無量願 ⑭성문무수원聲聞無數願 ⑮권속장수원眷屬長壽願 ⑯무제불선원無諸不

---

373) 康僧鎧譯『佛說無量壽經』(대정장12, pp.267하~269중) 참조.
374) 菩提流志譯『大寶積經』無量壽如來會 2권(대정장11, pp.93중~94하) 참조.
375) 支謙譯『大阿彌陀經』권상(대정장12, pp.301상~302중) 참조.
376) 支婁迦讖譯『無量淸淨平等覺經』(대정장12, p.281상중하) 참조.
377) 法賢譯『大乘無量壽莊嚴經』(대정장12, pp.319상~310하) 참조.
378) 요혜撰『無量壽經鈔』7권(『淨土宗全書』14)에 수록되어 있고, 『대무량수경초』·『대경초』 등이라고도 한다. 이 책은 『무량수경』을 주석한 것으로 諸師의 석의를 기반으로 해석하였다.
379) 성총撰『大徑直談要註記』6권(淨土宗全書14) 법연의 『대경사기』, 요혜의 『대경초』를 기초로 하여 주석한 책이다.
380) 坪井俊映著 李太元譯『淨土三部經槪說』(寶國寺, 1988) pp.80~81 참조.

善願 ⑰제불칭양원諸佛稱揚願 ⑱염불왕생원念佛往生願 ⑲내영인접원來迎引接願 ⑳계념정생원係念定生願 ㉑삼십이상원三十二相願 ㉒필지보처원必至補處願 ㉓공양제불원供養諸佛願 ㉔공구여의원供具如意願 ㉕설일체지원說一切智願 ㉖나라연신원那羅延身願 ㉗소수엄정원所須嚴淨願 ㉘견도장수원見道場樹願 ㉙득변재지원得辯才智願 ㉚지변무궁원智辯無窮願 ㉛국토청정원國土淸淨願 ㉜국토엄식원國土嚴飾願 ㉝촉광유영원燭光柔輭願 ㉞문명득인원聞名得忍願 ㉟여인왕생원女人往生願 ㊱상수범행원常修梵行願 ㊲천인치경원天人致敬願 ㊳의복수념원衣服隨念願 ㊴수락무염원受樂無染願 ㊵견제불토원見諸佛土願 ㊶제근구족원諸根具足願 ㊷주정공불원住定供佛願 ㊸생존귀가원生尊貴家願 ㊹구족덕본원具足德本願 ㊺주정견불원住定見佛願 ㊻수의문법원隨意聞法願 ㊼득불퇴전원得不退轉願 ㊽득삼법인원得三法印願.

이상이 아미타불의 48대원의 원명이다.[381] 이 원명에 대해서는 논사들의 해석이 있다.[382] 그러면 이제 48원의 내용전문을 살펴보기로 하자. 경전원문을 보면 앞의 약사여래처럼 각 원마다 시작할 때 문구가 "만약 제가 부처를 이루었을 때"라고 시작하고 끝날 때는 "… 있다면 저는 부처가 되지 않겠습니다."라고 같은 문구가 되풀이 된다. 이와 같이 반복되므로 편의상 앞의 문구는 생략하고 각 원의 내용만 간추려서 그 뜻을 새겨보고자 한다.

(만약 내가 부처를 이루었을 때…)
① 그 국토에 지옥, 아귀, 축생이 있다면 나는 부처가 되지 않겠다.
② 그 국토에 사는 인간과 천신들 가운데 목숨이 다한 뒤에 다시 삼악도에 떨어지는 자가 있다면 나는 부처가 되지 않겠다.
③ 그 국토에 사는 인간과 천신들 가운데 진정한 금빛이 나지 않는 자가 있다면 나는 부처가 되지 않겠다.

---

381) 48원에 처음으로 원명을 붙인 사람은 신라의 法位라 한다. 坪井俊映著 韓普光譯 앞의 책 p.355.
382) 坪井俊映著 李太元譯 앞의 책 p.83~85 참조.

④ 그 국토에 사는 인간과 천신들 가운데 형체와 빛깔이 아름답고 추한 것의 차이가 있다면 나는 부처가 되지 않겠다.

⑤ 그 국토에 사는 인간과 천신들 가운데 숙명통을 얻지 못하여 백 천억 나유타에 이르는 여러 겁 동안의 일을 알지 못하는 자가 있다면 나는 부처가 되지 않겠다.

⑥ 그 국토에 사는 인간과 천신들 가운데 천안을 얻지 못하여 백 천억 나유타에 이르는 여러 불국토를 보지 못하는 자가 있다면 나는 부처가 되지 않겠다.

⑦ 그 국토에 사는 인간과 천신들 가운데 천이통을 얻지 못하여 백 천억 나유타에 이르는 여러 부처님께서 설하시는 바를 듣고서 그대로 받아 지니지 못하는 자가 있다면 나는 부처가 되지 않겠다.

⑧ 그 국토에 사는 인간과 천신들 가운데 他心智를 얻지 못하여 백 천억 나유타에 이르는 여러 불국토에 있는 중생들이 마음으로 생각하는 바를 알지 못하는 자가 있다면 나는 부처가 되지 않겠다.

⑨ 그 국토에 사는 인간과 천신들 가운데 신족통을 얻지 못하여 한 생각 하는 찰나에 백 천억 나유타에 이르는 여러 불국토를 초월해 지나가지 못하는 자가 있다면 나는 부처가 되지 않겠다.

⑩ 그 국토에 사는 인간과 천신들 가운데 만약 잘못된 생각과 기억을 일으켜 몸에 대해 탐착하고 계교하는 자가 있다면 나는 부처가 되지 않겠다.

⑪ 그 국토에 사는 인간과 천신들 가운데 正定聚에 머물지 못하여 반드시 멸도에 들지 못하는 자가 있다면 나는 부처가 되지 않겠다.

⑫ 광명에 한계가 있어서 백 천억 나유타에 이르는 여러 불국토를 모두 비출 수가 없다면 나는 부처가 되지 않겠다.

⑬ 수명에 한계가 있어서 백 천억 나유타의 겁에 이른다면 나는 부처가 되지 않겠다.

⑭ 그 국토 중에 성문들을 능히 헤아릴 수 있고 삼천대천세계의 성문과 연각들이 백 천겁 동안 모두 함께 계산하여 그 수를 알 수 없어야 한다. 만

약 그렇게 되지 않는다면 나는 부처가 되지 않겠다.

⑮ 그 국토에 사는 인간과 천신들은 그 수명이 한량이 없어야 한다. 다만 본래의 서원에 따라 수명의 길고 짧음을 자유자재로 할 수는 있다. 그런데 만약 그 수명에 한량이 있다면 나는 부처가 되지 않겠다.

⑯ 그 국토에 사는 인간과 천신으로서 선하지 못한 이름을 듣는 자가 있다면 나는 부처가 되지 않겠다.

⑰ 시방세계의 헤아릴 수 없는 모든 부처님들이 나의 명호와 공덕을 칭찬하지 않는다면 나는 부처가 되지 않겠다.

⑱ 시방의 중생들이 나의 국토에 태어나고자 지극한 마음으로 환희심을 내어 내 이름을 십념하여도 만약 나의 국토에 태어나지 않는다면 나는 부처가 되지 않겠다.

⑲ 시방의 중생들이 보리심을 일으키고 모든 공덕을 쌓고 지극한 마음으로 서원을 일으켜 나의 국토에 태어나고자 원할 때에 내가 대중에게 둘러 싸여 그들 앞에 나타나지 못한다면 나는 부처가 되지 않겠다.

⑳ 시방의 중생들이 나의 명호를 듣고 나의 국토를 생각한 뒤 많은 공덕의 근본을 심고 지극한 마음으로 회향하여 나의 국토에 태어나고자 하는데도 그 목적이 이루어지지 않는다면 나는 부처가 되지 않겠다.

㉑ 그 국토에 사는 인간과 천신들이 서른두 가지 대인상을 원만히 성취하지 못한다면 나는 부처가 되지 않겠다.

㉒ 다른 방위에 있는 불국토의 여러 보살의 무리들이 나의 국토에 와서 태어난다면 필경에 반드시 일생보처의 지위에 이르러야 한다. 단지 본래 서원에 따라 일체중생을 위해 큰 서원을 세우고 선근공덕을 쌓아 일체중생을 제도하며, 모든 불국토에 다니며 보살행을 닦고, 시방세계의 여러 부처님을 공양하고, 한량없는 중생을 교화해서 위없는 바른 깨달음을 얻게 하고자 하는 이는 제외할 뿐이다. 그 밖의 사람들은 점차로 수행해서 오르는 십지의 보살행을 초월해서 곧바로 보현보살의 공덕을 닦게 할 것이다. 만일 그렇게 되지 않는다면 나는 부처가 되지 않겠다.

㉓ 그 국토의 보살들이 부처님의 위신력을 입고, 여러 부처님께 공양하되 한 번의 식사를 공양하는 동안 셀 수 없고, 한량없는 나유타의 여러 부처님의 국토에 두루 이르는 것이 가능하지 않다면 나는 부처가 되지 않겠다.

㉔ 그 국토의 보살들이 모든 부처님께 올리는 공양공덕을 쌓고자 원할 때에 그들이 원하는 모든 공양구가 마음대로 얻어지지 않는다면 나는 부처가 되지 않겠다.

㉕ 그 국토의 보살들이 一切智를 능히 연설할 수 없다면 나는 부처가 되지 않겠다.

㉖ 그 국토의 보살들이 금강의 나라연신을 얻지 못한다면 나는 부처가 되지 않겠다.

㉗ 그 국토에 사는 인간과 천신들과 일체의 만물은 청정하고 화려하게 빛나고, 형체와 색깔이 수승하고 특이하고 오묘하여 능히 헤아릴 수 없으리니, 만약 천안통을 얻은 이가 그 이름과 수효를 능히 헤아릴 수 있다면 나는 부처가 되지 않겠다.

㉘ 그 국토의 보살들 내지 조그마한 공덕이라도 있는 자가 그 도량의 나무가 한량없이 빛나고, 그 높이가 사백만 리가 되는 것을 능히 알아보지 못한다면 나는 부처가 되지 않겠다.

㉙ 그 국토의 보살들이 경전의 교법을 수지하여 읽고 외우고 설하되 변재와 지혜를 얻지 못한다면 나는 부처가 되지 않겠다.

㉚ 그 국토의 보살들이 지니는 지혜와 변재에 한계가 있다면 나는 부처가 되지 않겠다.

㉛ 국토가 청정하여 모두 빠짐없이 시방에 있는 일체의 헤아릴 수 없고 셀 수 없는 불가사의한 모든 부처님의 세계를 비추어 보는 것이 마치 밝은 거울을 가지고 그 표면의 영상을 보는 것 같아야 한다. 만일 그렇게 되지 않는다면 나는 부처가 되지 않겠다.

㉜ 지상이나 허공에 있는 궁전이나 누각, 시냇물과 연못, 화초와 나무

등 모든 국토 안에 있는 일체 만물들은 모두 헤아릴 수 없는 보배와 백 천 종류의 향으로 이루어지고, 장식되어 모든 인간과 천신을 초월했으며, 그 향기가 널리 시방세계에 풍겨 보살은 그 향기를 맡고 모두 부처님의 행을 닦게 될 것이니, 만약 그렇게 되지 않는다면 나는 부처가 되지 않겠다.

㉝ 시방의 한량없고 불가사의한 모든 불국토의 중생들이 나의 광명이 몸에 비치어 접촉하면 몸과 마음이 부드럽고 경쾌해져 인간과 천신을 초월하게 되리니, 만약 그렇지 않다면 나는 부처가 되지 않겠다.

㉞ 시방의 한량없고 불가사의한 모든 불국토의 중생들이 나의 이름을 듣고서 보살의 무생법인과 갖가지 깊은 다라니를 얻지 못한다면 나는 부처가 되지 않겠다.

㉟ 시방의 한량없고 불가사의한 모든 부처님의 세계에 어떤 여인이 나의 이름을 듣고 환희심을 내어 보리심을 일으켜 여인의 몸을 싫어하고 멀리 하였는데도 목숨을 마친 뒤에 다시 여인의 몸을 받게 된다면 나는 부처가 되지 않겠다.

㊱ 시방의 한량없고 불가사의한 모든 부처님의 세계에 사는 여러 보살들이 나의 이름을 듣고 목숨을 마친 뒤에도 만약 청정한 수행을 할 수 없고, 필경에 부처가 되지 못한다면 나는 부처가 되지 않겠다.

㊲ 시방의 한량없고 불가사의한 모든 부처님의 세계에 사는 중생들이 내 이름을 듣고, 온몸을 땅에 던져 절하고, 머리를 조아려 예를 올리고, 환희심과 신심을 내어 보살의 행을 닦을 때에 여러 천신과 세간의 인간들이 그들을 공경하지 않는다면 나는 부처가 되지 않겠다.

㊳ 그 국토에 사는 인간과 천신이 의복을 얻고자 하면 생각하는 대로 곧바로 의복이 생겨야한다. 그리고 그 옷은 마치 부처님께서 찬탄하신바와 같은 법도에 맞는 오묘한 옷으로써 저절로 몸에 입혀져야 한다. 그런데 만약 그 옷에 재단한 곳과 물들인 흔적과 빨래한 흔적 등이 있다면 나는 부처가 되지 않겠다.

㊴ 그 국토에 사는 인간과 천신이 느끼는 유쾌함과 즐거움이 번뇌를 여

윈 비구와 같지 않다면 나는 부처가 되지 않겠다.

⑩ 그 국토의 보살이 뜻에 따라 시방의 헤아릴 수 없는 장엄하고 청정한 부처님의 국토를 보고자 하면 때에 맞추어 원하는 대로 보배나무 가운데에서 모두 빠짐없이 비추어 보는 것이 마치 밝은 거울을 가지고 그 표면의 영상을 보는 것 같이 비추어져야 한다. 만약 그렇게 되지 않는다면 나는 부처가 되지 않겠다.

㊶ 다른 방향의 국토에 있는 여러 보살의 무리들이 내 이름을 듣고 부처를 이룰 때까지 여러 감관이 열등하고 구족되지 못한 것이 있다면 나는 부처가 되지 않겠다.

㊷ 다른 방향의 국토에 있는 여러 보살의 무리로서 내 이름을 들은 이는 모두 빠짐없이 해탈삼매를 재빨리 얻어야 하며, 그 삼매에 머물러 한 번 뜻을 일으키는 동안에 헤아릴 수 없고 불가사의한 모든 부처님, 세존을 공양하되 결정된 뜻을 잃지 말아야 한다. 만약 그렇게 되지 않는다면 나는 부처가 되지 않겠다.

㊸ 다른 방향의 국토에 있는 여러 보살의 무리로서 내 이름을 들은 이는 목숨이 다하여 죽은 뒤에 존귀한 가문에 태어나야 한다. 만약 그렇게 되지 않는다면 나는 부처가 되지 않겠다.

㊹ 다른 방향의 국토에 있는 여러 보살의 무리로서 내 이름을 듣고 환희하고 뛸 듯이 즐거워하며 보살행을 닦아서 공덕의 근본을 구족해야 한다. 만약 그렇게 되지 않는다면 나는 부처가 되지 않겠다.

㊺ 다른 방향의 국토에 있는 여러 보살의 무리로서 내 이름을 들으면 모두 빠짐없이 普等三昧를 빨리 얻어야하며, 그 삼매에 머물러 부처님을 이룰 때까지 항상 헤아릴 수 없고 불가사의한 모든 부처님을 뵐 수 있어야 한다. 만약 그렇게 되지 않는다면 나는 부처가 되지 않겠다.

㊻ 그 국토의 보살들이 그 뜻하고 원하는 바에 따라서 듣고자 하는 법을 자연히 들을 수 있어야 한다. 만약 그렇게 되지 않는다면 나는 부처가 되지 않겠다.

㊼ 다른 방향의 국토에 있는 여러 보살의 무리들이 내 이름을 듣고서 바로 불퇴전의 지위에 이르는 것을 얻지 못하면 나는 부처가 되지 않겠다.

㊽ 다른 방향의 국토에 있는 여러 보살의 무리들이 내 이름을 듣고도 바로 제일, 제이, 제삼 법인에 이르는 것을 얻지 못하고 모든 부처님의 법에 있어서 바로 불퇴전의 지위를 얻지 못한다면 나는 부처가 되지 않겠다.[383]

이상이 아미타불의 48대원 해석이다. 이와 같은 아미타불의 대서원은 오로지 중생을 구제하기 위하여 영겁의 세월동안 무량한 공덕을 쌓아 세운 서원이다. 그래서 중생들은 오직 이 본원에 의지하기만 하면 극락정토에 왕생할 수 있다고 하였다. 특히 위의 48원 가운데 제18원 '염불왕생원念佛往生願'은 오직 이 설에 의지하는 것만으로도 정토왕생을 성취할 수 있다는 뜻에서 붙여진 이름이다. 그래서 의산은 『수문강록』에서 이 18원을 왕본원[384] 이라고 하여 이 원을 가장 중요시 하고 있다. 이 아미타불의 18원에 대한 제사의 해석이 있다.[385] 이상과 같이 제불보살의 서원을 대략 살펴보았다. 이러한 제불보살의 서원은 곧 보리심을 발하는 것과 상통한다. 위에서 약사보살이 12대원을 세울 때 맨 먼저 "만약 내가 내세에 보리를 얻을 때"라고 하였듯이 보리심은 곧 서원이다. 밀교에서도 보리심을 강조하지만 특히 정토교에서는 보리심을 강조하는바 이에 대해 살펴보자.

4) 보리심을 발하라

앞에서 이미 나는 범부임을 자각하고 그것을 믿는다고 했다. 이제 그 자각된 마음으로 위없는 보리심을 내는 것이다. 수행자는 모름지기 보리심을 내지 않으면 원하는 바를 성취할 수 없다. 왜냐하면 시방삼세에 수없는

383) 康僧鎧譯 『佛說無量壽經』(대정장12, pp.267하~269중) 참조.
384) 『수문강록』에서 "또한 중생이 저 국토에 태어나지 못하면 하나하나 여러 원을 얻을 수 없다. 그러므로 나머지 47원으로는 저 나라에 태어날 수 없는 것으로, 하나의 장엄이라고 말할 수 있다. 만약 이 원이 없다면 모두 유명무실이 되는 까닭에 왕본원이라는 것이다"라고 하였다. 『정토종전서』권제14, p.319 참조.
385) 현송편저 『정토불교의 역사와 사상』(운주사, 2014) pp.214~224 참조.

불국토가 이루어진 까닭은 제불보살이 수 억겁을 오로지 보리심을 발하여 깨달음을 증득했기 때문이다.

보리심은 산스크리트어로 보디히-시타(bodhi-citta)라고 한다. 이 말을 도심道心 또는 도의道意 등으로 한역했지만 이 말의 원어는 아눅다라삼먁삼보디히-시타(anuttarasamyaksambodhi-citta)이다. 이를 한문으로 아눅다라삼먁삼보리심阿耨多羅三藐三菩提心으로 음역하였고, 이를 약칭하여 무상도심無上道心 또는 무상정등정각無上正等正覺心 등으로 의역하였다. 이러한 여러 의미의 용어들이 구마라집 이후에 '보리심'이란 용어로 정착하게 되었다. 그러나 이 원어는 어떤 문헌에도 보이지 않는다.[386] 따라서 이 용어는 중국의 구마라집을 비롯한 역경가에 의해 의역된 일반화된 용어라고 본다.

보리심은 궁극적인 깨달음을 성취하기 위하여 행자가 반드시 지녀야 하는 기본적인 마음이다. 왜냐하면 보리심은 깨달음을 증득케 하는 뿌리이기 때문이다. 대승보살의 특징은 이 보리심을 일으키는 발심發心에 있다. 그래서 용수는 『대지도론』에서 "보살이 무상의 도를 깨달음의 대상으로 삼아 '나는 부처가 되리라'고 결심하고 처음으로 마음을 일으키는 것을 보리심이라 한다"[387] 라고 설한바 이 말이 가장 일반적인 보리심에 대한 정의라고 할 수 있다. 이것이 후에 여래장계통의 사상에서는 각심覺心이라 해석되어 불성 또는 여래장 등과 같은 뜻으로 취하여 성취해야할 본성으로써의 의미와 가치를 지니게 하였다. 이를 『대반열반경』에서는,

> 보살이 수호하는 하나의 사안이란 무엇인가. 그것은 보리심이다. 보살마하살은 항상 이 보리심을 부지런히 수호하는데, 마치 세간 사람이 아들을 지키며 보호하는 것과 같고, 또한 한쪽 눈이 먼 사람이 성한 나머지 하나의 눈을 지키는 것과 같고, 광야를 지나갈 때 길잡이를 수호하는 것과 같다. 보살이 보리심을 수호하는 것도 이와 같

---

386) 智冠編著 앞의 辭林(9권) p.1028 참조.
387) 龍樹造 『大智度論』(대정장25, p.362하) 菩薩初發心緣無上道 我當作佛 是名菩提心.

다. 보리심을 이와 같이 수호함으로 말미암아 아뇩다라삼먁삼보리를
얻고 아뇩다라삼먁삼보리를 얻음으로 말미암아 상락아정을 구족하
게 되는 것이니 이것이 그 위없는 대반열반이다. 그러므로 보살은 하
나의 법을 수호하는 것이다.[388]

라고 하여 보리심은 보살수행의 근본덕목임을 설하고 있다. 또 80권 『화
엄경』에서는,

불자들아, 보살마하살의 법계와 동등하고 무량한 회향이란 무엇인
가. 불자들아, 이 보살마하살은 때가 없는 깨끗한 비단으로 정수리를
묶고, 법사의 지위에 머물며 법보시를 널리 행하니 대자비심을 일으
켜 중생을 보리심에 편안히 들어서게 하며, 항상 쉬지 않고 널리 이
익이 될 일을 행하고, 보리심으로 선근을 기른다.[389]

라고 하였다. 여기서는 보리심이 무량한 회향이라고 하였다. 또 위의 경
『인법계품』에서는,

선남자야, 보리심은 종자와 같아 능히 일체의 모든 불법을 일으키
며, 보리심은 좋은 밭과 같아 능히 중생의 순수하고 청정한 법을 기
르며, 보리심은 대지와 같아 능히 일체의 모든 세간을 지니고 있고,
보리심은 깨끗한 물과 같아 능히 일체 번뇌의 더러움을 씻느니라.[390]

라고 하였다. 이와 같이 보리심은 종자와 같고, 밭과 같고, 대지와 같고,
깨끗한 물과 같다고 하였다. 여기서는 다 인용할 수 없지만 보리심에 대
해 이 『인법계품』에서만 무려 78종류를 열거하고 있고, 『화엄경』의 곳곳

---

388) 36권 『大般涅槃經』(대정장12, p.759중) 참조.
389) 80권 『大方廣佛華嚴經』「十廻向品」(대정장10, p.171상) 참조.
390) 위의 책 『入法界品』(대정장10, p.429중) 참조.

에서 보리심을 강조하고 있다. 이와 같이 『화엄경』에서 보리심을 강조하는 것은 보리심이 대승불교에서는 뿌리와도 같은 매우 근본적인 수행덕목임을 강조하는 것이라고 본다. 신라의 원효스님도 그의 저서 『무량수경종요』에서 왕생의 인因을 정인正因과 조인助因으로 나누었는데, 정인은 위없는 보리심이고 조인은 염불이라고 했다. 원효는 논하기를,

  경에서 말한바 정인이란 이른바 보리심이니, 위없는 보리심을 낸다는 것은 세간의 부귀와 즐거움과 2승의 열반을 돌아보지 않고 한 결같이 3신의 보리를 지원하는 것이니, 이것을 위없는 보리심이라고 한다. 통틀어 말하면 그러하지만 그 중에는 두 가지가 있으니, 첫째는 일을 따라 발심하는 것이요, 둘째는 이치를 따라 발심하는 것이다.[391]

라고 하여 염불보다 보리심을 강조하고 있고, 또한 보리심은 곧 '발심'임을 설명하고 있다. 그러면 이제 정토경전에서 설한 보리심에 대한 설을 살펴보자. 정토와 관련된 경전인 『여래회』[392] · 『장엄경』[393] · 『무량수경』[394] · 『관무량수경』[395] · 『아미타경』 · 『칭찬정토경』[396] 등에서 용어는 같지 않지만 보리심에 대한 용어로 설하고 있다. 여기서는 『정토삼부경』에서 설한 보리심에 대한 설을 살펴보기로 하자. 먼저 『무량수경』에는 48원 가운데 제

---

391) 원효술 『無量壽經宗要』(대정장37, P128하) 참조.
392) 『如來會』에서는 發菩提心(대정장11, p.93하, 94중, 97하), 發心(대정장11, p.97하, p.100중) 등 총 5회를 설하고 있다.
393) 『莊嚴經』에서는 發阿耨多羅三藐三菩提心(대정장12, p.319상, p.321중, p.326중) 發菩提心(대정장12, p.319하, p.321하, p.322중, p.324상) 發大道心(대정장12, p.320상) 發菩提芽(대정장12, p.324하), 發勝心(대정장12, p.323하) 등 총12회를 설하고 있다.
394) 『無量壽經』에서는 發無上正眞道意(대정장12, p.267상) 發無上正覺之心(대정장12, p.267중, 279상) 發菩提心(대정장12, p.267상, p.268하, p.272중) 發無上菩提之心(대정장12, p.272중하) 當發意(대정장12, p.272중) 發無量心(대정장12, p.273상) 發心(대정장12, p.278중) 등 총12회를 설하고 있다.
395) 『觀無量壽經』에서는 發菩提心(대정장12, p.341하, p.346상) 發無道心(대정장12, p.345상 p.345하, 346상중) 發阿耨多羅三藐三菩提心(대정장12, p.346상) 등 총9회를 설하고 있다.
396) 『阿彌陀經』과 『稱讚淨土經』에서는 '發心'이란 말 대신에 『아미타경』에서는 皆得不退轉於阿耨多羅三藐三菩提(대정장12, p.348상)라고 하였고, 『稱讚淨土經』에서는 速證無上正等菩提(대정장12, p.349상, p.350상, p.351중)라는 용어를 사용하고 있다. 이상의 典據는 李太元著 『淨土의 本質과 敎學發展』(운주사, 2006) pp.362~363 참조.

19원을 보면,

> 만약 내가 부처가 되었을 때 시방에 있는 중생이 보리심을 발하여 모든 공덕을 닦아 지극한 마음으로 나의 국토에 태어나기를 원하여서 그가 임종할 때에 내가 대중과 더불어 위요하여 그 사람 앞에 나타나지 못하면 나는 성불하지 않겠다.[397]

라고 하였다. 이 말씀은 누구라도 보리심을 일으켜 서원을 세운다면 반드시 그들 앞에 나타난 그 서원을 이루게 해준다는 것이다. 또 제35원에서,

> 만일 내가 부처를 이루었을 때, 시방의 한량없고 불가사의한 모든 부처님의 세계에 어떤 여인이 나의 이름을 듣고 환희하고 즐거이 믿고, 보리심을 일으키고 여인의 몸을 싫어하고 멀리하였는데도, 목숨을 마친 뒤에 다시 여인의 모습을 받게 된다면 나는 부처가 되지 않겠다.[398]

라고 하였다. 이와 같이 보리심은 왕생의 인이 된다는 것을 강조하고 있다. 또 『무량수경』의 삼배왕생설을 보면 삼배왕생자는 모두 보리심을 발해야 한다고 설하고 있다. 상배자上輩者는 "출가하여 욕심을 버리고 사문이 되어 보리심을 일으켜 오로지 한결같은 마음으로 무량수부처님을 염불하는 자이다"[399] 라고 하였고, 중배자中輩者는 "비록 사문이 되어 큰 공덕을 닦는 것이 불가능하다고 해도 마땅히 위없는 보리의 마음을 일으켜 오로지 한결같은 마음으로 무량수부처님을 염불하는 자이다"[400] 라고 하였고, 하배자下輩者는 "설령 온갖 공덕을 닦는 것이 불가능하다고 하여도 마땅히 위없는 보리의 마음을

---

397) 『無量壽經』권상(대정장12, p.268상중) 참조.
398) 『無量壽經』(대정장12, p.268하) 참조.
399) 『無量壽經』권하(대정장12, p.272중) 참조.
400) 위의 책(대정장12, p.272중) 참조.

일으켜 오로지 한결같은 마음으로 단 열 번만이라도 무량수부처님을 염불하면서 그곳에 태어나기를 원해야 한다"[401] 고 하였다. 여기서 중요한 것은 상배·중배·하배인 모두가 근기와 관계없이 보리심을 내야함을 근본으로 하고 있다는 점이다. 다음 『관무량수경』에서는 삼복을 닦는 가운데 보리심을 설하고 있다.

> 저 국토에 태어나고자하는 사람은 마땅히 세 가지 복을 닦아야 한다. 첫째는 부모에 효도하고 스승과 어른을 받들어 모시며 자비심으로 살생하지 말고, 열 가지 착한 업을 지녀야 한다. 둘째는 삼귀의계를 받아 지니며 여러 가지 계를 지키며 위의를 범하지 말아야 한다. 셋째는 보리심을 내어서 깊이 인과를 믿고, 대승경전을 믿고 다른 수행자에게도 전할지니라. 이와 같은 세 가지 일을 정업이라 하느니라.[402]

라고 하여 보리심이 정업이라고 하였다. 그래서 부처님은 위제희 부인에게 이르시기를, "그대는 지금 아는가 모르는가. 이 세 가지 업은 과거·현재·미래 삼세의 모든 부처님께서 닦으신 정업의 바른 인이 된다"[403] 고 재차 강조하였다. 다음은 『아미타경』의 설을 보자. 이 경에서는 '보리심'이라는 용어를 '아뇩다라삼먁삼보리阿耨多羅三藐三菩提'라고 하였다.

> 사리불이여, 만약 어떤 사람이 이미 발원하였거나, 지금 발원하거나, 장차 발원하여 아미타불의 국토에 태어나려고 하는 사람들은 모두 아뇩다라삼먁삼보리에서 물러나지 않는 지위를 얻어 저 국토에 이미 태어났거나, 지금 태어나거나, 장차 태어날 것이니라. 이런 까닭에 사리불이여, 모든 선남자·선여인 등 믿음이 있는 사람은 마땅

---

401) 위의 책(대정장12, p.272하) 참조.
402) 『觀無量壽佛經』(대정장12, p.341하) 참조.
403) 위의 책(대정장12, p.341하) 참조.

히 저 국토에 태어나기를 발원해야 하느니라.[404]

라고 하였다. 위에서 아뇩다라삼먁삼보리는 상술한바 보리심의 원어이다. 이와 같이 『정토삼부경』에서는 "발보리심"을 강조하고 있다. 이것이 원생 자의 마음가짐이며 근본적으로 지녀야할 자격이다. 우리는 흔히 염불만 잘하면 쉽게 왕생극락하리라고 생각하지만, 염불의 단계에 이르기까지는 이러한 기본자격이 갖추어지지 않으면 염불삼매를 이룰 수 없다는 것을 가르쳐주고 있다. 그래서 원효는 왕생인을 논할 때 보리심이 정인이 되고 염불이 조인이 된다는 것을 강조한 것이라고 본다.

이상과 같이 정토경전의 설을 살펴보았다. 그러면 중국 정토논사들의 설을 보자. 담란은 『왕생론주』에서 다음과 같이 논한다.

> 삼배왕생 가운데는 비록 행에 우열이 있지만 다 무상보리심을 일 으키지 않는 것이 없다. 이 무상보리심이란 곧 이 성불하기를 바라 는 마음이다. 성불하기를 바라는 마음이란 곧 이 중생을 제도하려는 마음이고, 중생을 제도하기 위한 마음이란 곧 중생을 섭취하여 부처 님 국토에 태어나게 하는 마음이다. 이러한 까닭에 저 안락국토에 태어나기를 원하는 사람은 반드시 무상보리심을 일으켜야 한다. 만 약 사람이 무상보리심을 일으키지 않고, 다만 저 국토에서 다 없는 즐거움을 받는다는 것을 듣고, 즐거움 때문에 왕생하기를 원하면 마 땅히 왕생할 수 없을 것이다.[405]

라고 하였다. 이와 같이 담란은 삼배왕생이 근기에 우열은 있지만 안락국 에 태어나려면 반드시 삼배자 모두 무상보리심을 일으켜야함을 강조하고 있다. 또 담란은 『찬아미타불게』에서,

---

404) 『阿彌陀經』(대정장12, p.348상) 참조.
405) 曇鸞註解 『無量壽經優婆提舍願生偈註』 권하(대정장40, p.842상) 참조.

나는 비롯함이 없는 세월부터 삼계에 윤회하였다. 이 허망론 때문
에 윤회한 바가 되었다. 한 생각 한 시에 지은 업이 족히 대지를 얽
어매고 삼도에 걸리게 한다. 오직 원컨대 자비스런 광명으로 나를
호념하시고 나로 하여금 보리심을 잃지 않게 하여 주옵소서.[406]

라고 하였다. 이와 같이 담란은 삼계에 윤회하게 된 원인은 허망론 때문인
바 아미타불의 원력으로 보리심을 잃지 않게 하여 윤회의 업을 끊게 하여
달라고 발원하는 것이다. 여기서 이 원을 바라는 마음이 곧 발심인 것이
다. 이러한 담란의 사상을 이어받은 도작은 『안락집』에서 담란의 『왕생론
주』의 설[407]을 그대로 인용하여 설하고 있다.

이제 발보리심을 말하면 곧 이 성불하는 마음이고, 성불하려는
마음은 곧 이 중생을 제도하려는 마음이고, 중생을 제도하려는 마
음은 곧 중생을 섭취하여 불국토에 태어나게 하려는 마음이다. 지
금 정토에 태어나려고 원하기 때문에 먼저 모름지기 보리심을 발해
야 한다.[408]

라고 하였다. 이와 같이 도작은 담란의 설을 인용하여 발보리심을 강조하
고 있다. 그러면 도작은 왜 같은 말을 그대로 인용하였을까. 그것은 그만
큼 도작이 담란의 수승한 보리를 구하는 정신을 계승하고자 하는 것이고,
또한 보리심이 왕생의 근본이 된다는 것을 강조하기 위한 것으로 해석할
수 있다. 그래서 도작은 이러한 담란의 영향을 받았기 때문에 보리심을 해
석하는 첫머리에 "무릇 정토에 왕생하고자 하면 요컨대 모름지기 발보리
심이 근본이 되어야 한다"[409]고 피력한 것이라고 본다.
이러한 도작의 가르침을 받은 선도는 『관경소』의 서두에서 "도속의 시

---

406) 曇鸞作 『讚阿彌陀佛偈』(대정장47, p.424상) 참조.
407) 曇鸞註解 앞의 책(대정장40, p.842상) 참조.
408) 道綽撰 『安樂集』권상(대정장47, p.7하) 참조.
409) 道綽撰 위의 책(대정장47, p.7하) 참조.

중들은 각각 무상심無上心을 일으키라"[410] 고 하면서 글을 시작한다. 여기서 무상심이란 보리심을 말한다. 그리고 이 글의 말미에서 "원컨대 이 공덕을 가지고, 평등하게 일체에게 베풀고, 다 같이 보리심을 일으켜서 안락국에 왕생하자"[411] 고 하고 있다. 이와 같이 선도는 도작의 제자로써 처음부터 보리심의 중요성을 강조하고 있다.

이상과 같이 보리심에 대하여 관련경설과 논사들의 제설을 새겨보았다. 이외에도 보리심에 대한 설은 대승경전의 곳곳에서 설하고 있다. 마무리삼아 보리심의 의미를 간추려 새겨보자. 앞에서 살펴보았듯이 『대지도론』에서는 "보살이 무상의 도를 깨달음의 대상으로 삼아 '나는 부처가 되리라'고 결심하고 처음으로 마음을 일으키는 것이 보리심이다"[412] 라고 하였다. 여기서의 보리심이란 도를 구하는 마음이다. 이 도를 구하는 마음은 곧 '발심'을 말한다. 이 발심은 평생 나타나지 않을 수도 있지만 어떤 계기를 만나면 나타날 수 있다. 즉 여태까지는 아직 나만을 위한 삶을 살다가 불현 듯 불보살의 자비심과 그 가피 등을 의식하여 이제 사람들을 대할 때 과거와는 달리 나보다 남을 먼저 생각하는 이타심이 생겨나게 된다. 이러한 심리적 변화가 일어날 때를 곧 '발심'이라고 본다. 이 발심을 논사들은 '보리심'이라고 통칭한 것이다.

또한 이 발심은 곧 불보살의 서원과도 상통한다. 즉 서원은 중생제도를 위해 불보살이 다겁생을 보살도를 닦으며 세운 이타정신에 입각한 원이기 때문이다. 그래서 모든 불보살은 서원을 세우는바 예를 들자면 법장보살이 오랜 세월 보살도를 닦아 성취한 48원 같은 경우이다. 이 보살도가 곧 보리도이다. 이것은 대승불교에서 세운 '상구보리하화중생'의 이념을 그대로 나타내어 보여주는 것이다. 그런 의미에서 발심은 곧 서원을 말하는 것이다.

원시교단에서는 그 구도심을 여러 가지 표현으로 나타내고 있으나 보리

---

410) 善導撰 『觀無量壽經義疏』(대정장37, p.245하) 참조.
411) 善導撰 위의 책(대정장37, p.246상) 참조.
412) 龍樹造 『大智度論』(대정장25, p.362하) 참조.

심이라는 용어는 원시·부파불교의 문헌, 특히 대승불교가 일어나기전의 문헌에서는 나타나고 있지 않다.[413] 그렇다면 왜 대승불교에서는 보리심이라고 했을까. 그 답은 위에서 말한 '상구보제하화중생'이라는 대승불교의 이념 때문이다. 즉 대승불교에서 외치는 '상구보제하화중생'은 단순히 진리를 구하는 마음으로 그치는 소승적인 마음이 아니라 이타심을 성취하고자 하는 광대하고 위대한 서원을 세우는 마음이기 때문이다. 이 이념을 수행하여 성취하는 것이 곧 '아뇩다라삼먁삼보리심'인 것이다.

이상과 같이 새겨본 바 제불보살의 서원은 너무나 크고 깊고 넓어서 숭고하다는 말 밖에는 더 할 말이 없다. 그러니 '우리 죄 많은 중생들이 어찌 감히 흉내라도 낼 수 있을까'라는 생각이 든다. 그러나 근심할 것이 없다. 왜냐하면, 제불보살은 대자비심으로써 중생을 섭수하는바 중생들은 이 크나큰 서원의 배에 오르기만을 기다리고 계신다. 이른바 생사의 바다를 건너는 반야선般若船이다. 만약 이 배에 오르기만 한다면 그 서원의 원력으로써 저 피안의 언덕에 도달할 수 있다는 것이다. 여기서 불보살님의 이 거룩한 서원을 끝까지 믿지 못하는 중생은 백 천만 겁이 지나도 이 반야선을 타지 못한다. 그렇다면 우리중생들은 무엇을 어떻게 해야 하나? 그저 가만히 기다리다가 때를 만나 배에 오르기만 하면 될까? 뱃삯을 내면 될까? 그러나 이 배는 돈으로도 탈 수 없고, 명예로도 탈 수 없다. 그것은 속된 말로 이율배반二律背反이다. 그러면 어떻게 승선을 해야 하나. 이것의 해답은 너무나 간단하다. 이 마음에 지극한 믿음(信)과 보리심이 충만한 원(願)만 있으면 이미 승선자격이 부여된 것이다. 다만 원을 세우되 불보살님이 세우신 원에 의지한 원을 세우는 것이다. 그것은 거룩한 당신과 내가 하나가 되기 위함이다. 그러면 불보살님은 대자비로써 우리의 발원을 섭수하시어 그 원을 성취케 하시는 것이다.

---

413) 다가미다이슈『菩提心の研究』pp.12~18. 李太元著『淨土의 本質과 敎學發展』(운주사, 2006) p.359 참조.

넷째, 행하라

"행해야 한다"는 것은 지금까지 다짐한 지극한 믿음과 간절한 염원을 오롯이 실천하는 것이다. 믿음과 염원만 가지고는 끝내 원하는 바를 성취할 수 없다. 그래서 부처님께서는 『출요경』에서 말씀하시기를 "아무리 많은 이치를 익혀 외우더라도 방일하여 바른 법을 따르지 않으면 마치 소치는 이가 남의 집 소만 세는 것 같다"[414]고 하셨다. 불도는 반드시 실천이 따라야 한다. 이 네 가지만 구족되면 수행자의 자격이 원만히 갖추어진 것이다. 앞에서 말한바 이 네 가지는 상의 네 다리와 같아서 이 가운데 어느 것 하나라도 결여되면 상이 곧 무너지듯 기도수행 무너지고 만다. 그래서 우리의 옛 속담에 "부뚜막의 소금도 집어넣어야 짜다"고 했고, "구슬이 서 말이라도 꿰어야 보배"라고 했다. 여기서 행이란 각자 나름대로 선택한 수행법을 오롯이 실천하는 것이다. 즉 참선행자는 참선을 통해, 염불행자는 염불을 통해, 밀교행자는 다라니를 통해 선업을 지으며 그 교법을 닦는 것이다. 이상이 수행자가 처음부터 지녀야 할 기본적인 마음가짐이다. 위의 세 가지는 항상 수행자의 마음속에 깊이깊이 새겨져 있어야 한다.

---

414) 『出曜經』第六「放逸品」(대정장4, p.643중) 참조.

제8강

설화감상

제8강 설화감상

• 설화로 본 우리 민족의 불교신앙

한국인의 전통적 불교신앙의 원류를 알 수 있는 자료는 우리의 고전 『삼국유사』가 유일하다. 이 책에는 우리 고대민족의 불교신앙이 고스란히 들어있다. 그동안 『삼국유사』에 대한 연구는 국문학적, 역사학적, 민속학적, 사상사적, 신앙사적(무속과 불교) 관점의 연구가 주류를 이루어 왔다. 불교사학적 연구 역시 상당량을 축적하고 있으며, 현재도 다양한 양상으로 생산되고 있다.[415] 민족 제일의 고전으로 명실상부한 위치를 차지하고 있는 이 고전은 현대에도 아주 유용한 연구 텍스트이다.

필자는 상기와 같은 여러 관점의 연구가운데 불교의 정토신앙과 관련된 설화와 향가를 불교학적인 이론으로 연구하여 박사논문을 받았다.[416] 그리고 그것을 수정 보완하여 책도 냈다. 앞으로 소개하는 몇 편의 향가와 설화는 필자의 졸저에 실린 것을 간추려낸 것이다. 여기에는 우리 민족의 뿌리신앙인 미륵신앙과 미타신앙, 관음신앙이 잘 나타나고 있다. 필자의 논문 등에는 설화의 전문을 게재하지 않았지만 여기서는 설화감상을 위하여

---

415) 불교사학연구소는 2002년까지 도합 2,281편의 논저 목록을 분류하여 작성하였다. 박진태 외 『삼국유사의 종합적 연구』(박이정, 2002) pp.39~40 참조.
416) 현송저 『三國遺事』로 본 新羅淨土信仰 研究(중앙승가대학교, 2010), 『정토불교의 역사와 사상』(운주사, 2014) 참조.

전문을 모두 실어 보았다.

1. 미륵선화 미시랑과 진자사 조[417]

본 설화는 진지왕(576~579)대의 일로 신라 미륵하생사상이 잘 나타나 있고, 미륵과 화랑과의 관계를 가장 자세히 살펴볼 수 있는 설화이다. 이 설화는 전편, 후편으로 진흥왕과 진지왕이 함께 기록되어있다. 기문은 다음과 같다.

제24대 진흥왕(재위 540~576)의 성은 김씨이고, 이름은 삼맥종이며 심맥종이라고도 한다. 양나라 대동 6년 경신년(540)에 즉위하였다. 백부 법흥왕의 뜻을 사모하여 부처를 한결같은 마음으로 섬겨 널리 절을 세우고, 사람들을 이끌어 승려가 되게 하였다. 또 천성이 풍류를 좋아하고 신선을 매우 숭상하여 백성들 집안의 아름다운 처녀들을 뽑아 원화原花로 삼았다. 이것은 무리를 모으고 선비를 뽑아 효도, 우애, 충성, 신의를 가르치고자 함이었고, 또한 나라를 다스리는 큰 요체이기도 하였다. 이에 남모랑과 교정랑 두 원화를 뽑고, 무리 3~4백 명을 모았다. 그런데 교정랑이 남모랑을 질투하여 술을 준비해 남모랑에게 먹여 취하게 한 후, 몰래 북천으로 데리고 가서 큰 돌을 들고 그 속에 묻었다. 남모랑의 무리들은 남모랑의 소재를 몰라 슬피 울면서 흩어졌다. 어떤 사람이 교정랑의 음모를 알아차리고는 노래를 지어 어린아이들을 꾀어 거리에서 부르게 하였다. 남모랑의 추종자들이 노래를 듣고 그의 시체를 북천 가운데서 찾아낸 후 교정랑을 죽였다. 그러자 대왕이 명령을 내려 원화를 폐지하였다. 여러 해가 지나서 왕은 또 나라를 흥성하게 하려면 반드시 먼저 ① 풍월도를 해야 한다고 생각하여, 다시 명령을 내려 좋은 집안의 남자 가운

417) 『三國遺事』권3 塔像第四「彌勒善花 未尸郎 眞慈寺」(대정장49, p.994하) 참조.

데 덕행이 있는 올바른 사람을 뽑아 화랑이라 고치고, 맨 먼저 설원 랑을 받들어 국선國仙으로 삼았다. 이것이 화랑 국선의 시초다. 그래서 명주에 비를 세웠는데, 이로부터 사람들로 하여금 악행을 고쳐 다시 선행을 하게하고 윗사람을 공경하며 아랫사람에게는 순하게 하니, 다섯 가지의 떳떳한 윤리(五常)·여섯 가지 학예六藝와 삼사三師·육정六正이 이 시대에 널리 행해졌다.

② 진지왕 대에 이르러 흥륜사의 승려 진자가 매일 법당의 주인인 미륵상 앞에 나아가 소원을 빌었다. "우리 부처님께서 화랑으로 변하여 세상에 나타나시면, 제가 언제나 미륵의 얼굴을 가까이 대하고 받들어 시중을 들겠습니다." 그는 ③ 정성스럽고 간절하게 기원하는 마음이 날로 더욱 돈독해졌다. 어느 날 저녁 꿈에 승려가 나타나 말하였다. "네가 웅천 수원사로 가면 미륵선화를 보게 될 것이다." 진자는 꿈에서 깨어나 놀랍고도 기뻐하며 그 절을 찾아가는데, 열흘 동안 길을 가면서 한걸음에 한 번씩 예를 올렸다. 그 절에 도착하여 문밖에 이르자, 잘생긴 소년 하나가 반가이 맞아들여 작은 문으로 데리고 들어가 손님이 묵는 방으로 안내하였다. 진자는 올라가면서 읍을 하며 말하였다. "그대와 나는 평소 안면이 없는데 어찌 이와 같이 친절하고 정중하게 대접하시오?" 소년이 말하였다. "저 역시 서울 사람입니다. 덕이 높은 스님께서 멀리서 오는 것을 보고 위로해 맞이한 것뿐입니다." 얼마 후 소년은 문을 열고 나갔는데, 어디로 간줄 알 수가 없었다. 진자는 속으로 우연한 일일 것이라 생각하고 그다지 이상하게 여기지 않았다. 다만 절의 승려에게 지난번 꿈과 오게 된 뜻만 이야기 하였다. "잠시 이곳에 머물면서 미륵선화를 기다리려 하는데 어떻겠습니까?" 절의 승려는 그의 마음이 흔들리고 있음을 알았지만 그의 정성이 근실함을 보고 곧 말하였다. "이곳에서 남쪽으로 가면 천산이 있는데, 예부터 현인과 철인들이 살고 있어 은밀한 감응이 많다고 합니다. 그곳으로 가보는 것이 좋을 것입니다." 진자가 그 말에

따라 산 아래 이르자, 산신령이 노인으로 변하여 나와 맞으며 말하였다. "이곳에는 무엇 하러 왔는가?" 진자가 대답하였다. "미륵선화를 만나보려고 합니다."하니 노인이 말하였다. "지난번 수원사 문밖에서 이미 미륵선화를 보지 않았던가? 또 무엇을 구하러 왔는가?" 진자는 이 말을 듣고 놀라 땀을 흘리며 본사로 달려 돌아왔다. 한 달 남짓 지나자 진지왕은 이 말을 듣고는 불러들여 그 까닭을 물었다. "그 소년이 스스로 서울 사람이라고 하였고, 성인은 거짓말을 하지 않는 법이니, 성 안에서 찾아보는 것이 어떻소?" ④진자는 왕명을 받들어 무리들을 모아 마을을 두루 돌면서 찾았다. 단정한 모습의 수려한 소년이 영묘사 동북쪽 길옆의 나무 아래를 거닐면서 놀고 있었다. 진자가 그를 마주하자 깜짝 놀라서 말하였다. "이 분이 미륵선화이시다." 소년에게 가까이 다가가 물었다. "당신의 집은 어디입니까? 성이 무엇인지 듣고자 합니다." 소년이 답하였다. "제 이름은 미시이고 어릴 때 부모를 모두 여의어 무슨 성인지 모릅니다." 그래서 진자는 가마에 태우고 데려가 왕에게 보여주었다. 왕은 그를 경애하고 받들어 국선으로 삼았다. 그는 무리들과 화목하게 지내고 예의와 풍속의 교화가 예사롭지 않았으며 풍류가 세상에 빛났다. 그렇게 거의 7년을 지내다가 갑자기 간 곳을 모르게 되었다. 진자는 매우 슬퍼하고 그리워하였다. 그러나 낭의 자비로운 은택을 흠뻑 입고 맑은 가르침을 받아 스스로 회개하여 정성껏 도를 닦았다. 그러나 만년에는 그 역시 간 곳을 몰랐다. 해설하는 자는 이렇게 말한다. "미未와 미彌는 음이 서로 비슷하고 시尸와 력力은 그 모양이 서로 비슷하여 그 비슷한 것을 취해서 서로 바꾸어 쓴 것이다. 부처님이 오직 진자의 정성에만 감동한 것이 아니라 이 땅에 인연이 있었기 때문에 자주 나타난 것이다.[418] 지금도 사람들이 신선을 일컬어 미륵선화라 하고, 남에게 중매하는 사람을 미시未尸라고 하는 것은 모두 진자가 남긴 풍습이다.

---

418) '이 땅에 인연이 있었기 때문에 자주 나타난 것이다.' 라고 한 것은 신라의 '불연국토설'을 말해주는 것이다.

길옆의 나무는 지금까지도 이름을 견랑이라 하며, 또 우리말로 사여 수라 한다. 다음과 같이 기린다.

    ⑤ 꽃다운 자취 찾아 한 걸음마다 그의 모습 바라보고

        이르는 곳마다 심은 한결같은 공이여!

        문득 봄은 되돌아가고 찾을 곳 없으니

        누가 알겠는가. 상림원 한때의 봄을.[419]

이것이 설화 전체의 내용이다. 이 설화의 주제는 화랑과 미륵신앙과의 관계를 잘 나타낸 것으로 신라인들에게 있어서는 도솔천에 있는 미륵보살이 신라를 구원하는 화랑으로 출현한다고 믿는 것이다. 이것이 이른바 신라의 '현신성도사상現身成道思想'이다. 이러한 사상은 신라인들이 가지고 있는 신라의 '불연국토설佛緣國土說'[420] 에 근거한다고 할 수 있다. 따라서 이 설화는 『미륵하생경』에 따른 미륵하생사상에 그 근거를 두고 살펴보아야 할 것이다. 편의상 설화의 기문을 다섯 단락으로 나누어 경전과 대비하여 그 사상을 고찰하고자 한다.

먼저 ①의 내용을 보면 진흥왕이 풍월도를 화랑도로 고쳐 처음으로 화랑도를 일으킨 동기이다. 이 화랑국선도花郎國仙道를 제창한 동기를 역사적으로 볼 때, 진흥왕은 미륵사상을 통하여 전륜성왕의 실현을 꿈꾸었다고 할 수 있다.[421] 이 전륜왕 사상은 미륵사상과 관계가 깊다. 『하생경』 등에 따르면 미륵이 하생하여 성불할 때에는 그 국토에는 전륜성왕이 정법으로

419) 설화감상에서의 본문의 역은 姜仁求 外 4인, 한국정신문화연구원 『譯註 三國遺事』전5권(以會文化社, 2003), 김원중 역, 『三國遺事』(을유문화사, 2002)를 주로 참조하였다.

420) 김영태는 불연국토설이 신라인들은 당시에만 불법佛法을 신봉하는 불교국이 아니라 오랜 과거부터 불법과는 인연이 깊었던 것으로 믿고 있었다는 것이라고 하였다. 김영태 『한국불교사상』(경서원, 1997) p216~223 참조.

421) 김영태는 국선도에 대해서, 그 명칭을 국선이라 한 것은 이것은 자의字義대로 한다면 '나라의 신선'이라 할 것이다. 그러나 국선은 국가의 신선이란 뜻이 아니고 '나라의 미륵'이란 뜻이며, 국가의 '살아있는 미륵불', '아기미륵부처'라는 것이었다. 고 하였다. 또 전륜성왕에 대해서는 국선이 미륵을 상징한 것이라면 신라국왕은 전륜왕으로 비할 수 있을 것이다. 진흥왕의 업적에서 장차 통일의 기업을 마련한 그 의욕과 기백에서 전륜성왕의 풍도를 짐작할 수 있을 것 같으며, 또 태자의 이름을 동륜銅輪이라 한 것이나, 차대의 왕이된 진지왕을 금륜金輪이라 한 것에서 더욱 전륜성왕의 사상을 알게 하는 것이라고 하였다. 김영태 「彌勒仙花考」 『佛敎學報』3, 4합, 1966, pp.142~148 참조.

치세하고 있다고 하였다. 그러면 과연 전륜성왕이 다스리는 남섬부주의 아름다운 모습은 어떠한가. 『하생경』을 보자. 이 경설은 앞의 미륵신앙 단원에서 제시한 내용의 끝부분이다.

그때 남섬부주 땅에는 멥쌀이 자연 자라나되 껍질도 없이 매우 향내 나고 아름다워 먹기에 힘이 들지 않으며, 이른바 금·은 값진 보배와 자거·마노·진주·호박들이 각각 땅에 흩어져 있어도 살펴보는 사람이 없다. 이때 인민들은 손에 이 보물을 잡고 서로가 말하기를, "옛날 사람들은 이 보물 때문에 서로 해치고 옥에 갇히어 무수한 고뇌를 받게까지 하였지만, 지금에 와서는 이 보물이 기와나 돌 같은 종류이어서 누구도 수호하는 이가 없네."라고 하리라. 그리고 그때 양카라는 법왕(전륜성왕)이 출현하여 바른 법으로 다스려 교화함으로써 일곱 가지 보배를 성취하리니, 이른바 일곱 가지 보배란 윤보·상보·마보·주보·옥녀보·전병보·수장보가 이 일곱 가지 보배니라. 남섬부주의 땅 안을 진압하되 칼·몽둥이 따위를 쓰지 않아도 자연 다 굴복하리라.[422]

이와 같이 미륵보살이 도솔천에서 하생하여 성불할 때 이 사바세계에는 전륜성왕이 출현하여 이상국토인 아름다운 지상낙원이 이루어진다는 것이다. 진흥왕이 화랑도를 다시 일으킨 동기는 풍류도가 신라 고유의 도이므로 그것으로 온 인민을 교화하여 민족의식을 고취하고 국민적 총화를 증진시키고자 했던 것이다. 또한 신라인들은 미륵을 국선화랑으로 현실화시켜서 국가 사회에 참여하도록 하여 국왕이 바라던 이상국토를 실현코자 했던 것이다. 그리고 그 꿈은 결국 이루어진 것이다. 다음의 단락에서 이를 잘 증명하여 준다.

②에서 진지왕 대에 이르러 흥륜사의 승려 진자가 매일 법당의 주인인

---

422) 『佛說彌勒下生經』(대정장14, p.421상중) 참조.

미륵상 앞에 나아가 소원을 빌었는데 그 소원의 내용은 미륵부처님이 화
랑으로 변하여 세상에 나타나 주기를 기원한 것이었다. 경문을 보자.『미
륵상생경』에 부처님께서 우바리에게 다음과 같이 설하신다.

> 만약 미륵에게 공경 예배하는 자가 있다면 백억 겁 동안의 생사의
> 죄를 제거하리니 설령 천상에 왕생하지는 못하더라도 미래세 용화
> 보리수 아래에서 또한 만나게 되어 더 없는 마음을 내리라.[423]

　이 경설을 보면 진자스님이 소원한 바가 스며있다. 그러나 위의 경설에
서는 '미래세 용화 보리수 아래에서 또한 만나게 되어 더 없는 마음을 내
리라.'고 하였다. 경설에서 미래세라고 한 것은 언제가 될지 모르는 기나
긴 세월을 말하는 것이다. 그런데 진자스님은 이 미래세를 기다리지 않겠
다는 것이다. 여기서 신라인 특유의 초월사상이 나타나고 있다. 진자스님
은 생각하기를 부처님은 시공을 초월하시는 분이므로 반드시 미륵님이 화
랑으로 현신하실 것이라고 생각했을 것이다. 그래서 이를 굳게 믿으며 소
원한 것이다. 여기서 신라인의 진취적이고 현실중심적인 관념의 사고방식
이 드러난다.
　이와 같이 진자스님은 그 미륵불이 신라에 태어나기를 기원하여 결국
그 염원이 이루어진 것이다. 그런데 진자스님의 이러한 신앙 관념은 사실
상 경전의 이론과는 다른 것이다. 왜냐하면『미륵하생경』과『미륵상생경』
등에는 미륵불은 56억 7천만년이 지난 미래세에 도솔천으로부터 이 세상
으로 내려와 용화수 아래에서 성불하여 세 차례에 걸쳐 설법을 하여 중생
을 제도한다고 되어 있기 때문이다. 다음을 보자.

> 이와 같이 도솔타천에서 있으면서 낮과 밤으로 항상 이 법을 설하
> 여 여러 천자들을 제도하고 이 남섬부주의 세수로서는 56억 만세를

---

423)『觀彌勒菩薩上生兜率天經』(대정장14, p.420중하) 참조.

지난 뒤에라야 다시 남섬부주에 하생하리니, 미륵하생경에서 설한 그대로이니라.[424]

이렇게 먼 훗날에 오실 미륵불을 진자스님은 당장에 미륵불이 화랑으로 변하여 세상에 나타나게 하여달라고 기원한 것이다. 여기서 신라인의 현실이익적인 사상관념이 나타나는 것이다.

③은 꿈 이야기다. 진자스님이 간절히 기원한 끝에 미륵선화를 보게 된 것인데 우리는 일반적으로 "꿈은 꿈으로서 일뿐이다"라고 말하는데 불교는 이러한 꿈의 세계를 깨달음의 세계로 전환할 수 있는 것이다. 이것은 불교의 초월사상에서 이루어지는 것이다. 이 초월사상이 만들어낸 세계가 본고에서 고찰하는 미륵불의 도솔정토, 아미타불의 서방극락정토, 관음보살의 보타낙가산정토인 것이다. 이 세계들은 시공초월의 세계이므로 현재를 미래로 미래를 현재로 얼마든지 전환할 수 있는 이론이 성립되는 것이다. 그러므로 미륵불의 미래하생은 얼마든지 현재로 앞당길 수 있다는 긍정적인 결론을 얻을 수 있는 것이다. 이 시간초월의 개념에 대해서는 앞으로 고찰할 「만장사」 조에서 언급할 것이다. 『삼국유사』에는 이 미륵불을 현실화 한다는 꿈 이야기가 몇 편 있는데 소개하면 다음과 같다.

먼저 「효소왕대 죽지랑」 조[425] 의 설화를 보면 술종공이 죽지령에서 만난 거사가 방에 들어오는 꿈을 꾼 후 그가 죽은 것을 확인하고 그를 위해 죽령에 돌미륵 일구—軀를 세웠는데, 이후 아내가 아이를 낳자 죽지라고 하였다. 이 죽지랑의 설화에서는 거사의 새로운 생명에 대한 염원이 나타나 있다. 즉 도솔천의 왕생이 아니라 바로 현생에 다시 태어나기를 원한 것이다.

다음의 「생의사 석미륵」 조[426] 에 보면, 미륵을 현실화 한다는 내용이다. 이 이야기는 꿈에 어떤 스님이 생의에게 이르기를 "내가 이곳에 묻혔으니

---

424) 위의 책(대정장14, p.420상) 참조.
425) 『三國遺事』권2 紀異第2「孝昭王代 竹旨郞」(대정장49, pp.973중) 참조.
426) 『三國遺事』권3 塔像第4「生義寺石彌勒」(대정장49, p.991하) 참조.

나를 꺼내 고갯마루 위에 묻어 달라"하여 땅을 파니 돌미륵이 나와 삼화령 위에 모셨다는 짧은 내용이다. 여기서 꿈을 꾸고 나서 석미륵상을 발견했다고 하는 것은 꿈이 즉 이상이 현실화되었다는 의미라고 할 수 있다.

다음은「낙산 이대성 조신」조[427] 이다. 낙산사 대비상 앞에서 꿈을 꾼 승 조신이 꿈속에서 죽은 아들을 파묻었던 곳으로 찾아가 실제로 파보니 석미륵이 나왔다는 이야기로 위의 사례들과 같은 현실로 감응해서 현신성불하는 사례라 하겠다.

다음 ④은 본 설화의 결론부로서 그토록 간절히 원구하던 미륵을 드디어 만나게 된 것이다. 나무 아래에서 노니는 모습이 수려한 소년 미시랑은 바로 미륵불의 화신인 것이다. 여기서 이 나무 아래는『미륵하생경』에서 말하는 용화수 아래라고 할 수 있다. 여기에 대해서 장지훈은 미륵의 화신인 화랑이 나무 밑에서 동자의 모습으로 출현하고 있는 것은 동북아시아 시베리아 샤머니즘의 중요사상인 천상계의 절대신에 대한 신앙, 천신의 대리자로서의 샤먼의 기능, 천상과 지상을 이어주는 세계수世界樹 이미지 등이 불교의 미륵하생신앙과 습합한 이야기라고 하여 무불습합巫佛習合의 개념으로 보았다.[428] 물론 한국고대의 신앙관념으로 볼 때 무속신앙과의 결부로서는 타당성이 있는 견해라고 생각한다.

그러나 필자의 생각은 다르다. 이것은 불교의 교리로 본다면 미시랑은 불교에서 설하는 삼신가운데 하나인 화신에 속한다고 할 수 있다. 화신은 응신應身, 변화신變化身, 변역신變易身이라고도 하는데 부처님께서 중생을 교화하기 위해 여러 가지 모습으로 변화하여 나타내는 분신을 가리킨다.

　　셋째는 변화신이니, 모든 여래가 성소작지에 의지해서 변화한, 중

---

427)『三國遺事』권3 塔像第4「洛山二大聖 觀音 正趣 調信」(대정장49, p.996하)

428) 장지훈은 미륵이 항상 어린 동자童子의 모습으로 나타난 다고 하는 것이 특징인데, 이것은 불교신앙과는 아무런 관계가 없다. 이러한 모티브는 중앙 동북아시아 시베리아 샤머니즘의 특유한 상징체계를 이루는 영혼 (아기) - 새 - 세계수世界樹 이미지의 일환이다. 이 상징체계는 또한 천상의 절대신에 대한 신앙과 밀접한 관계를 이루고 있다. 하늘에서 천신의 아들이나 대리자가 지상에 내려온다는 신앙은 도솔천에서 미륵이 내려온다는 신앙과 동일한 구조를 가지고 있다. 신라미륵신앙이 미륵상생신앙보다는 미륵하생신앙으로 전개된 배경이 바로 여기에 있다고 하였다. 장지훈, 앞의 책, pp.219~226 참조.

생의 부류에 따르는 한량없는 변화신을 말한다. 정토와 예토에 머물
면서, 십지에 오르지 못한 모든 보살들과 이승의 범부를 위해서 그
근기에 적절하게 맞추어서 신통을 나타내고 법을 말하여 각각 이롭
고 안락한 모든 일들을 얻게 한다.[429]

라고 한 바와 같이 화신은 부처님이 중생을 교화구제하려고 교화대상에
따라 나타날 수 있는 것이다. 따라서 미시랑은 불교적 관점으로 본다면 신
라인의 간절한 염원에 의해 나타난 미륵의 화신불이라 할 수 있다.

다음은 ⑤의 일연의 찬시이다. 이 찬시는 전체의 설화내용을 함축하였
다. 이 시의 1,2행은 진자스님의 간절한 염원을 나타낸 것으로 화랑도를
다시 일으켜 세우겠다는 굳센 의지의 신심어린 행보를 그린 것이고, 3행
의 '가버린 봄'은 문맥상으로 보면 ①의 국가의 이념이라고도 할 수 있는
원화를 생성하는 봄에 비유했는데 이 원화제도를 폐지하므로 희망의 봄이
사라짐을 탄식한 것으로 풀이하여 볼 수 있다. 4행의 "누가 알리요 상림원
한 때의 봄을" 이라 한 것은 비로소 화랑이 부활되고 이제 완전한 희망의
봄을 맞이했다는 것으로 진자의 처음의 발원과 꿈과 현실이 하나가 되어
모두 이루어졌다는 결론을 말한 것이라고 본다.

이와 같이 고찰하여 본바 당시의 신라인들은 미륵을 경전상에 나타난
것에 의지하지 않고 시공간을 초월한 깊은 신앙심으로 미륵을 현실 생활
속에 끌어들여 우리의 현실에 맞추어 우리만의 독특한 미륵신앙을 만들
었던 것이다. 이것이 신라 미륵사상의 특징인 '현실정토사상'이다. 미륵
신앙은 당시에 민중들에게는 이상사회가 도래할 수 있다는 희망의 구원
신앙이었다. 그리고 이 설화에는 치국의 이념으로서 불교를 세워 나라의
희망인 젊은이들을 최고 이상의 상징으로 받들고 왕들은 전륜성왕과 같
이 치세하여 정녕코 신라를 지상낙토의 미륵세상을 이룩하겠다는 굳은
신심이 보인다.

---

429) 護法等菩薩造『成唯識論』卷第十(대정장31, p.58상) 참조.

이상과 같이 살펴본 「미륵선화 미시랑과 진자사」 조의 사상성을 요약하면 다음과 같다.

첫째, 역사적으로 볼 때, 진흥왕은 미륵신앙을 통하여 전륜성왕의 실현을 꿈꾸고 있는 『미륵하생경』에 따른 신라적 '현실정토지향사상'이 나타난다.

둘째, 신라인은 도솔상생이나 당래에 미륵불이 하생성불하여 삼회법회 때에 만나 제도되기를 희구하는 본래의 미륵사상을 초월하여 신라의 지배층들이 화랑도와 미륵신앙을 결부시켜 화랑을 중심으로 장차 이상국토의 국가 체계를 세우려고 했음을 암시적으로 나타내고 있는데 여기서 『미륵하생경』에 따른 신라인 특유의 '현실초월사상'이 나타나고 있다.

셋째, 진자스님이 간절히 기원한 끝에 꿈속에서 미륵선화를 보게 된 것인데 그것이 현실로 감응해서 그 꿈이 이루어지는 『미륵하생경』에 따른 '현실감응사상'이 나타나 있다.

이와 같은 사상들은 당시에 민중들에게는 미륵경전의 이론과는 달리 곧 이상사회가 도래할 수 있다는 희망적인 구원신앙이었다.

2. 원왕생가願往生歌[430]

『삼국유사』의 설화 속에는 향가 14수가 전해진다. 「원왕생가」는 그 가운데 설화 「광덕과 엄장」 조에 실린 노래이다. 「원왕생가」는 정토왕생신앙淨土往生信仰을 표면적으로 가장 잘 나타낸 노래로써 아미타불에 대한 심심深心의 신앙심과 구도심이 가득 찬 서정적인 발원가發願歌라고 해석할 수 있다. 이 노래와 배경설화에는 정토염불행자의 기본 마음가짐인 지극한 믿음(신信)과 간절한 발원(원願)과 오롯한 실천(행行)의 행도行道가 그대로 표출되는 정토염불의 본질이 잘 나타나고 있다. 또한 본 노래에는 출가出家의 의미가 나타나고 있다. 이 출가정신은 불교에서 매우 중요한 문제인데,

---

430) 『三國遺事』 권5 感通第七 「廣德과 嚴莊」(대정장49, p.1012중) 참조.

출가가 어느 특수한 인연으로 인하여 맺어지는 것이 아니라 누구라도 마음먹기에 따라 출가를 할 수 있다는 것을 이 향가의 배경설화에서 보여주고 있다. 본 고찰에서는 본 노래와 배경설화를 통해 염불행자의 세 가지 마음가짐과 염불수행의 이론과 출가의 의미에 대한 것을 관련경설을 대비하여 간략하게나마 그 신앙관을 불교학적 근거로 논증해 보고자 한다. 전문을 실어 본다.

> 달님이여,
> 이제 또 서방으로 가셔서
> 무량수불 앞에
> 말씀을 전해주오.
> 다짐 깊으신 부처님을 우러르며
> 두 손 모아 비옵나니
> 원왕생願往生, 원왕생을 바치옵나니
> 그리워하는 사람 있다고…
> ①아아, 이 몸 버리시고
> 마흔 여덟 가지 소원
> 모두 이루어지실까!

　　문무왕 대에 광덕과 엄장이라는 두 승려는 우애가 있어 밤낮으로 이렇게 약속하였다. "먼저 서방(西方)으로 가는 사람은 반드시 서로 알리자." 그 후 광덕은 분황사 서쪽 마을에 숨어 ②신발 만드는 일을 하면서 처자식을 데리고 살았고, 엄장은 남악에 암자를 짓고 살면서 나무를 베어 태우며 (화전)농사를 지었다. 어느 날 해 그림자가 붉게 물들고 소나무 그늘에 어둠이 깔릴 무렵, 엄장의 집 창 밖에서 소리가 났다. "나는 벌써 서방으로 가네. 자네는 잘 있다가 빨리 나를 따라오게." 엄장이 문을 밀치고 나가 바라보니, 구름 위에서 하늘의 음악 소리가 들려오고 밝은 빛이 땅까지 뻗쳐 있었다. 이튼 날 그가 광덕이 살던 곳으로 찾아가 보니 광덕은 과연 죽어 있었다. 그래서 그의 아내와 함께 시신을 수습하여 함께 장사를 지냈다. 일을 마치자 엄장이 광덕의 부인에게 말하였다. "남편이 죽었으니 나와 함께 사는 것이 어떻겠소.? 광덕의 아내는 이를 허락하고 엄장의 집에 머물렀다. 밤이 되어 엄장이 정을 통하려고 하니, 부인이 허락하지 않으면서 말하였다. "대사가 극락정토를 구하는 것은 물고기를 잡으려고 나무 위에 올라가는 것과 같습니다." 엄장이 괴이하게 여겨 물었다. "광덕도 이미 그러했는데 나라고 해서 어찌 안 되겠소?" 부인이 말하였다. "③남편과 나는 10여년 동안 함께 살았지만 일찍이 하룻밤도 잠자리를 같이한 적이 없는데, 하물며 몸을 더럽혔겠습니까? 그 분은 다만 매일 밤 단정하게 앉아서 ④한결같이 아미타불을 외면서 16관을 짓고 관이 다 되어 미혹을 깨치고 달관하여, 밝은 달이 창으로 들어오면 때때로 그 위에 올라 가부좌를 하였습니다. 이처럼 정성을 다하였으니, 비록 극락으로 가려고 아니해도 어디로 가겠습니까? 천리를 가고자 하는 사람은 첫 발자국부터 알 수 있는 것인데, 지금 대사가 하는 일은 동방으로 가는 것이지 서방으로 간다고는 할 수 없습니다." 엄장은 이 말을 듣고 부끄러워 얼굴을 붉히고는 물러나와 바로 원효법사에게 가서 도를 닦는 묘법을 간곡하게 물었다. 원효가 정관법을 지어 그를 지도하자, 엄장은 그제 서야 몸을 깨끗이 하고 잘못을 뉘우쳐 자신을 꾸짖고 한결 같은 마음으로 도를 닦아 역시 극락으로 가게 되었다. 정관법은 원효법사 본전과 『해동고승전』에 실려 있다. 그 ⑤부인은 바로 분황사의 계집종으로 아마 부처님의 열아홉 응신 가운데 하나이다. 일찍이 광덕은 이런 노래를 지었다(노래는 서두에 옮김).

이 노래의 핵심사상은 아미타불의 극락정토를 원구願求하는 광덕의 정토염불행도를 잘 나타낸 것이다. 따라서 핵심 부분을 몇 구절 설정하여 해석적으로 미타사상과 그 신앙성을 살펴보기로 한다.

먼저 노래에서 ①의 "이 몸 버리시고/ 마흔여덟 가지 소원/ 모두 이루어지실까!"이다. 필자는 이 구절을 읽을 때마다 우리의 민요 아리랑에서 "나를 버리고 가시는 님은 십리도 못가서 발병난다"는 구절이 생각나게 한다. 물론 아리랑에서의 '님'은 정녕 부처님은 아닐지라도 순수한 우리 민중의 가슴에는 고통이 있을 때마다 지긋이 나를 지켜주는 어떤 '님'을 그리워하면서 '설마 나를 버리고 가실까'라는 마음이 자리 잡고 있기 때문이라고 생각해 보았다. 이것은 근거도 없는 필자의 생각이고 다음을 보자.

이 노래에서 '마흔여덟 가지 소원'이란 아미타불의 본원本願으로서 아미타부처님께서 부처가 되기 이전 인위因位의 시절에 법장法藏이라는 비구였을 때 세웠던 48가지 서원이다.[431] 대체로 제불보살은 서원을 세운다. 석가모니불의 500대원,[432] 미륵보살의 10대원,[433] 약사보살의 12대원,[434] 등 모든 불보살은 부처를 이루기 위하여 이와 같은 서원을 세우고 있는데 이 모든 불보살의 서원중에 아미타불의 48원은 제일 대표적인 서원으로 알려져 있다.

광덕은 이 아미타불의 48대원을 굳게 믿은 것이다. 그 가운데 서도 제18원 '염불왕생원念佛往生願'을 굳게 믿은 것이다. 제18원에서 "시방의 중생들이 나의 국토에 태어나고자 지극한 마음으로 환희심을 내어 내 이름을 십념(열 번 불렀는데도)[435] 하여도 만약 나의 국토에 태어나지 않는다면 나는 부처가 되지 않겠다"고 했기 때문이다. 미루어 짐작하면 광덕이 어찌 10번만 불렀겠는가.[436] 그러니 당연히 나를 버리고 당신은 부처를 이루지 못한다는 마치 철모르는 어린아이가 아버지, 어머니의 말을 무조건 따르고 믿는 신심과 같은 것이다. 그래서 이 무조건적인 믿음으로써 두 손 모아 "원왕생, 원왕생"을 밤이면 달빛을 타고 앉아 수없이 부른 것이다. 여

---

431) 이 본원에 대해서는 앞으로 공부할 수행자의 마음가짐에서 자세히 논할 것이다.
432) 『비화경』(대정장3, p.212중하) 참조.
433) 『미륵보살소문본원경』(대정장12, pp.188하~189상) 참조.
434) 『약사여래본원공덕경』(대정장14, pp.401중~402상) 참조.
435) 여기서 십념은 정토교에서 선택한 핵심골자이다. 이 십념에 대해서 여러 논사의 설이 있는데, 그 중 선도대사(613~681)가 '념(念)'을 성(聲)으로 바꾸었다. 그것은 말세의 범부중생은 염이 어려우므로 소리 내어 부르는 성으로 바꾸어 칭명염불을 대성시켰다. 현송편저 『정토불교의 역사와 사상』(운주사, 2014) pp.214~224 참조.
436) 10이란 숫자는 불교에서 만수를 의미한다.

기서 칭명염불의 본질을 보여 주는 것이다.[437] 또한 이것을 통해 보면 정
토왕생신앙이 아미타불의 본원력에 의한 타력신앙他力信仰임을 잘 나타내
고 있다. 그러나 그 이면에는 가만히 누워있어도 저절로 왕생할 수 있다는
것이 절대 아님을 보여주고 있다. 예를 들자면, 극락행의 반야선般若船은
누구나 무임승차는 가능하지만 무임승차를 할 수 있는 자격증명서가 있
어야 한다는 것과 같은 이치이다. 그 자격증명이란 배경설화에 나오는 철
저한 계율이다. 광덕은 이 자격증을 얻기 위해 애욕을 끊어버리고 간절하
게 호소한 것이다. 즉 아미타불의 원력願力에 의지하여 염불행자로서 계율
을 철저히 지키며 자력적인 정진을 한 것이다. 설화에서 광덕이 먼저 적멸
궁에 들었다는 것은 말할 것도 없이 애욕을 끊고 철저히 계율을 지켰기 때
문이다. 여기서 정토행자는 계율 없이는 절대로 정토문에 들 수 없음을 잘
가르쳐 주고 있다. 중국 정토교의 대성자 선도는[438] 지계持戒에 입각한 염불
을 강조하였다. 『신수왕생전』의 기록을 보면 선도는 "계품을 호지護持하여
조그마한 것도 범하지 않았으며 일찍이 눈을 들어 여인을 바라보지 않았
으며, 일체의 명예와 이익에 대해 마음에서 생각을 일으키지 않았고, 교묘
하게 꾸미는 말, 희롱하면서 웃는 것도 또한 하지 않았다"[439] 는 것을 보면
선도가 얼마나 철저한 지계정신을 가지고 정토수행을 했는지가 나타나고
있다. 그래서 선도는 『관념법문』에서 다음과 같이 말한다.

> 그 어떤 비구·비구니·청신사·사청신녀가 여법하게 지계를 갖추어
> 수행할 때에는 홀로 한 곳에 머물러 서방의 아미타불을 염하라.[440]

이처럼 염불행자는 모름지기 계를 갖추고 염불해야 된다고 하였다. 위
의 설명에서 비구·비구니·청신사·사청신녀를 강조하는 것은 출가자든 재
가자든 계를 지니지 않고는 염불문에 들 수 없음을 말한 것이라고 본다.

---

437) 염불법은 크게 마음으로 관하는 관념염불觀念念佛과 입으로 외는 칭명염불稱名念佛로 나누어진다.
438) 선도대사(613~681)는 중국 정토교의 대성자로 도작(562~645)의 제자이다.
439) 『淨土宗全書續』16, p.91 참조.
440) 善導集記 『觀念法門』(대정장47, p.24상) 참조

그래서 선도는 『반주찬』에서 다음과 같이 설명한다.

> 미타의 안락국에 이르고자 하면 염불과 계행을 반드시 회향하라.
> 계행을 오로지 정성껏 하면 모든 부처님이 찬탄하시고, 임종시에 연
> 화대로 스스로 오시어 맞으신다.[441]

이와 같이 선도는 왕생하고자 하는 자는 반드시 지계가 근본이 되어야 함을 강조하고 있다. 광덕은 비록 출가는 하였지만 처자식을 거느린 재가 자의 몸이다. 그러나 계를 철저히 지키며 염불을 하였기 때문에 현재의 몸이 그대로 왕생(현신왕생現身往生)을 하게 된 것이다. 이렇게 계를 지키며 왕생한 사례는 앞으로 감상할 「노힐부득과 달달박박」 조의 경우도 성격이 같다. 그것은 이들도 처자를 거느리고 철저히 계를 지키며 염불하여 현신 성불하여 왕생을 하였기 때문이다. 본 설화에서 광덕이 먼저 현신왕생한 것은 계율을 여법하게 지켰기 때문이다. 또한 뒤늦게 왕생한 엄장도 원효가 '쟁관법錚灌法'으로 지도하자 그때서야 몸을 청정히 하여 계를 지키며 한결 같은 마음으로 도를 닦아 왕생을 하게 되었다. 그런데 이 쟁관법은 '정관법淨觀法'의 오기인 것 같으며 이는 정토의 16관법을 말한다는 견해가 있다.[442] 그러나 논자는 원문을 따르기로 하였다. 왜냐하면 설화의 문맥으로 보아 쟁관법이 이치에 맞는다고 본다. '쟁錚'이란 쇳소리를 내는 것을 의미하는 것으로 원효는 아마도 징 같은 도구를 소리 내어 치면서 염불법을 지도했을 것이라는 생각이 들기 때문이다.[443]

다음은 ②의 '신발 만드는 일을 하면서 처자식을 데리고 살았고, 엄장은 남악에 암자를 짓고 살면서 나무를 베어 태우며 (화전)농사를 지었다.'
이 구절에서 문제가 되는 것은 처자식을 데리고 살았다는 것이다. 이것

---

441) 善導集記『般舟讚』(대정장47, p.449상) 참조.
442) 이병교 역해『삼국유사의 종합적 해석』하권(민족사, 2005) p.436 주석 참조.
443) 김상현은 설명하기를, 쟁관법錚灌法은 어의로 볼 때 정쟁같은 것을 치면서 나무아미타불을 소리 내어 외우는 방법이었을는지 모른다고 하였다. 김상현『역사로 읽는 원효』(고려원, 1994) p.149 참조.

은 불교의 출가에 대한 문제이다. 광덕과 엄장은 출가는 했으나 처자를 데리고 생업에 종사하므로 일반적 불교제도의 상식으로는 올바른 출가의 모습이라 할 수 없다. 그런데 이들은 수행하여 현재의 몸 그대로 성불現身成佛까지 했다. 이 일이 가능할까? 경전에서는 그 의문을 여법하게 풀어주고 있다. 경전에는 이종출가, 사종출가가 있다. 이종출가는 신출가身出家와 심출가(心出家)이다. 신출가는 삭발하고 가사를 입은 출가자의 모습을 한 비구, 비구니 등을 말하고 심출가는 재속의 몸차림을 하였지만 마음이 출가한 자이다. 심출가인은 대표적으로 『유마경』의 주인공 유마힐거사를 꼽을 수 있다. 『유마경』「방편품」에 다음과 같이 설명한다.

> 비록 재가의 신도라 하여도 사문의 청정한 계행을 받들어 행하고,
> 비록 세속에 살지만 삼계에 집착하지 않는다. 처자가 있음을 알고 있
> 지만 항상 범행을 닦고, 권속이 있는 것을 알고 있다 해도 항상 멀리
> 떨어져 있기를 좋아한다.[444]

위 경문은 광덕의 출가와 일치한다. 이를 긍정적으로 해석하면 대승불교의 이념에 어긋나지 않는다. 왜냐하면 대승불교는 일체중생을 부처로 만들어(成就衆生) 혼탁한 사바세계를 불국정토로 만드는 것(佛國土完成)을 이념으로 세우기 때문이다. 좀 더 설명하자면, 대승불교[445] 란 우리가 생사고해를 건너 열반의 안락한 세계로 넘어가고자 함에는 부처님의 교법을 의지해야하는바 소승에서는 이 교법으로써 최고의 목적인 아라한과를 증득하는데 만족하였다. 그러나 대승에서는 부처님의 본의를 찾아 한량없는

---

444) 『維摩詰所說經』卷上「方便品」(대정장14, p.539상) 참조.
445) 대승이라는 말의 원어는 산스크리트어로 마하-야나(mahā-yāna)라고 한다. 이를 번역하면'큰 수레'란 뜻이며 기존의 보수적인 부파불교를'작은 수레'에 비유하여 소승(hīnā-yāna)이라고 낮추어 부르는데 반해 일체중생을 다 피안의 언덕으로 실어 나를 수 있다는 뜻에서'큰 수레'에 비유하여 대승이라고 부른 것이다. 대승에서 대(mahā)는 크다(大)·많다(多)·뛰어나다(勝) 등의 뜻을 갖추었고, 소승에서 소(hīnā)는 작다(小)·적다(少)·열등하다(劣) 등의 뜻을 갖추었고, 승(yāna)은'모두 실어 나르다'라는 뜻이다. 승(乘)이란 생사고해의 차안(此岸)에서 열반의 안락한 피안(彼岸)으로 중생을 이끌어 제도한다는 의미인데, 소승은 아주 적은 사람만을 피안에 이르게 함에 비해 대승은 일체중생을 피안에 이르게 한다는 점에서 크게 다르다. 高淳豪著『佛教學槪論』(宣文出版社, 1980) p.205 참조.

대비심을 일으켜 위로는 보리를 구하고 아래로는 중생을 구한다는 "상구보리하화중생上求菩提下化衆生"의 이념아래 열심히 보살도를 수행하여 다 같이 나도 이롭고 남도 이롭게 하여(자리이타自利利他) 위없는 불과(무상불과無上佛果)를 증득하는 것을 최고의 목적에 두었다.[446] 이것이 대승불교의 핵심사상이다. 결론적으로 대승불교는 일체중생은 모두 불성佛性이 있으므로 누구라도 부처가 될 수 있다는 개념이다. 그래서 부처님께서는 누구라도 부처가 될 수 있으니 부지런히 도를 닦아 모두가 부처가 되어 이 땅을 불국정토로 만들어야 한다고 49년을 풍우를 가리지 않으시고 8만4천 법문을 이르신 것이다.[447] 그러면 사종출가설을 보자. 사종출가는『아비달마법온족론』에서 장황하게 설명한다.

첫째는, 어떤 무리의 보특가라[448]는 모든 욕欲의 경계에 있어서 몸은 떠나 있으면서도 마음은 그렇지 못한 이다. 마치 어느 한 사람은 수염과 머리를 깎아 없애고 가사를 입고 바른 믿음으로 출가하여 몸은 법려에 참여하고 있으면서도 마음은 오히려 수용해야 할 모든 욕심을 사모하면서 자주자주 날카로운 탐애를 내는 것 같다. 그는 몸은 집을 떠나 있으면서도 마음은 오히려 떠나지 않은 것이니, 이런 이를 바로 욕에 대하여 몸은 떠났으면서도 마음은 그렇지 않은 이라고 한다(신리비심身離非心). 둘째는, 어느 한 무리의 보특가라는 모든 욕의 경계에 있어서 마음은 떠나 있으면서도 몸은 그렇지 못한 이다. 마치 어느 한 사람은 아내와 자식들이 있고 좋은 밭·집·침구·향·꽃다발·의복 및 음식을 수용하며 갖가지 금·은 등 진기한 보배를 받아 쌓고 노비·동복과 심부름꾼을 부리면서 때로는 매를 때리고 욕을 한다

---

446) 부파불교(소승)와 초기의 대승불교에 나타난 사상적 특징을 간단히 비교해 보면 다음과 같다. 부파불교는 ① 아라한이 되는 것을 목적으로 하는 성문승사상이다. ②업보윤회의 고통으로부터 벗어나는 타율주의적 업보사상이다. ③자기 개인만의 완성과 해탈을 위해서 수행 노력하는 자리주의적 소승관이다. ④경전의 연구에 집착해서 사물에 구애되어 있는 유사상이다. 이에 비해 대승불교는 ①불타가 되는 것을 목적으로 하는 보살승사상이다. ②성불이 목적이므로 스스로 원하고 행하여 가는 원행사상이다. ③자기를 버리고 일체중생을 구제 하겠다는 목적의 이타주의적 대승관이다.④ 반야의 지혜에 입각하여 무아·무집착적인 공사상이다.
447) 현송편저, 앞의 책, 불신불토설 참조.
448) 보특가라(補特伽羅)는 산스크리트어 pudgala의 음역으로 사람·개체·개인 존재의 뜻.

하더라도 모든 욕에 대하여 탐착하거나 물들지 않을뿐더러 자주자주 날카로운 탐애를 내지 않는 것과 같다. 그는 몸은 집에 있으면서도 마음은 이미 벗어나 있는 것이니, 이런 이를 바로 욕에 대하여 마음은 떠나 있으면서도 몸은 그렇지 않은 이라고 한다(심리비신心離非身). 셋째는, 어느 한 무리의 보특가라는 모든 욕의 경계에 있어서 몸과 마음이 다 같이 떠나 있는 이다. 마치 어느 한 사람이 수염과 머리칼을 깎아 없애고 가사를 입고 바른 믿음으로 출가하여 몸이 법려에 참여해 있으면서 모든 욕의 경계에 대하여는 마음에 그리워함이 없고 자주자주 그것을 반연하는 탐애도 일으키지 않으며 생각을 잃고 잠시 동안 일으킨다 해도 깊이 뉘우치면서 부끄러워하는 것과 같다. 그런 이는 몸도 집을 떠나 있고 마음도 떠나 있는 것이니, 이런 이를 바로 욕에 대하여 몸과 마음이 다 같이 떠나 있다고 한다(신심구리身心俱離). 넷째는, 어느 한 무리의 보특가라가 모든 욕의 경계에 있어서 몸과 마음이 다 같이 떠나 있지 않은 이다. 마치 어느 한 사람이 아내와 자식들을 양육하며 좋은 밭·침구·향·꽃다발·영락·의복과 음식을 수용하고 갖가지 금·은의 진기한 보배를 받아 쌓으며 노비·동복과 심부름꾼을 부리면서 갖가지 마음을 일으켜 매를 때리고 욕설을 퍼부으며 업을 짓고, 또 모든 욕에 대하여 깊이 빠지고 염착을 내며 자주자주 날카로운 탐애를 일으키는 것과 같다. 그는 몸과 마음 두 가지가 다 집을 떠나지 못한 것이니, 이런 이를 바로 욕에 대하여 몸과 마음이 다 같이 떠나지 못한 이라고 한다(신심구불리身心俱不離).[449]

라고 설하신다. 이를 간추려보면, 첫째는 몸은 떠나 있으면서도 마음은 그렇지 않은 사람이고, 둘째는 마음은 떠나 있으면서도 몸은 그렇지 않은 사람이고, 셋째는 몸과 마음이 다 같이 떠나 있는 사람이고, 넷째는 몸과 마

---

449) 目乾連造 玄奘譯 『阿毘達磨法蘊足論』 卷第六 「靜慮品」(대정장26, pp.482하~483상) 참조.

음이 다 같이 떠나지 못한 이라고 하였다.

여기에 광덕을 비유하면 둘째의 사람인 "마음은 떠나 있으면서도 몸은 그렇지 않은 사람"이고 엄장은 첫째의 사람인 "몸은 떠나 있으면서도 마음은 그렇지 않은 사람"이라고 할 수 있겠다. 그러나 좀 더 생각하면 선도대사의 말처럼 "극락세계는 무위열반無爲涅槃의 세계"[450] 이므로 이 열반을 증득하기 위해서는 유무有無에 걸리지 말고 승속僧俗을 초월해야한다는 것을 일깨워 주기 위함인 것이 아닐까 한다.

다음은 ③의 "남편과 나는 10여 년 동안 함께 살았지만 일찍이 하룻밤도 잠자리를 같이한 적이 없는데, 하물며 몸을 더럽혔겠습니까?" 라고 하였는데 이 구절에서 계율의 중요성을 가르쳐준 것이다.[451] 광덕이 처자를 거느리고도 먼저 적멸궁에 들었다는 것은 말할 것도 없이 처자식을 거느리고 세속에 처해 있으면서도 애욕을 끊고 계율을 지켰기 때문이다. 계율에 대해서는 위에서 언급했으므로 다음을 보자.

④의 "한결같이 아미타불을 외면서 16관을 짓고"라고 하였는데, 이 16관은『관무량수경』에서 설한 아미타불 정토에 태어나기 위한 16가지 관법으로 해가 지는 것을 관상하는 ①일상관日想觀 물을 생각하는 ②수상관水想觀 보배 땅을 생각하는 ③지상관地上觀 보배나무를 생각하는 ④보수관寶樹觀 ⑤보배연못을 생각하는 보지관寶池觀 ⑥보배누각을 생각하는 보루관寶樓觀 ⑦연화대를 생각하는 화좌관華座觀 ⑧불상을 생각하는 불상관像想觀 ⑨부처님의 진실한 몸을 관찰하는 진신관眞身觀 ⑩관세음보살을 생각하는 관음관觀音觀 ⑪대세지보살을 생각하는 세지관勢至觀 ⑫자기 왕생을 생각하는 보관普觀 ⑬정토의 잡상을 생각하는 잡상관雜想觀 상근기의 왕생관인 ⑭상배관上輩觀 중근기의 왕생관인 ⑮중배관中輩觀 하근기의 왕생관인 ⑯하배

---

450) 善導集記『法事讚』(대정장47, p.433중) 極樂無爲涅槃世界.

451) 여기에 대하여 태원스님은 설명하기를 염불하는 수행자는 지계 정신을 가져야 한다. 이 계를 지키려면 주변의 나쁜 벗과 환경과의 인연을 멀리 여의고 좋은 환경을 접하고 살아야 좋은 신업을 지을 수 있고, 마음으로는 나쁜 생각을 될 수 있으면 갖지 않으려고 하면서 나쁜 분별을 일으키지 말아야 입으로 좋은 구업을 지을 수 있다고 하였다. 그리고 정신적으로는 자기에 주어진 건강과 물질, 그리고 위치에 만족하면서 기뻐해야 탐하는 마음을 자제할 수 있을 것이며, 상대를 이해하려는 마음을 가져야 성내는 마음을 일으키지 않을 것이고, 항상 삼매 얻기를 좋아해야 어리석은 마음이 사라지고 지혜가 생긴다고 하였다. 이태원저『淨土의 本質과 敎學 發展』(운주사, 2006) p.239 참조..

관下輩觀을 말하는 것인데[452] 광덕은 달빛을 타고 앉아 이 관법을 수행했다는 것이다. 여기서 잠시 광덕의 근기를 보자. 『무량수경』에서는 극락세계에 왕생할 수 있는 사람을 그들 자신의 공덕에 따라 상·중·하의 삼배三輩로 구분한다.

> 첫째, 상배자는 욕심을 버리고 출가하여 스님이 되고, 보리심을 일으켜 한결같은 마음으로 아미타불을 생각하며, 여러 가지 공덕을 쌓은 사람으로 이들은 임종시에 아미타불의 인도로 극락에 태어나 부처님 곁으로 가서 불퇴전의 보살이 된다.
>
> 둘째, 중배자는 출가한 사문이 되어 큰 공덕을 닦지는 못하더라도 재가자로서 보리심을 내어 한결같은 마음으로 아미타불을 생각하며, 다소의 착한 일을 하고 계율을 지키며 공양하거나 탑과 불상을 조성하는 등의 선행을 하는 사람으로 이들은 임종시에 아미타불의 화신化身을 보고 극락세계에 태어난다. 그러나 부처님을 만나 뵐 수 없고 부처님 근처에 머물면서 500년 뒤에 부처님 법문을 듣고 지혜를 얻는다.
>
> 셋째, 하배자는 출가도 선행을 쌓는 일도 할 수 없지만, 애욕을 끊고 정진하여 오로지 한결같은 마음으로 왕생하려는 마음을 열흘 낮 열흘 밤 동안 끊이지 않는 사람들로 이들은 임종시에 꿈속에서 아미타불을 보아 죽은 뒤에 극락세계에 태어난다. 이 사람들도 역시 부처님을 뵐 수 없으며 오백년 뒤에 부처님 밑으로 가서 지혜를 얻는다.[453]

위의 삼배왕생자 가운데 광덕의 근기는 상배, 중배에 속한다고 보아진다. 이와 같이 『무량수경』에서는 삽배왕생을 설하였지만 『관무량수경』에서는 구배왕생을 설하고 있다. 다소 번거롭지만 구품왕생설을 보기로 하자. 구품九品이란 상배에 상중하품 중배에 상중하품 하배에 상중하품이 있

---

452) 『관무량수경』(대정장12, pp.341하~346상) 참조.
453) 『無量壽經』卷下(대정장12, p.272 중하) 참조.

으므로 도합 구품이 되는 것이다. 구품관을 보면 왕생자의 근기가 잘 나타나고 있다. 즉 어떤 종류의 사람이 극락에 태어나는가를 알 수 있다.

　제1품 상품상생하는 자는 세 가지 마음을 일으킨 사람이다. 세 가지 마음이란 지성심至誠心, 심심深心, 회향발원심廻向發願心이다. 이 세 가지 마음을 구족한 사람은 반드시 저 국토에 태어나게 된다. 또 세 종류의 중생이 있어 마땅히 왕생할 수 있다. 첫째는 사랑하는 마음으로 살생하지 않고 모든 계를 지키는 것이고, 둘째는 대승방등경전을 독송하는 것이며, 셋째는 육념六念을 수행해서 이것을 회향 발원하여 저 국토에 태어나기를 원하는 사람이다. 그래서 이 공덕을 갖추어 하루 내지 칠일 동안 하면 이러한 사람은 곧 왕생할 수 있다.

　제2품 상품중생하는 자는 반드시 방등경전을 받아 가지고 독송하지 않더라도 선의 뜻을 알고 제일 심오한 진리에도 마음이 놀라거나 두려워하지 않고 깊이 인과의 도리를 믿어 대승을 비방하지 않는 공덕을 회향하여 극락국토에 태어나기를 원한 사람이다. 이러한 사람은 곧 왕생할 수 있다.

　제3품 상품하생하는 자는 역시 인과를 믿고 대승을 비방하지 않으며, 다만 위없는 도심道心을 일으키고 이러한 공덕을 회향하여 극락국토에 태어나기를 원한 사람이다. 이러한 사람은 곧 왕생할 수 있다 (여기까지가 상배의 3품으로 왕생하는 근기이다).

　제4품 중품상생하는 자는 오계五戒와 팔계八戒와 모든 계를 받아 지키며 오역죄를 범하지 않고, 아무런 허물이 없는 선근을 회향해서 서방극락세계에 태어나기를 원한 사람이다. 이러한 사람은 곧 왕생할 수 있다. 이러한 사람은 목숨을 마칠 때에 임하여 아미타불께서는 모든 비구와 권속들에게 둘러싸여 금색의 광명을 발하여 그 사람의 처소에 오셔서 고·공·무상·무아苦空無常無我를 연설하시고, 출가하여 모든 괴로움을 여읜 것을 찬탄하신다.

제5품 중품중생하는 자는 하루 밤낮 동안 팔재계, 사미계, 구족계를 지켜서 위의에 조금도 부족함이 없는 이러한 공덕을 회향해서 극락세계에 태어나기를 원한 사람이다. 이러한 사람은 곧 왕생할 수 있다.

제6품 중품하생하는 자는 부모에 효도하고 세상의 어진 것과 자비를 행하하면서 왕생하기를 원하는 사람이다. 이러한 사람은 곧 왕생할 수 있다(여기까지가 중배의 3품으로 왕생하는 근기이다).

제7품 하품상생하는 자는 갖가지 악을 짓고 방등경전을 비방하지는 않는다 할지라도 이와 같은 어리석은 사람은 온갖 악을 지으면서도 뉘우칠 줄 모르는 사람이다. 이러한 사람도 아미타불을 부르는 공덕, 부처님의 명호, 법의 이름, 스님 등 삼보의 이름을 듣는 공덕으로 곧 왕생할 수 있다. 이러한 사람이 목숨을 마치려 할 때에는 선지식이 그를 위하여 대승 십이부경의 제목만을 찬탄한다. 이때 그들은 모든 경의 이름을 듣는 공덕으로 칠겁 동안 지은 아주 무거운 죄를 없앤다. 또 지혜 있는 사람이 가르치기를 합장하여 나무아미타불의 부처님 명호를 부르게 하여 그 부르는 공덕에 의해 오십억겁 생사의 죄를 제거한다.

제8품 하품중생하는 자는 오계, 팔계, 구족계 등을 범한 사람이다. 이와 같이 어리석은 사람이 승단의 물건을 훔치며, 현재 승려의 물건을 도둑질하고, 부정하게 법을 설하고도 뉘우치고 부끄러워 할 줄 모르며, 모든 악한 업으로 스스로를 가리 운다. 이와 같은 죄인은 악업으로 인해 지옥에 떨어진다. 그래서 목숨을 마치려 할 때에 지옥의 맹렬한 불이 일시에 몰려들게 된다. 그런데 이러한 사람에게도 이때에 선지식이 대자비로 아미타불의 열 가지 위신력을 설하고, 저 부처님 광명과 신통력을 설하며, 또 계·정·혜戒定慧, 해탈解脫, 해탈지견解脫智見 등을 찬탄하여 설한다. 그래서 이 법문을 들은 공덕으로 팔십억겁의 생사의 죄가 소멸되어 극락세계에 곧 왕생할 수 있다.

제9품 하품하생하는 자는 오역죄[454]와 열 가지 악[455]과 가지가지 착하지 못한 악업을 지은 사람이다. 이와 같은 어리석은 사람은 악업으로써 마땅히 악도에 떨어져서 많은 세월을 지나면서 한없는 괴로움을 받는다. 그러나 이러한 사람에게도 이때에 선지식이 여러 가지 미묘한 법을 설하여 위로하고 가르쳐서 부처님을 생각하도록 권유한다. 그래도 이러한 사람은 고통에 시달려 부처님을 생각할 틈이 없다. 그래서 선지식은 다시 말하기를, "그대가 만약 부처님을 생각할 수 없으면 무량수불을 부르라"고 한다. 이 때에 그 말을 알아듣고 지극한 마음으로 소리가 끊어지지 않게 하여 十念을 구족하여 나무아미타불의 명호를 부르는 공덕으로 생각생각 가운데 팔십억겁의 생사의 죄를 소멸하여 극락세계에 곧 왕생할 수 있다(여기까지가 하배의 3품으로 왕생하는 근기이다).[456]

이와 같이 경전상에 설한 구품관에 나타난 왕생하는 사람의 근기를 살펴보았다. 여기서 광덕과 엄장의 근기는 제7품의 하품상생 정도에 속한다고 할 수 있다. 그러면 여기서 이 구품관에 대한 논사들의 해석이 있다.[457]

다음은 ⑤의 '부인은 바로 분황사의 계집종으로 아마 부처님의 열아홉 응신 가운데 하나이다.' 라고 하였다. 광덕의 처는 이들의 계율을 시험하고 보리를 이루도록 하천한 아녀자로 나타난 것이다. 관세음보살은 아미타불의 협시보살로서 현세의 재난에서 허덕이는 중생을 구호하여 극락세

---

454) 오역죄는 무간지옥에 떨어지는 다섯 가지 무거운 죄로써 ①아버지를 죽인 죄 ②어머니를 죽인 죄 ③아라한(스님)을 죽인 죄 ④부처님의 몸에 피를 낸 죄 ⑤승가의 화합을 깨트린 죄이다. 『無量壽經』(대정장12, p.268상) 『觀無量壽經』(대정장12, p.345중) 참조.
455) 십악十惡 : 열 가지 악으로 중죄이다. 우리 불자들이 매일 독송하는 『천수경』의 십악참회이다.
456) 『觀無量壽佛經』(대정장12, pp.344하~346상) 참조.
457) 선도는 『觀經疏』에서 九品의 種性에 대해 상품삼생인은 대승상선大乘上善의 범부, 중품삼생인은 소승의 범부, 하품삼생인은 악을 만나는 범부라 판단하여 전부 범부왕생을 밝힌 것이라고 했다. 『觀無量壽佛經疏』(대정장37, p.249상중) 이외에도 여러 논사의 설명이 있다. 현송저 『한국고대정토신앙연구』(운주사, 2013) pp.68~86 참조.

계로 인도하는 자비의 보살이다. 위의 설화에서 광덕 처의 신분이 분황사의 계집종이었는데 관음으로 응신한다고 하였다. 이는 시대적 관점으로 볼 때 관음신앙이 미타신앙과 함께 하층민으로 전파되어 민중의 신앙으로 뿌리내림을 보여주는 것이라 본다.

이상과 같이 배경설화와 함께 향가 일편을 고찰하였다. 위의 노래와 설화를 정리해 보면, 노래의 성격은 깊은 신앙심과 구도심이 가득 찬 서정적인 "극락왕생발원가"이다. 또한 『원왕생가』의 신앙적 특징은 염불행도를 가르쳐주는 것인데, 승려의 신분으로 처자식을 거느리고 불도를 닦아 현신왕생 했다는 것은 대승불교의 이념을 보여주는 사례이다. 이것은 대승불교가 곧 대중 불교임을 보여주는 것으로 상하·빈부·귀천·남녀·노소·재가·출가의 구별 없이 누구라도 성불할 수 있다는 인간평등사상을 보여준 것이다. 중요한 것은 염불수행으로 현신왕생 했다는 것인데, 이것은 현신왕생을 이루는 데는 염불수행보다 더 큰 수행공덕이 없음을 보여준 것이다. 또한 본 설화가 우리에게 주는 교훈은 염불을 수행함에 있어서 계율이 없이는 누구라도 정토문에 들어올 수 없다는 것을 가르쳐 주었다는 점이다.

본 설화는 역사적으로 당시 신라인들의 미타정토에 대한 신앙심이 어느 정도 깊이의 수준이며, 또 어느 정도 성행되었나를 짐작하게 한다. 그리고 누구든지 부처님의 말씀을 지극히 믿고(信), 간절히 발원(願)하고, 오롯이 실천(行行)하면 극락으로 갈 수 있다는 무애일도無碍一道의 수행도를 심어주어 민중으로 하여금 신앙심이 생기게 한 것이다.

끝으로 주목해야할 점이 두 가지 있다. 하나는 본 설화와 노래에서 대승불교는 소승불교와 달리 어떤 유형의 사람이라도 출가할 수 있다는 것을 보여주고 있다는 것이다. 만약 이 세상 모든 사람이 세간에 있으면서 마음으로나마 출가를 한다면 이 세상은 바로 극락정토로 변현되는 것은 말할 것도 없다. 다른 하나는 오늘날 한국승가는 해방 이후 실로 많은 종파가 생겨났는데 이 가운데에는 처자권속을 거느리고 승려생활을 하는 종파가 많다. 과연 이들의 출가정신은 어느 정도의 수준일까? 정당성 있는 떳떳한 답변으로 일체 대중으로 하여금 존경받는 승가상을 보여 주어야할 때가 아닐까?

3. 남백월 이성 노힐부득 달달박박 조[458]

본 설화도 앞의 미륵선화설화와 같은 성격으로 미륵경전에 만족하지 않고 현신성도現身成道사상을 나타낸 것이라 할 수 있다. 설화의 내용은 다음과 같다.

『백월산양성성도기白月山兩聖成道記』에서 이렇게 기록하여 말하였다. "백월산은 신라 구사군仇史郡 북쪽에 있는데, 산봉우리들이 기이하고 빼어난 모습으로 수백 리 까지 뻗쳐 있어 정말로 큰 진산鎭山이었다." 옛 노인들이 서로 전하여 말하였다. "옛날 당나라 황제가 일찍이 연못을 하나 팠는데, 매월 보름 전날이면 달빛이 밝아지고 못 가운데 산이 하나 있어 사자처럼 생긴 바위의 그림자가 은은하게 꽃 사이에 비쳐 연못 속에 나타났지. 황제는 화공에게 명령하여 그 모습을 그리게 한 다음 사신을 보내 천하에서 찾도록 하였다. 해동에 도착하여 이 산을 보니, 큰 사자암이 있고 산의 서남쪽 2보쯤 되는 곳에 삼산三山이 있어 그 이름을 화산花山이라 하였어(그 산은 몸체하나에 봉우리가 셋이므로 삼산이라 하였다). 그림과 서로 비슷했으나 진짜 그 산인지 알 수 없어 사신이 신발 한 짝을 사자암 정상에 매달아 놓고 돌아와 아뢰었는데, 신발의 그림자 역시 연못에 나타나므로 황제가 이상하게 여겨 백월산이란 이름을 내렸어(보름 전에 흰 달의 그림자가 못에 나타나기 때문에 이름 붙인 것이다). 그 후로는 연못의 그림자가 사라졌지." 이 산의 동남쪽 3,000보쯤 되는 곳에 신천(선천촌仙川村)이 있는데, 그

---

458) 『三國遺事』권3 塔像第四「南白月 二聖 노힐부득 달달박박」(대정장49, p.995중) 참조.

마을에 두 사람이 살고 있었다. 한 사람은 ①노힐부득으로 아버지의 이름은 월장月藏이고 어머니는 미승未勝이다. 또 한 사람은 달달박박인데, 아버지의 이름은 수범修梵이고 어머니의 이름은 범마梵摩였다. 이들은 풍채와 골격이 평범하지 않고 속세를 벗어난 높은 사상이 있어 서로 벗이 되어 사이좋게 지냈다. 나이 스무 살이 되자 마을 동북쪽 고개 밖의 법적방法積房으로가 의지하여 머리를 깎고 승려가 되었다. 얼마 후에 서남쪽 치산촌 법종곡法宗谷의 승도촌에 있는 오래된 절에 머물며 수양할만하다는 말을 듣고는 함께 가서 대불전, 소불전이라는 두 마을에 각각 살았다. 노힐부득은 회진암 또는 양사에 머물렀고 달달박박은 유리광사에 머물렀는데, (그들) 모두 처자를 데리고 가 살면서 생계를 꾸릴 일을 하며 서로 오갔다. 그러면서도 정신을 수양하며 속세를 떠날 생각을 잠시도 버리지 않았다. 그들은 몸과 세상살이의 무상함을 보고는 서로 말하였다. "기름진 땅과 풍년든 해가 참으로 좋기는 하지만 옷과 음식이 마음대로 생기고 절로 배부르고 따뜻함을 얻는 것만 못하며, 부녀와 집이 좋기는 하지만 연지화장에서 여러 부처와 앵무새, 공작과 함께 즐기는 것만 못하다. 더구나 불교를 배우면 부처가 되어야 하고, 참된 마음을 닦으면 반드시 진리를 얻어야 한다. 지금 우리가 머리 깎고 승려가 되었으니, 속세에 얽매인 것을 벗어버리고 무상의 도를 이루는 것이 당연한 노릇이거늘, 어찌 계속 티끌 같은 세상에 파묻혀 세속의 무리들과 함께 지내려 하는가." (이들은) 드디어 인간세상을 버리고 장차 깊은 산골로 숨으려 하였다. 어느 날 밤 꿈에 백호광이 서쪽으로부터 오더니 그 빛 속에서 금색 팔이 내려와 두 사람의 이마를 쓰다듬었다. 깨어나 꿈 이야기를 하니, 두 사람 꿈이 똑같아 함께 오랫동안 탄하였다. 마침내 백월산 무등곡으로 들어갔는데, 박박사는 북쪽 고개 사자암에 터를 잡아 여덟자의 판잣집을 짓고 살았으므로 판방이라 하였고, 부득사는 동쪽 고개 돌무더기 아래의 물이 있는 곳에 방을 짓고 살았기 때문에 뇌

방이라 하였다. ②각기 암자에 살면서 부득은 부지런히 미륵불을 구하고, 박박은 미타불을 염불하였다. 3년이 못되어 경룡 3년 기유년 (709) 4월 8일, 성덕왕이 즉위한지 8년이 되던 해의 일이었다. 해가 저물어 갈 무렵, 스무 살 가량 되어 보이는 아주 아름다운 모습의 낭자가 갑자기 난초와 사향 냄새를 풍기며 북쪽 암자에 당도하여 자고 가기를 간청하면서 시를 지어 바쳤는데, 그 내용은 다음과 같다.

나그네 걸음 늦어 해가 지니 온 산은 저물고
길 막히고 성은 먼데 사방이 고요하네.
오늘밤은 이 암자에서 머물고자 하니
자비로운 스님께서는 화내지 마십시오.

박박이 말하였다. "절은 깨끗함을 지키는데 힘써야 하므로 그대가 가까이 올 수 있는 곳이 아니오. 이곳에 머물지 말고 빨리 떠나시오." ③ 박박은 문을 닫고 들어갔다. 낭자가 남암으로 가 또 이전과 같이 간청하니, 부득은 말하였다. "그대는 이 밤중에 어디서 왔소?" 낭자가 대답하였다. "저의 고요하고 맑은 모습이 태허太虛와 같은 몸인데, 어디를 오고 가겠습니까? 다만 어진 선비의 뜻과 소원이 깊고 덕행이 높고 견고하다는 말을 듣고 장차 보리를 이루도록 도와주려는 것입니다." 그리고는 게偈를 하나 올렸는데 다음과 같다.

해 저문 깊은 산길에
가도 가도 인가가 보이지 않네.
소나무와 대나무의 그늘은 더욱 깊건만
골짜기의 시냇물 소리가 오히려 새롭네.
자고 가기 애원함은 길을 잃어서가 아니라
높은 스님을 인도하기 위함이네.

바라건대 내 청만 들어주고

또 누구냐고 묻지 마시오.

　부득사는 듣고 놀라면서 말하였다. "이곳은 부인과 함께 있을 곳이 아니지만, 중생의 뜻에 따르는 것 또한 보살행의 하나지요. 더구나 깊은 골짜기에 밤이 어두웠으니, 어찌 소홀히 대접할 수 있겠소." 그리고는 그를 맞이하여 읍하고 암자 안에 머물게 하였다. 밤이 되자 부득은 마음을 맑게 하고 몸가짐을 가다듬고 반벽에 희미한 등불을 켜고 고요히 염불을 하였다. 밤이 끝나갈 무렵에 낭자가 불러 말하였다. "내가 불행하게도 산기産氣가 있으니, 스님께서는 짚자리를 깔아 주십시오." 부득은 그 모습에 측은한 생각이 들어 거절하지 못하고 촛불을 은은하게 밝혔다. 낭자는 해산을 마치자 또 목욕시켜주기를 간청하였다. 노힐부득은 부끄러운 마음과 두려움이 엇갈렸으나, 애처로운 마음이 더해져 거절하지 못하고 목욕통을 준비하여 낭자를 통속에 앉히고 더운물로 목욕을 시켰다. 그러자 얼마 후 통 속의 물에서 향기가 풍기며 물이 금색으로 변하였다. 부득이 몹시 놀라니, 낭자가 말하였다. "우리 스님께서도 물에 목욕을 하십시오." 노힐부득이 마지못해 그의 말에 따르자 문득 정신이 맑아지더니 피부가 금빛으로 변하고 갑자기 옆에 하나의 연화대가 생겼다. 낭자가 거기에 앉기를 권하면서 말하였다. ④"나는 관세음보살인데 이곳에 와서 대사를 도와 대보리를 이루도록 한 것이오." 말을 마치고 낭자는 사라졌다. 한편 박박은 이렇게 생각하였다. "오늘밤 노힐이 반드시 계를 더럽혔을 것이니 가서 실컷 비웃어 주리라." 박박이 가서 보았더니 ⑤노힐은 연화대에 앉아서 미륵존상이 되어 광채를 발하고 있었다. 그래서 자신도 모르게 머리를 조아리고 예를 갖추어 말하였다. "어떻게 이렇게 되셨습니까?" 그 연유를 자세히 말하니, 박박이 탄식하며 말하였다. "나는 마음이 막혀서 요행이 부처님을 만

낳는데도 도리어 예우하지 못하였습니다. 큰 덕이 있고 지극히 어진 스님께서 나보다 먼저 성불했으니, 옛날의 교분을 잊지 마시고 함께 도와주십시오." 노힐이 말하였다. "통 안에 아직도 남은 물이 있으니 목욕을 할 수 있을 것이오." 박박도 몸을 씻자 부득처럼 무량수 부처가 되어, 두 부처가 엄연히 마주 대하게 되었다. 산 아래 사람들이 그 말을 듣고는 다투어 와서 우러러보고 감탄하면서 "참으로 희귀한 일이다." 라고 하였다. ⑥두 부처는 그들에게 설법을 하고 나서 온몸으로 구름을 타고 가버렸다. 천보14년 을미년(755)에 신라 경덕왕이 제위에 올라 이 사실을 듣고는 정유년(757)에 사신을 보내 큰 절을 짓도록 하고 '백월산 남사'라고 편액하였다. 광덕2년 갑진년(764) 7월 15일에 절이 완성되자 다시 ⑦미륵존상을 빚어 금당에 모시고 '현신성도미륵지전'이라고 편액하였으며, 다시 아미타불상을 주조하여 강당에 모셨는데, 남은 금색물이 부족하여 몸에 골고루 바르지 못하였다. 이 때문에 아미타불상에 얼룩진 흔적이 있다. 그리고 '현신성도무량수전'이라고 편액하였다. 논의하여 말한다. "낭자는 부녀의 몸으로 섭화한 것이라 할 수 있다. 『화엄경』에 마야부인 선지식이 열 한군데에 살면서 부처를 낳아 해탈문을 환상한 것과 같은데, 지금 낭자가 해산한 뜻이 여기에 있다 하겠다. 그가 (박박에게) 준 글을 보면 슬프고도 간곡하고 사랑스러워 하늘에서 온 선녀 분위기가 있다. 아, 만일 낭자가 중생을 따라서 다라니 언어를 몰랐다면, 어찌 이렇게 할 수 있었겠는가? 그 글 마지막 구절에 '마땅히 맑은 바람이 한 자리함을 꾸짖지 말라' 라고 했어야 할 것이나, 그렇게 하지 않은 것은 속세의 말과 같게 하고 싶지 않았던 것이다." 다음과 같이 기린다.

푸른빛 떨어지는 바위 앞, 문 두드리는 소리
해 저무는데 누가 구름 속 빗장 문을 두드리나

남쪽 암자가 가까우니 거길 찾아갈 것이지
푸른 이끼 낀 내 뜰을 밟아 더럽히지 마오.
이것은 북쪽 암자를 기린 것이다.[459]
골짜기에 날도 어두운데 어디로 가리
남창에 자리 있으니 쉬어 가시오.
밤이 깊으니 백팔염주 굴리고 또 굴리며
단지 시끄러워 길손의 잠 방해할까 걱정했네.

이것은 남쪽 암자를 기린 것이다.[460]

십리 소나무 그늘에 길을 잃어
한밤에 초제招提[461] 찾아가 시험했네.
세 통의 목욕 끝내자 날이 새려고 하는구나.
두 아이 낳아 놓고 서쪽으로 갔구나.

이것은 관음보살 낭자를 기린 것이다.

　본 설화의 전체 내용이 너무 장황하지만 설화감상을 위하여 전문을 실었다. 대체로 정토행자의 궁극적인 목적은 정토왕생을 목적으로 한다. 그런데 이 설화의 주인공들은 바로 앉은 자리에서 성도成道하였다. 이 설화도 앞의 미륵선화 설화처럼 경설에 의존하지 않고 시공을 초월한 깨달음의 세계를 나타내고 있다. 특히 이 설화는 미륵불과 아미타불이 서로 병존竝存하고 있다. 또한 관음보살도 등장한다. 이 설화의 전체적 의미는 크게 두 가지로 요약할 수 있는데, 첫째는 현신성도사상이고, 둘째는 인간평등 사상이라고 할 수 있다. 여기서는 설화를 문맥상 일곱 단락으로

---

459) 달달박박을 기린 것이다.
460) 노힐부득을 기린 것이다.
461) 초제는 관부(官府)에서 지어준 절인데 사방에서 모여든 승려들이 이곳에 찾아와서 쉰다.

나누어 두 가지의 사상을 불교사상적 관점에서 경설과 대비하여 고찰하여 보고자 한다.

먼저 ①에 나오는 부득과 박박 부모의 이름이 경전에 근거한 것이다. 기문에는 부득의 아버지 이름이 월장이고 어머니 이름이 미승이고, 박박의 아버지는 수범이고 어머니는 범마라고 하였다.[462] 여기서 이 이름이 경전의 미륵·미타의 부모 이름과 같다는 것이다. 그런데 문제는 부득과 박박의 부모명이 서로 바뀌었다는 것이다. 그러나 비록 바뀌어 전해졌다고 해도 여기서는 문제가 되지 않는다. 왜냐하면 두 사람은 미륵과 미타의 부모 이름을 가지고 태어난 것과 각각 미륵과 미타로 성도하였다는 사실이 경전의 내용과 같다는 것을 밝혀 본 것이기 때문이다.

다음 ②의 내용을 보면 서로 처자를 거느리고 생계를 꾸려가면서 부득은 열심히 미륵을 구하고 박박은 일심으로 미타를 염불하였다고 하였는데, 여기서 처자를 거느리고 생계를 꾸려가면서 불도수행을 한다는 것은 상식적으로 이해가 가지 않는 부분인데 이 상식을 초월한 것이다.[463] 이것이 분별을 초월한 불교의 일체평등사상이다. 앞에서 논의한 「원왕생가」조에도 광덕의 처는 본래 분황사 계집종이었다. 「욱면비 염불서승」 조에도 신분이 비천한 노비인 욱면이 열심히 염불하여 성불하였다. 이외에도 비천한 신분이 성불하는 경우는 『삼국유사』에 여러 사례가 나타난다. 이와 같은 경우는 남녀, 귀천, 승속을 초월하는 불교의 화해와 인간평등사상을 잘 나타내고 있는 것이다.

다음 ③에 여인이 하룻밤 묵기를 간청하자 박박은 일언지하로 거절했고

---

462) 『阿彌陀鼓音聲王多羅尼經』에는 미타의 아버지 이름이 월상전륜왕이고 어머니 이름이 수승묘안이라 하였고, 『미륵하생경』에는 미륵의 아버지 이름이 수범마이고 어머니 이름이 범마월로 나오는데, 여기서 부득과 박박의 부모 이름이 미타와 미륵의 부모이름과 서로 비슷한 음이므로 부득과 박박의 부모이름이 서로 바뀌었다고 하는 것이라고 하여 연구자들이 논란이 일어났다. 『阿彌陀鼓音聲王多羅尼經』(대정장12, p.352중) 阿彌陀佛如來應正遍知 父名月上轉輪聖王 其母名曰殊勝妙顔.『彌勒下生經』(대정장14, pp.421하) 是時 修梵摩有妻名梵摩越.

463) 여기서 처자식을 거느리고 생계를 꾸려가면서 불도수행을 한다는 문제를 필자는 일체평등사상으로 특성을 밝혔는데 또 다른 사상으로 논할 수 있다. 그것은 수행자의 출가의 문제이다. 경전에는 이종출가와 사종출가가 있다. 이종출가(『元亨釋書』「聖德太子傳」)는 신출가身出家와 심출가心出家이고 사종출가(『阿毘達磨法蘊足論』卷第六「靜慮品」)는 (1)신리비심身離非心 (2)심리비신心離非身 (3)신심구리身心俱離 (4)신심구불리身心俱不離이다. 본설화의 부득과 박박은 이종출가 가운데 심출가이다. 몸은 떠나지 않았어도 마음은 떠나있는 사람이다. 여기에 대한 구체적인 언급은 앞에서 고찰한 향가「원왕생가」참조.

부득은 측은지심으로 보살행을 하여 이를 허락하였다. 이것은 소승과 대
승을 비교한 것이라 할 수 있다. 즉 박박은 융통성이라고는 전혀 없는 계
율주의적 자리적自利的인 소승견해를 보인 것이고 부득은 대자비의 이타적
利他的인 대승의 보살심을 보인 것이라고 생각한다. 이러한 부득의 측은지
심은 바로 미륵불의 자심慈心을 나타낸 것이다.

다음 ④는 관음보살의 응현이다. 여기서 관음보살의 대자비 민중구원사
상과 인간평등사상이 잘 나타나는 것이다. 이 설화의 핵심은 현신성도를
나타내는 것이다. 여기서 부득이 열심히 구하여 미륵불로, 박박은 아미타
불로 현신성불 한 것이다. 그런데 이들을 성도하게 도와준 여인이 바로 관
세음보살이라는 것이다. 이 관세음보살은 서방극락세계에 상주하면서 아
미타불의 협시보살로서 중생들을 극락정토로 인도하여 아미타불을 돕는
다. 관세음보살은 자비의 화신으로 중생의 고난을 구제하기 위하여 갖가
지의 방편으로 몸을 나투어 설법교화하는 보살이다. 여기에 대해서는 앞
으로 논의할 관음설화에서 다시 언급할 것이지만 잠시 그 특성을 보자. 관
음신앙의 특징은 자발적 응현應現이라는 것이다. 「관세음보살보문품」에서
다음과 같이 설하신다.

> 선남자야, 어떤 나라의 중생을 부처의 몸으로 제도할 이에게는 관
> 세음보살이 곧 부처의 몸을 나타내어 설법한다.[464]

이와 같이 관음보살은 대비원력으로써 스스로 보문시현普門示現하여
어느 누구에게도 어디에서도 몸을 드러내 응한다는 것과 사바세계의 고
통 받는 중생의 곁을 잠시도 떠나지 않고 구제하여 이롭게 하여준다는
이세보살利世菩薩이다. 이와 같은 자비심으로 두 수행자를 도와 대보리를
이루게 한 것이다. 또, 『수능엄경』에는 위의 ④와 매우 부합되는 경설이
있다.

---

464) 『妙法蓮華經』 권7 「觀世音菩薩普門品」(대정장9, p.57상) 참조.

세존이시여, 만약에 보살들이 삼마지에 들어가 무루를 닦아 훌륭한 깨달음이 원만하게 나타나면 저는 그 사람 앞에 부처님의 모습을 나타내어 법을 말하여 해탈케 하겠나이다.[465]

라고 하였다. ⑤의 구절에서 부득은 미륵불로 박박은 아미타불로 각각 성불하여 서로 마주대하고 있는 모습이다. 여기서 현신성도를 보여주었는데 이 구절은 경전의 이론과 다르다.

왜냐하면 『미륵삼부경』에서 설하였듯이 미륵은 일생보처보살로서 현재 도솔천에 상주하면서 제천중을 위하여 교화설법 하다가 먼 미래 56억년 뒤 사람의 수명이 8만4천세 때에 지상에 내려와 용화수 아래에서 성불하여 석가불이 제도하지 못한 중생들을 제도한다는 미래불이다.

또한 『정토삼부경』에서 설하였듯이 아미타불은 그 옛날 법장비구가 출가하여 이미 10겁 이전에 48대원을 세우고 성불하여 현재 여기서 10만억 국토를 지나 서쪽의 극락국토에 상주하면서 모든 중생을 위해 설법하고 있으며 차토의 왕생자를 여러 성중들과 함께 와서 이들을 맞이하여 극락국토로 간다는 것이다.

이와 같이 경전과 대비한다면 부득과 박박의 성불은 경전 내용과는 전혀 무관하다. 여기에 대하여 김영태 등 여러 연구자들은 이를 현신성도설이라고 결론짓고 있다.[466] 필자도 여기에 동의한다. 앞에서도 언급한바 정토의 세계는 깨달음의 세계로써 시공을 초월하는 것이다. 『미륵상생경』에 다음과 같이 설하고 있다.

만약 미륵보살마하살의 명호를 듣고서 환희심을 내며 공경하고 예

---

465) 『大佛頂如來密因修證了義諸菩薩萬行首楞嚴經』 권第六(대정장19, p.128중) 참조.
466) 김영태는 논하기를, 아미타불은 최고의 사상이 실현된 완전무결한 불국정토의 주불이며, 미륵불은 석가불의 미완을 보완하는 사바국토의 당래불이다. 따라서 현세인의 입장에서 본다면 미타는 사후왕생의 구경적 이상불이며, 미륵은 현세 실현가능의 희구적 이상불이다. 그러한 신앙적 특성을 갖추고 있는 두 부처님을 신라의 부처님으로 받들고자 하는 신라인들의 신앙적 희원希願과 창의성이 결국은 그와 같이 현신성도의 신라불을 출현케 하였던 것이다. 라고 하였다. 김영태「新羅佛教의 現實成佛觀」(『新羅文化』1, 13권, 1984) p.110 참조.

배한다면 이 사람은 목숨이 끝나는 대로 손가락 한번 튕기는 사이 곧
도솔천에 왕생한다.[467]

이와 같이 깨달음의 세계는 시간과 공간을 넘어선 초월의 세계로 나타나
는 것이다. 신라인은 이러한 부처님의 세계를 이미 관철하여 현실적인 면에
서 신앙을 중히 여겨 결국은 '현신성불관'을 창조해낸 것이라고 할 수 있다.
또한 미륵을 열심히 구한 부득이 먼저 성도하였고 미타를 염한 박박은
부득의 가르침을 받고 비로소 성도하였다고 하는 것은 문맥상으로 볼 때
미륵이 미타보다 우월하다는 것을 보여준 것이다. 그러면 왜 미륵을 우위
에 두었을까 하는 것이다. 이것은 앞의 한국인의 미타신앙관에서 미륵과
미타의 우위설을 설명하였지만 좀 더 부연하자면 신라인이 생각하는 미타
정토는 사후에 왕생하는 곳으로 차토에서 서쪽으로 10만억 국토를 지난
곳에 있다는 즉 현실과는 너무 먼 곳에 있다는 타방관념이 있으나 미륵이
하생하여 함께 이루는 당래의 용화세계는 바로 우리가 살고 있는 현재의
국토라는 것이다. 『미륵하생경』을 보자.

세간은 안락하여 원수와 도적이 겁탈할 염려가 없으므로 도시나
촌락에 문을 닫는 자가 없고 또 쇠하고 괴롭거나, 물·불·무기와 흉
년·독해 등의 환란이 없으므로 사람들이 항상 인자한 마음으로서 공
경 화순하고 모든 감관을 조복하여 말씨가 겸손하리라.[468]

라고 하였다. 이와 같이 신라인은 이러한 지상천국설에 감화되어 그토록
먼 서방극락보다는 바로 오늘의 이 땅에다 현실 가능한 불국정토를 건설
하겠다는 굳센 믿음의 욕구가 미타보다는 미륵을 우위에 두었다고 생각되
는 것이다. 결론적으로 신라인은 고정관념의 틀을 깨버리고 그것을 초월
한 신성한 정신세계를 보여주는 사례라 하겠다.

467) 『觀彌勒菩薩上生兜率天經』(대정장14, p.420중) 참조.
468) 『彌勒下生成佛經』(대정장14, p.424상) 참조.

다음은 ⑥의 두 부처가 그들에게 설법을 하고 나서 온몸으로 구름을 타고 가버렸다고 하는 것은 이미 법신의 몸이 되어 이상세계를 향해 떠난 것이다. 즉 깨달은 몸의 자유자재 함을 보여주는 것이다.

말미의 ⑦에서 아미타불이 금물이 모자라 얼룩진 흔적이 있다는 것은 박박의 융통성 없는 자리만을 위한 소승적인 면을 보여주기 위한 것이 아닐까 생각한다.

이상과 같이 고찰한 바, 본 설화의 사상과 신앙성을 요약하면 다음과 같다.

첫째, 미륵정토도 미타정토도 스스로가 한 생각 바꾸어 열심히 구하면 미래의 정토는 얼마든지 현실에서 성취된다는 '현실정토사상'을 나타낸 것이다.

둘째, 미륵·미타의 현신성도는 남녀, 귀천, 승속, 신분의 차별 없이 인간은 누구나 불도를 성취할 수 있고, 불법 앞에서는 누구나 평등하다는 '인간평등사상'을 나타낸 것이다.

셋째, 관음보살의 응현은 일심으로 구하면 언제나 어디서든 감응하여 나타나 대자비로서 구제하여 준다는 '현실감응사상'을 나타낸 것이라 하겠다.

4. 삼소관음 중생사 조[469]

본 설화에는 모두 다섯 편의 이야기가 실려 있는데 관세음보살의 위신력과 신라인의 현실감응기원사상이 잘 나타나고 있다. 기문이 장황하지만 전문을 보고 그 특성을 살펴보기로 하자.

　　① 『신라고전』에 이렇게 나와 있다. 중국 천자에게 총애하는 여인
　　이 있었는데 아름답기 그지없었다. 천자가 말하였다. "고금의 그림에

---

469) 『三國遺事』卷3 塔像第4「三所觀音 衆生寺」(대정장49, p.992) 참조.

도 이처럼 절묘한 사람은 없었다." 곧 그림을 잘 그리는 사람을 시켜서 그 모습을 그리게 하였다. 그가 명을 받들어 그림을 완성했는데, 실수로 붓을 떨어뜨려 배꼽 밑을 붉게 더럽혔으나, 고치려 해도 고쳐지지 않았다. 그는 마음속으로 그 붉은 점은 틀림없이 날 때부터 있었던 것으로 생각하고 그림이 다 되자 바쳤다. 황제는 그림을 보고나서 말하였다. "겉모습은 아주 똑 같으나 배꼽 밑의 점은 속에 감추어진 비밀이거늘 어떻게 알고서 그것을 그렸느냐?" 황제는 매우 화가 나서 그를 감옥에 가두고 형벌을 주려 하였다. 승상이 아뢰었다. "그는 마음이 곧은 사람이니 풀어 주십시오." 황제가 말하였다. "그가 어질고 곧다면 짐이 어젯밤에 꿈에서 본 형상을 그려 바치게 하라. 그림이 꿈에서 본 형상과 같다면 용서하겠다." 이에 그가 11면 관음상을 그려 바쳤는데, 꿈에서 본 형상과 들어맞았기 때문에 황제는 마음이 풀려 그를 용서해 주었다. 그는 사면되자 박사 분절에게 (이렇게) 약속했다. "제가 듣건대 신라국에서는 불법을 존중해 믿는다고 합니다. 당신과 배를 함께 타고 바다를 건너 그곳에 가서 함께 불사를 닦아 동방을 널리 이롭게 하는 것도 좋지 않겠습니까?" 드디어 함께 신라국에 가서 중생사의 보살화상을 만들었는데, 신라 사람들이 우러러 모시며 기도하여 복을 얻은 것이 이루 기록할 수 없을 정도이다.

② 신라 말엽 천성 연간(926~930)에 정보 최은함이 나이가 많아도 자식이 없자, 중생사 보살화상 앞에 와서 기도하여 임신하여 아들을 낳았다. 석 달이 채 못 되어 후백제의 견훤이 서울을 습격해 성안이 크게 어지러워지자 최은함은 아들을 안고 와서 부처에게 말하였다. "이웃 나라의 군사가 쳐들어와 일이 다급해졌습니다. 이 어린 아이가 매우 귀중하오나 함께 피할 수가 없습니다. 정말로 대성께서 점지해주신 아이라면 큰 자비의 힘을 내리시고 길러주시어 우리 부자가 다시 만나게 해 주십시오." (최은함은) 비통하게 세 번 울면서 세 번 아뢰고 난 후 아이를 포대기에 싸 관음상의 사자좌 아래에 숨기

고 몇 번이나 뒤돌아보다가 떠났다. 반달이 지나 적이 물러간 후에 와서 찾아보니, 아이의 피부는 갓 목욕을 시킨 것과 같고 얼굴도 더 좋아 보였으며 입에서는 아직도 젖 냄새가 남아 있었다. 그는 아이를 안고 돌아와서 길렀다. 장년이 되자 총명함이 남보다 뛰어났다. 이 사람이 바로 최승로이며, 벼슬은 정광正匡에까지 올랐다. 최승로가 낭중 최숙을 낳고, 최숙은 낭중 최제안을 낳았다. 이때부터 자손이 끊이지 않았다. 최은함은 경순왕을 따라 고려에 들어와 큰 가문을 이루었다.

③ 또 통화 10년(992)3월에 주지 성태가 보살 앞에 꿇어앉아 스스로 말하였다. "저는 이 절에서 오랫동안 살면서 향을 부지런히 올리고 밤낮으로 게을리 하지 않았습니다. 그러나 절 밭에 나는 것이 없어 향 올리는 것을 이어 나갈 수 없으므로, 다른 곳으로 옮기려고 하여 미리 와서 말씀드리는 것입니다." 그는 이 날 깜박 졸다가 꿈을 꾸었는데, 대성이 말하였다. "그대는 이곳에 머물면서 멀리 떠나지 말라. 내가 시주를 모아 향 피울 비용으로 쓰게 하리라." 성태는 기쁜 마음으로 잠에서 깨어 그대로 머무르고 떠나지 않았다. 그 후 13일이 지났을 때, 갑자기 어떤 두 사람이 말과 소에 짐을 싣고 문 앞에 도착하였다. 성태가 나와서 그들에게 어디서 왔느냐고 물었다. "우리들은 바로 금주 경계에 사는 사람들인데, 지난번에 한 스님이 우리에게 와서 말하기를, '나는 동경 중생사에 머무른 지 오래인데 사사四事[470]가 곤란하여 시주를 받으려고 여기에 왔다'라고 하였으므로, 이웃 마을에 가서 시주를 거두어 쌀 여섯 섬과 소금 네 섬을 얻어 싣고 왔습니다." 성태가 말하였다. "이 절에는 시주를 받으러 나간 사람이 없으니 당신들이 잘못 온 것 같습니다." 그들이 말하였다. "그때 그 스님이 우리를 인솔하여 왔는데, 이곳 신견정가에 도착하자 '절이 여기서 멀지 않으니 내가 먼저 가서 기다리겠다.' 하였으므로 우리가

---

470) 사사四事는 수행승의 일상에 필요한 4조의 물건으로 음식과 의복과 침구와 탕약(의약품)을 말한다.

뒤따라 왔던 것입니다." 이 절의 스님이 그들을 인도하여 법당 앞으로 가니, 그 사람들은 대성을 우러러보고 절하면서 말하였다. "이 부처님이 시주를 구하러 왔던 바로 그 스님의 모습입니다." 그들은 놀라고 감탄해 마자 않았다. 이 일로 인하여 쌀과 소금을 바치는 것이 해마다 끊이질 않았다.

④ 또 어느 날 저녁에는 절의 문간에 불이 나서 이웃 마을 사람들이 달려와 불을 끄게 되었다. 그런데 법당에 올라가 보자 관음상이 없어졌으므로 두루 살펴보니 뜰 가운데 서 있었다. 누가 밖으로 옮겨 놓았는지를 물었으나 아무도 알지 못하였다. 그제 서야 대성의 신령스런 힘을 알았다.

⑤ 또 대정 13년 계사(273)연간에 점숭이란 승려가 이 절에 와서 살았다. 그는 글을 깨우치지 못했으나 성품이 본래 순수하여 부지런히 향을 올렸다. 어떤 승려 한 명이 그의 거처를 빼앗아 살려고 천의 천사에게 호소하여 말하였다. "이 절은 나라에서 은덕과 복을 비는 장소이니, 글을 읽는 자를 가려 뽑아 주지로 삼는 것이 마땅합니다." 천사는 그 말을 옳게 여기고 점숭을 시험하려고 불교 의식문을 거꾸로 주었다. 그는 그것을 받아들고 즉시 물 흐르듯 읽었다. 천사는 마음속으로 탄복하고 방 가운데로 물러나 앉아 다시 읽어보게 하였다. 그런데 점숭은 입을 다물고 읽지 못하였다. 천사가 말하였다. "대사는 정말로 대성께서 보살펴주는 사람이다." (이렇게 하여) 절을 끝내 빼앗지 않았다. 그 당시 점숭과 함께 살던 처사 김인부가 마을의 노인들에게 전해 기록으로 남게 되었다.

이상이 다섯 편의 이야기이다. 그런데 각 편의 내용은 서로 다르나 결국 한 가지의 사상으로 귀결됨을 볼 수 있다. 즉 중생들이 위급한 상황에 처해 있을 때 간절히 원하기만 하면 즉시에 응현하여 구제 한다는 '현실감응 구제사상'을 나타내고 있는 것이다.

우리나라의 관음신앙에서 가장 많이 나타나는 관음은 십일면관음과 양류관음, 천수관음인데 본 설화에 등장한 관음은 십일면관세음보살이다. 따라서 여기에서 논하고자 하는 것은 십일면관세음보살의 모습과 성격에 대한 것을 살펴보고 다음으로 각 설화에 나타난 특성을 『보문품』 등 관련된 경설과 대비하면서 그 신앙성을 살펴보고자 한다.

먼저 십일면관세음보살의 모습에 대한 것이다. 경전을 보면 『십일면관자재보살심밀언념송의궤경』에 다음과 같이 설하고 있다. 관자재보살이 보타낙가산의 궁전에서 박가범에게 근본밀언根本密言을 염송하고 나서 만약 병이 들어 아픈 자는 이 밀언을 염송하면 즉시에 낫지 않는 곳이 없고, 만일 이를 성취하고자 하면 다음과 같이 그 형상을 만들라고 하였다.

> 만일 성취하려고 하는 이는 단단하고 좋아서 틈이 없는 백단향으로 관자재보살 신상을 조각하되 길이는 한 자 세치이며, 열한개의 머리와 네 개의 팔을 만들어야합니다. 오른쪽 제1손은 염주를 쥐고 있고, 제2손은 시무외인을 맺고 있으며, 왼쪽 제1손은 연꽃을 들고 있고, 제2손은 군시君持[471]를 들고 있습니다. 그 열 하나의 얼굴 가운데 바로 앞의 세 얼굴은 고요한 모습을 짓고 있고, 왼쪽의 세 얼굴은 위엄 있고 노한 모습을 짓고 있으며, 오른쪽 세 얼굴은 날카로운 이가 나와 있는 모습이고, 뒤의 한 얼굴은 미소 짓고 노한 모습을 하고 있으며, 가장 위의 한 얼굴은 여래상을 하고 있습니다. 머리의 화관 속에 각각 화불이 있습니다. 관자재보살의 몸은 갖가지 영락으로 장엄하였습니다.[472]

라고 11면관세음보살의 형상을 묘사하고 있다. 중국의 화공이 그린 그림은 어떤 모습인지는 모르겠으나 경전에 나타난 십일면관세음보살의 모습은 이러한 것이다. 여기서는 모습이 중요한 것이 아니라 11면관세음보살

---

471) 물병으로 입이 두 개인 물병종류이다.
472) 『十一面觀自在菩薩心密言念誦儀軌經』 卷上(대정장20, p.141중) 참조.

의 위신력이라는 것이다. 모습이야 어떤 형상을 하였든 화공은 11면관세음보살을 그려 형벌의 액난을 면하고 신라로 와서 중생사의 대비상을 만들었다는 것이다.

이와 같이 11면관세음보살은 중생이 위기에 처해 있을 때 11가지의 모습으로 나타나 위기에서 구해준다는 것이다. 이것은 관세음보살의 원력에 의한 것이다. 이 원력은 관세음보살의 심주心呪에 잘 나타나고 있다. 『십일면관세음신주경』을 보자.

　　세존이시여, 저에게 하나의 심주가 있으니 이름을 십일면이라고 합니다. 이 심주는 십일억의 모든 부처님께서 설하신 것으로써 제가 이제 일체중생을 위하여 설하고자 합니다. 이는 일체중생으로 하여금 선법을 생각토록 하고 일체중생의 근심과 번뇌를 없애며 일체중생의 병고를 제거하며 일체의 장애와 재난과 악몽을 없애며, 일체의 횡액과 병사를 없애며 일체의 나쁜 마음을 가진 자를 유순하게 하며 일체의 마귀와 귀신이 장애를 일으키지 않도록 하기 위한 것입니다. 세존이시여, 천이나 또는 마·범·제석·사문·바라문 등이 능히 이러한 주를 받아 지녀 읽거나 혹은 외우거나 서사하여 유포하며, 또는 이 주로서 그 몸을 지키고, 또는 이 주로서 주수를 만들어 몸을 씻거나, 혹은 전쟁에서 싸우거나, 혹은 독이 있는 곳에서 이 주를 외워 일체의 횡액을 없애되, 큰 재앙을 제거하지 못하는 것은 일찍이 보지 못했습니다.[473]

이와 같이 관세음보살의 11가지의 특수한 모습으로 나타나는 것은 관세음보살이 지니고 있는 심주의 원력에 의한 것임을 알 수가 있다.[474]

---

473) 『十一面觀世音神呪經』(대정장20, p.149상) 참조.
474) 김영태는 11면관음에 대하여 자세히 논하였다. 11면관음이란 11面心呪의 관음을 가리키는 것이라고 할 수 있다고 하였다. 다시 말해서 11면관음이라고 하여 전연 별개의 관음이 아니라 단지 관음보살이 지니고 있는 11面心呪의 面을 중심으로 하여 일컫는 관음이라고 할 수 있다는 것이라고 하였다. 金煐泰「新羅의 觀音思想 −三國遺事를 中心으로−」(『佛敎學報』13, 1976) pp.76~77 참조.

둘째의 이야기는 정보 최은함이 나이가 많아도 자식이 없자 중생사 대비상 앞에 와서 기도하여 아들을 얻었고, 전쟁의 위험 속에서 이 아이를 관세음보살이 보살펴 주었다는 이야기이다. 이러한 가호지묘력加護之妙力은『능엄경』등에서도 설하지만「보문품」의 11가지의 위신력 가운데 잘 나타나 있다.

> 만일 어떤 여인이 아들 낳기를 원하여 관세음보살을 예배하고 공경하면 곧 복덕과 지혜가 있는 아들을 낳게 되고, 또 만일 딸 낳기를 원한다면 곧 단정하고 아름다운 모양을 갖춘 딸을 낳게 되리니 덕의 근본을 잘 심었으므로 여러 사람의 사랑과 존경을 받으리라.[475]

또 전쟁의 위험 속에서 아이를 보살펴 주었다는 이야기는 다음의 경설에 잘 나타나 있다.

> 세존이시여, 모든 인간과 하늘이 이 대비신주를 지송하면 열다섯 가지의 좋은 삶을 누리고, 열다섯 가지 나쁜 죽음을 받지 않으니, 그 나쁜 죽음이란 (…중략…) 네 번째 전쟁 틈에서 죽지 않게 된다.[476]

이와 같이「보문품」의 경설과 정보 최은함의 이야기가 일치하고 있다. 여기서 신라인의 현실감응기원사상이 잘 나타나고 있다.

셋째의 이야기는 중생사 주지 성태가 절 살림이 곤란하여 관세음보살에게 고하고 떠나려 할 때 중생사의 관세음보살이 스님으로 변신하여 쌀과 소금을 시주하여 성태가 절을 떠나지 않았다는 이야기이다.『능엄경』에서는 관세음보살이 이근원통耳根圓通을 성취하여 원통존으로 불리며, 또 32응신으로 나타난다고 하였다. 이 32응신 가운데 17번째의 비구신으로 응신한 내용과 같다.

---

475)『妙法蓮華經卷』第七「觀世音菩薩普門品」(대정장9, p.57상) 참조.
476)『千手千眼觀世音菩薩廣大圓滿無礙大悲心陀羅尼經』(대정장20, p.107중) 참조.

만일 어떤 남자가 배우기를 좋아하고 출가하여 계율을 지키면 제
가 그 앞에 비구신을 나타내어 법을 말하여 성취하게 하나이다.[477]

이 경설은 누구든지 관세음보살을 예배하고 공양하면 원하는 바에 따라
그 소원을 들어준다는 것이다. 넷째 이야기는 어느 날 저녁에 절에 불이
나서 법당에 올라가 보니 관음상이 없어져 두루 살펴보니 뜰 가운데 서 있
었다. 누가 밖으로 옮겨 놓았는지를 물었으나 아무도 알지를 못하였다. 그
제서야 대성의 신령스런 힘을 알았다는 이야기다.
　위의 『능엄경』과 『보문품』 등에서 보았듯이 관세음보살이 서원하기를
"중생들로 하여금 큰 불에 들어가도 능히 태우지 못하게 하겠나이다"라고
하였다. 이렇게 대원을 세운 보살인데, 하물며 자신의 몸이야 당연히 화난
을 벗어날 수가 있다. 이것은 스스로 관세음보살의 위신력을 나타내어 중
생들로 하여금 그 믿음을 보여준 사례라고 하겠다. 그러면 여기서 천태지
자대사의 불의 재난에 대한 풀이를 보자. 천태는 『관음의소』에서 관세음
보살이 불의 재난을 받는 사람에게 감응하는 이유를 밝히고 있다.

　묻기를, 보살이 어떤 법문에 머물면 능히 이와 같이 될 수 있습니
까? 답하기를, 보살의 법문은 헤아릴 수 없이 많으나 별교와 원교의
두 관문을 벗어나지 않는다. 이 두 관은 자비심에 근본하기 때문에
능히 열 가지 응답을 내릴 수 있는 것이다. 그 이유는 무엇인가? 보살
이 원래 처음 보리심을 일으킬 때는 과보의 불길이 모든 중생들을 불
태우고 있는 모습을 보고 곧 자비심을 일으켜 제도하고 재난에서 벗
어나게 하겠다고 서원하게 된다. 또한 금계를 받아들여 간직할 때도
역시 자비심을 일으켜 모든 업화에서 중생들을 구제하려 한다. 또한
무루의 지혜를 닦아 백골에 광채가 흐르는 것을 비추어 보면 화광삼

477) 『大佛頂如來密因修證了義諸菩薩萬行首楞嚴經』 卷第六(대정장19, p.128하) 참조.

매를 일으킨다. 그리고 팔승처 가운데 '화승처'가 있고 십일체처 가운데는 '화일체처'가 있는데 이들은 모두 자비심을 일으켜 중생들을 위하여 번뇌의 불길을 꺼주게 된다. (…중략…) 가령 실제 불이 일어나 관세음보살의 이름을 부르며 구조를 구한다면 곧 근본서원을 세우던 때의 과보상의 자비심으로 고난을 없애고 즐거움을 준다. 악업의 불길이 치솟을 때는 곧 계율을 지니고 선정을 닦는 가운데서 일어나는 자비심을 작용하여 업의 불길을 끄고, 번뇌의 불길이 치솟을 때는 곧 무루의 수행인 공관에 들어가고 가관에 들어가고 중도에 들어가는 등의 자비심을 작용하니 단계 단계가 서로 연관된다. 또 만약 많은 기연이 다투어 일어나서 일시에 감응을 구하면 자비심으로 두루 응답하여 모두 해탈케 한다.[478]

천태지자는 불의 재난을 관과 결부시켜 과보로 인한 불의 재난, 업으로 인한 불의 재난, 번뇌로 인한 불의 재난으로 풀이하였다. 그래서 관세음보살이 불의 재난을 받을 때 감응하여 나타나는 것은 과보의 불길이 모든 중생들을 불태우고 있는 모습을 보고 곧 자비심을 일으켜 제도하고 재난에서 벗어나게 하겠다고 서원을 일으키셨다는 것이다. 그래서 실제 불이 일어나 관세음보살의 이름을 부르며 구조를 구한다면 곧 근본서원을 세우던 때의 과보상의 자비심으로 응현하는 것이라고 해석하고 있다.

다섯째 이야기는 점숭이란 승려이야기인데 이 설화 역시 적당한 때에 그 근기에 따라 몸을 변화하여 신통변화를 보여주는 이야기이다. 여기서 관세음보살의 가장 큰 특성이 나타난다. 즉 청원하지 않았는데도 관세음보살은 자발적으로 응현하여 구제하고 있다.[479] 이것은 관세음보살의 대비대원에 의한 것이다.

---

478) 천태지자술『觀音義疏』卷上(대정장34, p.924상중) 참조.
479) 김영태는 신라의 관음신앙은 경설의 염피관음력에 의한 구고구난만이 아닌 무연자비에 의한 구제 곧 자발적인 응현의 자재묘력을 보여주고 있는 것이라 하였다. 신라인들은 그들 앞에 나타나는 관음은 적극적이고도 자발적이며 자재묘력의 무조건적인 대비보살로 믿으려 하였던 것이고, 이러한 점에서 신라관음신앙의 독특한 창의와 그 특수성을 볼 수가 있다고 하였다.(김영태,「삼국시대 불교신앙 연구」, 불광출판사, 1990, p.237 참조)

이와 같이 경설과 대비하며 관세음보살의 성격과 신앙성을 살펴보았다. 기문의 내용들은 관음관계경전에 두루 나타나지만 특히 본 설화의 내용은 「보문품」과 매우 일치한다. 따라서 본 설화들은 보문시현을 설한 「보문품」을 경전적 근거로 하여 구성되었다고 할 수 있다. 그것은 「보문품」의 관세음보살은 대자대비의 구원의 화신으로써 신분의 고하를 초월하여 고통받는 일체의 중생의 원에 따라 때와 곳을 가리지 않고 응신하여 구제하는 것을 목적으로 하고 있기 때문이라고 하겠다. 그래서 관세음보살을 현실이익적인 이세보살利世菩薩이라고 부른다. 이와 같은 현실구제사상은 당시의 신라사회 민중들에게는 더 없는 신앙심을 자아내게 하였다. 관음신앙이 신라에 전래되면서 크게 성행하게 된 이유는 앞의 관음신앙관에서 보았듯이 삼국통일을 전후로 하여 전란 등으로 인한 죽음과 불안, 공포, 갖가지 재난, 생활의 궁핍 등으로 인한 것이다. 이러한 사회적 혼란시기에 관음신앙이 전파되어 더욱 성행하게 된 것이라 본다. 그래서 관음신앙은 신분의 고하, 승속을 초월하여 자연스럽게 전개된 것이다.

특히 위의 설화에 등장한 관세음보살은 십일면관음인데, 이 보살에 대하여 조금 더 살펴보자. 십일면관음은 두상에 열하나의 얼굴이 있다고 한다. 이것은 십일품의 무명을 끊고 십일지의 불과를 얻는 것을 나타내는 것이라 한다. 또한 십면十面은 십계[480]의 중생을 구제하는 것을 표시하고 있으므로 정면의 얼굴과 합하여 열하나의 얼굴을 가진다. 요컨대 이것은 모두 관세음보살의 자비스런 일면을 나타내는 것이라 한다.[481] 『십일면관자재보살심밀언념송의궤경』에 보면 관세음보살의 십종의 현세에 수승한 이익과 사종의 공덕을 자세히 설하고 있다.

만약 선남자 선여인이 청정한 신심과 존중하는 마음으로 기억하여

---

480) 밀교에서는 십계를 지옥, 아귀, 축생, 아수라, 인, 천, 성문, 연각, 보살, 불이라고 한다. 종석스님, 앞의 책, p.25 참조.

481) 정태혁 『正統密敎』(경서원, 1983) p.313 참조. 사전에는 십일면관음은 아수라도에 있는 것을 구제해주는 보살로서 머리위에 열한개의 얼굴이 있는 관음으로, 맨 위의 불면은 불과를 표하는 것이고, 전후좌우의 10면은 보살이 수행하는 계위인 십지를 나타내는 것이다. 이것은 중생의 11품류의 무명 번뇌를 끊고 불과를 얻는 뜻을 상징하며, 11면의 배열은 여러 경에 따라 일정치 않으며, 대광보조관음이라고도 한다고 나와 있다.

마음에 새겨 두면 현세에 열 가지 수승한 이익을 얻을 것입니다. 무엇이 열 가지인가하면 첫째는 모든 질병을 여의는 것이고, 둘째는 모든 여래께서 섭수하는 것이고, 셋째는 마음대로 금은의 재보를 얻는 것이고, 넷째는 모든 원수나 적이 파괴하지 못하는 것이고, 다섯째는 국왕과 왕자가 궁중에서 먼저 위문하는 것이고, 여섯째는 독약, 뱃속 벌레의 독에 당하지 않는 것이며, 일곱째는 모든 칼과 병장기의 해를 당하지 않는 것이며, 여덟째는 물이 넘쳐 홍수가 나지 않는 것이며, 아홉째는 불에 태우지 못하는 것이며, 열째는 비명으로 중간에 요절하지 않는 것입니다. 또 네 가지의 공덕을 얻을 것입니다. 첫째는 목숨이 끝날 때 여래를 뵙는 것이며, 둘째는 악취에 태어나지 않는 것이며, 셋째는 비명에 죽지 않는 것이며, 넷째는 이 세계로부터 극락 국토에 태어나는 것입니다.[482]

이와 같이 모든 이가 청정한 신심과 존중하는 마음으로 관세음보살을 기억하여 마음에 새겨두면 십일면관세음보살은 11개의 얼굴로 중생의 근기에 따라 변화하여 나타나며 중생을 고난에서 구제한다고 하였다. 그 뿐만이 아니다. 관세음보살은 무연無緣의 중생까지도 대자비로써 구제하고 있다. 이것이 자발적 응현이다.

필자는 생각하기를, 이렇게 관음을 신앙하는 까닭은 미륵불은 먼 미래세에나 만날 수 있고, 아미타불은 사후에나 극락에 왕생하여 만날 수 있는 데 비해 관세음보살은 원하기만 하면 즉시에 응현하여 구제하여 준다는 신앙관념이 마음속에 자리 잡고 있기 때문이라고 본다.

이상과 같이 각 편의 내용을 고찰한바 각 설화에 나타나는 관음신앙관은 누구든지 관세음보살의 형상을 그리거나 예배 공경하면서 고난에서 구제되기를 소원하면 관음보살은 즉시에 나타나 그 소원을 들어준다는 믿음으로 관음을 신앙했음이 나타나고 있다. 이것은 신라인이 현실이익적인

―――――――――――――
482) 『十一面觀自在菩薩心密言念誦儀軌經』 卷上(대정장20, p.140상중) 참조.dyk

사상관념을 가지고 있다는 것이다. 또한 이러한 사상관념은 관음신앙이
완전한 기복신앙이며 현실이익적인 신앙임을 나타나는 것이다.

본 설화를 정리하면 각 편이 사건내용은 서로 다르지만 관음에 대한 신
앙은 오직 한 가지 사상에 귀결됨을 볼 수 있다. 이른바 '현실감응구제사
상'이다.

5. 민장사 조[483]

본 설화는 가난한 여인의 아들이 바다로 장사하러 나간 후 돌아오지 않
아 민장사의 관음보살에게 기도하여 무사귀환 하였다는 이야기로 현세이
익적인 관음신앙사례이다. 짧은 문장이지만 읽노라면 마치 「관세음보살
보문품」의 한 구절을 읽어가는 느낌마저 드는 설화이다. 또한 앞에서 살
펴본 두 설화와는 달리 불교의 초월관이 짙게 나타나는 설화이다. 전문은
다음과 같다.

> 우금리에 사는 가난한 여자 보개寶開에게는 아들이 있었는데 장춘
> 長春이라고 불렀다. 그는 바다의 장사꾼들을 따라다녀 오랫동안 소
> 식이 없었다. 그의 어머니가 민장사(이 절은 각간이 자기 집을 내 놓아 세
> 운 것이다) 관음보살 앞에 나아가 ① 7일 동안 기도를 드리니, 장춘이
> 갑자기 돌아왔다. 그 동안의 일을 묻자 장춘이 말하였다. ②"바다 한
> 가운데서 큰 바람을 만나 배가 부서져 함께 탄 사람들은 빠져 나오
> 지 못했는데, 저는 판자 조각을 타고 떠내려가 오나라 바닷가에 이
> 르렀습니다. 오나라 사람들이 저를 거두어서 들에서 밭을 갈도록 해
> 주었습니다. 그런데 ③ 이상한 스님이 마치 고향에서 온 것처럼 은근
> 히 위로하더니 저를 데리고 함께 갔습니다. 앞에 깊은 시내가 나타나
> 자 그가 저의 겨드랑이를 끼고 건너뛰었는데, 어렴풋이 우리 마을의

---

483) 『三國遺事』卷3 塔像第4 「敏藏寺」(대정장49, p.993) 참조.

말소리와 우는 소리가 들리기에 보니 바로 여기였습니다. 해질 무렵에 오나라를 떠났는데, 여기에 도착한 것은 겨우 술시쯤이었습니다." 이때가 바로 천보 4년 을유년(745) 4월 8일이었다. 경덕왕이 그 말을 듣고 절에 전답을 시주하고 또 재물과 폐물을 바쳤다.

이상과 같이 살펴본바 기문에는 크게 세 가지 이적적인 영험이 나타난다. 첫째는 관음보살 앞에 나아가 7일 동안 기도를 드리니, 장춘이 갑자기 돌아왔다는 이야기이고, 둘째는 바다 한 가운데서 큰 바람을 만나 배가 부서져 함께 탄 사람들은 빠져 나오지 못했는데, 장춘은 판자 조각을 타고 무사히 목숨을 건졌다는 이야기이고, 셋째는 이상한 스님이 머나먼 이국 땅에서 순식간에 장춘을 고향으로 데려다 주었다는 이야기이다. 여기서는 이 세 가지의 이적담을 가지고 경전과 대비하여 그 사상성을 살펴보고자 한다. 특히 셋째의 이야기는 장춘을 순식간에 귀환시켰다는 이적이 나타났는데 이것은 시간의 초월이다. 따라서 셋째의 이야기는 경전에 나타난 불교의 시간관과 초월관을 결부하여 살펴보고자 한다.

먼저 첫째의 구절을 보자. 가난한 여인 보개는 바다로 장사나간 아들의 무사귀환을 위하여 7일 동안 일심으로 기도하여 무사히 돌아왔다는 이야기인데 이것은 관세음보살의 원력으로 이루어진 것이라 할 수 있다. 『십일면신주심경』을 보면,

세존이시여, 제가 과거를 생각하니 열 긍가의 모래 수와 같은 겁을 지나고 다시 그러한 겁을 지난 과거에 한 부처님께서 세상에 나오셨으니 이름이 미음향여래, 응공, 정등각 이었습니다. 그때에 저는 대거사의 몸이 되어 그 부처로부터 이 주를 받았습니다. 이 주를 얻을 때에 사만겁의 생사를 뛰어넘었으며, 이 주를 외워 지녀 다시 모든 부처님의 대비지장과 일체 보살의 해탈법문을 얻었습니다. 이 위력으로 말미암아 옥에 갇히고 수갑과 칼에 묶여 죽임을 당하는 것, 물, 불, 바

람, 도둑, 저주, 인비인 등의 여러 가지 고난을 구할 수 있었습니다. 이 것으로 저는 일체 유정을 귀의 시켜 구호해 주고 물가의 집을 평안하게 하였습니다. 이 주력으로써 일체의 악독한 야차, 나찰사 등을 거두어 먼저 자비스런 마음을 내게 한 후 아뇩다라삼먁삼보리에 이르도록 하였습니다. 세존이시여, 저의 이 신주는 대위력이 있으므로 만약 한번만 외우면 능히 네 가지 근본죄를 소멸하며 오무간죄를 남김없이 제거합니다. 만약 설한 것처럼 수행하거나 혹은 일찍이 백 천구지 나유타의 부처님께서 계신 곳에서 여러 가지 선근을 심었다면 이제 곧 이 주를 들을 수 있습니다. 또한 설한 것을 받아 지녀 행하거나 혹은 주야로 이 신주를 독송하여 받아 지니는 자는 제가 마땅히 그로 하여금 원하는 바를 모두 뜻대로 얻을 수 있도록 합니다. 반달 반달씩 혹은 십사일 혹은 십오일에 재계하여 여법하게 청정한 마음으로 저의 이 신주를 독송하면 곧 사만 겁의 생사를 뛰어넘습니다. 세존이시여, 저의 이 주는 이름이 존귀난가득문(존귀하여 얻어 듣기 어려움)이라 하는데 만약 어떤 사람이 백천구지 나유타의 모든 부처님의 이름을 부르고, 또 어떤 사람이 잠시 저의 이름을 지심으로 부른다면 그 둘의 공덕은 완전히 같습니다. 저의 이름을 부르는 자는 모두 불퇴전지를 얻으며 일체 병고를 떠나고 일체의 장애와 일체의 두려움을 벗어나며 신·어·의의 악을 면할 수 있습니다. 또한 제가 설한 신주를 받아 지니고 독송하며 설한대로 수행   하면 이 사람은 무상보리를 손 안에든 것처럼 얻을 수 있음을 마땅히 알아야 합니다.[484]

이와 같이 경설을 제시하여 본 것은 설화의 기문과 상통하는 내용이 모두 포함되었다고 보기 때문이다. 먼저 설화 기문의 첫째 구절을 보면 장춘의 어머니가 관음보살상 앞에 나아가 7일간의 기도로써 원하는바 소원이 이루어 졌다고 했다. 그러나 이것은 소원성취가 이미 약속되어

---

484) 『十一面神呪心經』(대정장20, pp.152중하) 참조.

있다고 본다. 왜냐하면 위의 경에서 설한 바와 같이 관세음보살은 이미 오랜 겁을 지난 과거에 미음향여래로부터 대위력이 있는 심주를 받아 지녔기 때문인 것이다. 이 위력으로 말미암아 옥에 갇히고 수갑과 칼에 묶여 죽임을 당하는 것, 물, 불, 바람, 도둑, 저주, 인비인 등의 여러 가지 고난을 구할 수 있었다고 한 그것이다. 다시 말하자면 이미 관음보살의 원력에 섭취되었으므로 짧은 7일기도로써 능히 감응을 받을 수 있다는 것이다. 예를 들자면 『아미타경』에서 설하였듯이 아미타불의 이름을 듣고 1일 내지 7일간 일심으로 칭명염불하면 누구라도 왕생한다고 하였다. 그런데 이 설을 한 번 부정해보자. 과연 죄악범부의 중생이 단지 7일간의 염불로 어떻게 극락에 갈수는 있겠느냐 하는 것이다. 이는 일반적인 견해로는 이치에 맞지 않는 말이다. 그러나 아미타불은 분명히 극락에 올 수 있다고 하였다. 그 이유는 아미타불이 과거 인행시에 이미 48대원을 세웠기 때문이다. 즉 중생과의 약속이 있었기 때문이다. 그러므로 이 본원력으로 인하여 죄악범부의 중생들은 7일간의 염불로써 극락왕생이 가능한 것이라고 생각한다. 이와 마찬가지로 장춘의 어머니는 7일간의 기도로써 능히 관음보살의 가피력을 받은 것이라 하겠다. 그래서 위의 경설에서는 "이 신주는 대위력이 있으므로 만약 한 번만 외우면 능히 네 가지 근본 죄를 소멸하며 오무간죄를 남김없이 제거합니다." 라고 한 것이라 하겠다.

다음은 기문의 둘째 구절에 바다 한 가운데서 큰 바람을 만나 배가 부서져 함께 탄 사람들은 빠져 나오지 못했는데, 장춘은 판자 조각을 타고 무사히 목숨을 건졌다는 이야기이다. 이 구절도 위의 경설에 나타나 있지만 「보문품」에서 구체적으로 설하였다. 세존께서 무진의보살에게 관음보살의 위신력에 대하여 여러 가지로 설명하시는 가운데 수난에서의 구제를 다음과 같이 말씀하신다.

혹은 큰 물에 떠내려가게 되더라도 그 이름을 부르면 곧 얕은 곳에 이르게 되며, 혹은 백천만억 중생이 금, 은, 유리, 자거, 마노, 산호, 호박, 진주 같은 보배를 구하려고 큰 바다에 들어갔을 때, 가령 폭풍이 일어 그들의 배가 나찰귀들의 나라에 포착되었을지라도 그 가운데 만일 한 사람이 관세음보살의 이름을 부르면, 여러 사람들이 다 나찰의 난으로부터 벗어날 수 있으리니, 이러한 인연으로 관세음이라 이름 하느니라.[485]

이 경설은 설화의 구절과 매우 일치한다. 이것은 관세음보살의 현실구제사상을 그대로 보여주는 대목이다. 여기에서 신라인들은 현실적인 고난을 당할 때 간절히 부름으로써 고난을 해결하려는 현실주의적 신앙형태를 가졌다는 것을 보여주는 것이다. 여기서 천태지자대사의 풀이를 보자. 천태는 『관음의소』에서 관세음보살이 물의 재난을 받는 사람에게 감응하는 이유를 밝히고 있다.

관세음보살이 두루 물의 재난을 받는 사람에게 감응하는 이유는, 모두가 본지에서 닦은 별교·원교의 자비심이 뒷받침이 되어 오늘에 와서는 왕삼매를 성취하였기 때문이다. 그 이유는 무엇인가? 관세음보살이 별교의 관을 닦을 때 중생들이 과보의 물결에 떠내려가는 것을 보시고 여기서 구제를 해야겠다는 서원을 일으키셨으며, 또 관세음보살이 지계와 선정을 닦을 때는 선으로 악을 다스려서 모든 선정에서 '수광삼매'와 '수승처'와 '수일체처'로 모두 자비심을 일으켜 선으로 악을 공략하신다. 또한 물의 가제로부터 공제에 들어가 진여의 무루지가 일어나고, 다시 공제에서 가제로 나올 때는 물의 인연에 통달하게 되고, 물의 중도관에 들어갈 때는 물의 실상을 보게 된다. 이 구절마다의 법문에서 모두 자비심을 일으켜 모든 중생들의 몸에 배이게 하다가 지금에 와서는 왕삼매를 이루시니 적멸하면서 항상 비추

---

485) 『妙法蓮華經卷』第七「觀世音菩薩普門品」(대정장9, p.56하) 참조.

어 보신다. 중생들이 과보의 물결에 떠내려가다가 관세음보살의 이름을 불러 기연을 이루면 그 일과 상대한 자비로써 과보의 물결로 인한 재난을 구제하시는 것이다. 그리하여 지계와 선정의 자비로 악한 업보의 물결로 인한 재난을 구제하시고, 또한 공·가·중도의 세 가지 관으로 일어나는 자비심은 번뇌의 물결로 인한 재난을 구제하시는 것이며, 모든 중생을 동시에 모두 재난에서 벗어나게 하시는 것이다.[486]

　이와 같이 천태지자는 물의 재난을 관과 결부시켜 과보로 인한 물의 재난과 번뇌로 인한 물의 재난으로 풀이하였다. 그래서 관세음보살이 물의 재난을 받을 때 두루 감응하여 나타나는 것은 중생들이 과보의 물결에 떠내려가는 것을 보시고 지계와 자비심으로 구제를 해야겠다는 서원을 일으키셨다는 것이다. 그래서 중생들이 과보의 물결에 떠내려가다가 관세음보살의 이름을 불러 기연을 이루면 그 일과 상대한 자비로써 과보의 물결로 인한 재난을 구제하시는 것이라고 해석하였다.

　다음은 셋째의 구절이다. 이상한 스님이 머나먼 이국땅에서 순식간에 장춘을 고향으로 데려다 주었다는 이야기이다. 여기서는 관음보살의 두 가지 영험한 신통력이 나타난다. 하나는 이상한 스님 이야기고, 다른 하나는 이 이상한 스님이 순식간에 귀환시켰다는 이야기다. 먼저 이상한 스님이란 관세음보살의 변신임을 대번에 알 수가 있다. 이 구절은 앞에서도 살펴본 바와 같이 경전에 나타난 32응신(33응신)[487] 가운데 하나이다. 「보문품」에 구체적으로 설하였다.

　　"세존이시여, 관세음보살은 어떻게 이 사바세계에서 노니시며, 어떻게 중생을 위하여 설법하시며, 방편의 힘은 어떠하나이까?" 부

---

486) 천태지자술 앞의 책(대정장34, p.925 상중) 참조.
487) 33응신은 (1)불신 (2)벽지불신 (3)성문신 (4)대범왕신 (5)제석신 (6)자재천신 (7)대자재천신 (8)천대장군신 (9)비사문신 (10)소왕신 (11)장자신 (12)거사신 (13)재관신 (14)바라문신 (15)비구신 (16)비구니신 (17)우바색신 (18)우바이신 (19)인신 (20)비인신 (21)부녀신 (22)동목천녀신 (23)동남신 (24)동녀신 (25)천신 (26)용신 (27)야차신 (28)건달바신 (29)아수라신 (30)가루라신 (31)긴나라신 (32)마후라가신 (33)집금강신. 『법화경』 「관세음보살보문품」(대정장9, pp.56하~57중)에 설명한 것에 근거함 『수능엄경』에는 32응신으로 나온다.

처님께서 무진의 보살에게 말씀하시었다. "선남자여, 어떤 나라의 중생을 부처의 몸으로 제도할 이에게는 관세음보살이 곧 부처의 몸을 나타내어 설법하며,(…중략…) 비구, 비구니, 우바새, 우바이의 몸으로써 제도할 이에게는 비구, 비구니, 우바새, 우바이의 몸을 나타내어 설법하느니라."[488]

이와 같이 관세음보살은 중생이 원하여 부르기만 하면 때와 장소, 남녀노소, 빈부귀천을 가리지 않고 그 중생의 근기에 맞추어 나타나 중생들을 괴로움에서 건져 주는 것이다. 이것이 「보문품」의 핵심사상인 '보문시현사상'이다. 여기서 또다시 관세음보살은 현실적 이세보살임을 나타내고 있는 것이다. 이러한 신앙사례에서 한국인의 관음신앙관이 분명하게 나타나는 것이다. 즉 관음의 정토는 정해진 곳이 없다는 것이고, 언제나 가까운 곳에서 부르기만 하면 나타나 준다는 현실적 신앙관념이라는 것이다.

다음은 이 변화한 스님이 장춘을 순식간에 귀환시켰다는 이야기인데 여기에서는 불교의 시간관이 나타나는 것이다. 시공을 초월하는 설화는 본 설화뿐이 아니라 『삼국유사』의 전체설화의 곳곳에 나타나 있다. 이것은 불교가 깨달음의 종교라는 것을 의미하는 것이라고 본다. 깨달음의 세계로써 곧 초월삼매의 세계를 상징적으로 표현한 것이다. 이것은 물리적인 언어 등으로는 해명할 수 없는 것이다. 말하자면 그 세계에 도달한 자만이 누릴 수 있는 시간이고 공간인 것이다. 불교는 이 세계에 들어가는 방법을 가르치는 것이다.

불교의 시간관은 교리적으로 설명하자면 번잡하므로 여기에서는 경전상에 나타나는 시간관을 간단히 그 개념만을 살펴보면서 불교적 시간관을 이해하여 보고자 한다. 승조[489]는 그의 저서 「물불천론」에서 시간적으로

---

488) 위의 경전(대정장9, p.57상중) 참조.
489) 승조(383~414)는 중국의 장안 사람으로 구마라습문화 4철의 한 사람으로 처음에는 노장을 좋아하여 심요라 주장하였고, 뒤에 지겸이 번역한 『유마경』을 읽고 나서 불교에 귀의하여 구마라습을 스승으로 섬기어 역경사업에 종사한 승려이다. 저서로는 「물불천론」, 「부진공론」, 「반야무지론」, 「열반무명론」을 하나로 묶은 『조론』이다.

물질의 본성은 변화하지 않으며, 과거에서 현재로 현재에서 과거로 옮겨 가지 않는 시간관의 이치를 설명했는데, 여기에 대하여 다음과 같이 결론 짓고 있다.

> 왜냐하면 과果는 인因과 함께 하지 않기 때문이다. 인은 인 그대로 있는 상태에서 과이며, 인은 인 그대로인 채 과이므로 인은 과거에 사라지지도 않았고, 현재의 과는 과거의 인과 함께 하지 않았으므로 과거의 인이 현재의 과로 오지도 않았다. 과거의 인이 사라지지도 않았고, 현재의 과로 흘러오지도 않았다면 인과가 천류하지 않는다고 한 이치가 분명하다. 다시 무엇 때문에 흘러가고 머무는 데에서 현혹을 당하고, 동과 정의 사이에서 주저하겠는가.[490]

여기서 첫머리에 '왜냐하면' 이라고 한 것은 본 경문의 앞 문장에서 승조가 논한 부분인데 "성인의 공업은 썩어 없어지지 않는다. 그러므로 수행의 인지因地는 수행할 때의 과거에 있으면서 변화하지 않고, 변화하지 않기 때문에 과지果地로 천류遷流하지 않는다."[491] 고 하는 이치를 밝힌 것이다.[492] 결국 승조의 「물불천론」에서의 결론은 과거의 사물을 과거에서 구해보면 과거에는 없지 않았으나 현재의 사물을 과거에서 구해보면 있지 않다는 것이다. 과거의 사물이 현재에 있지 않기 때문에 과거의 사물이 현재로 오지 않았음이 분명하고 현재의 사물이 과거엔 없기 때문에 현재의 사물이 과거로 흘러가지 않았다는 도리를 안다는 것이다. 즉 과거의 사물은 스스로 과거에 있었고, 현재로부터 과거로 이르러 간 것

---

490) 승조작, 『肇論』「物不遷論」第一 (대정장45, p.151하) 참조.
491) 위의 책, 같은 쪽, "功業不可朽 故雖在昔而不化 不化故不遷. 不遷故則湛然明矣."
492) 송찬우는 위에서 인용된 논문을 해석하기를, 과가 인과 함께 하지 않았다면 과거의 인이 현재로 흘러오지 않았고, 흘러오지 않았다면 과거의 인은 스스로 과거에 안주하여 과로 천류한듯 하지만 실재로는 천류하지 않은 것이라는 것이다. 즉 인이 과거의 위치에서 사라지지도 않았고, 현재의 과로 흘러오지도 않았다면 인과가 서로 천류하지 않았다는 이치가 분명하다고 하였다. 憨山 德淸略註, 송찬우 옮김 『肇論』(고려원, 1988) p.71 참조.

은 아니며, 현재의 사물은 저절로 현재에 있고, 과거로부터 현재로 이르러 오지 않았다는 이론이다. 결론적으로 인과는 천류하지 않는다고 한 것이다.

다음은 용수보살의 시간론은 보자. 용수의 시간론도 승조의 시간관과 다르지 않다고 본다. 그의 저서 『중론』「관시품」에 보면 각자覺者의 시간관념은 범부가 생각하는 시간 따위는 이미 초월하였음을 보여준다.

> 묻는다. 해, 달, 날, 잠깐 따위의 차별이 있으므로 시간이 있는 줄 알지 않겠는가? 답한다. 시간이 머물러도 얻을 수 없고, 시간이 가더라도 얻을 수 없다. 시간을 얻을 수 없다면 어떻게 시간의 모양을 말하랴. 물건에 인하므로 시간이 있으나, 물건을 떠나서 시간이 있겠는가. 물건도 오히려 있지 않거늘, 어찌 하물며 시간이 있다고 하리요. 시간이 머물지 않더라도 얻을 수 없고, 시간이 머물더라도 얻을 수 없다. 시간을 얻을 수 없다면 어떻게 시간의 형상을 말하랴. 만일 시간의 형상이 없다면 시간도 없으리니 물건을 인하여 생기므로 시간이라 하였으나 물건을 여의면 시간도 없기 때문이다. 위에서 갖가지 인연으로 온갖 물건을 부정했나니, 물건이 없거늘 어디에 시간이 있으리요.[493]

이것이 불교의 시간관을 나타낸 것이다. 여기에서는 한마디로 시간을 완전히 부정하는 것이다. 따라서 이 시간의 부정은 곧 초월을 의미하는 것으로 본다. 그리고 이 초월은 각자만이 알 수 있는 경지에서 말하는 것이라고 본다.[494] 이 시간을 초월한다는 것에 대하여 평천창平川彰은 원시 불교적 입장에서 논하기를, 시간을 초월한다는 것은 '업이나 번뇌의 소멸'을

---

493) 龍樹造 『中論』 卷第三 「觀時品」 第十九(대정장30, p.26상) 참조.
494) 에지마 야스노리(江鳥惠敎)는 대승불교의 시간론에 대하여 논하기를, 시간을 실체적으로 파악하는 일상적인 시간관념을 철저하게 부정하고 있는 내면에는, 일상적인 관념을 초월한 곳에서 보이는 시간, 즉 일상적으로는 무시간적인 시간이라고 표현할 수밖에 없는 깨달음의 세계의 시간을 언제나 지향하고 있다. 시간의 실체성이 부정되고 집착이 끊어질 때, 시간은 부처의 눈앞에 있는 그대로의 모습을 드러낸다고 한다고 하였다.(三枝充悳 편, 김재천 옮김, 불교학세미나 『존재론·시간론』(불교시대사, 1995) p.248 참조.

의미한다고 하였다.[495]

이와 같이 승조의 설과 용수의 설을 근거로 하여 불교의 초월관을 살펴보았다. 승조는 인과가 천류하지 않는다는 것이다. 인과는 천류하지 않는데 중생들은 번뇌의 미혹 즉 무명 때문에 사물은 천류한다고 하는 것이라 했다. 이 설은 「물불천론」의 첫머리에 나온다.

> 중생에겐 생사가 교대로 뒤바뀌고 대지에는 한서가 번갈아 천류하면서 사물은 움직이면서 유전함이 있다함은 일반사람들의 일상적인 감정이다. 그러나 나는 그렇지 않다고 말한다. 왜냐하면 『방광반야경』에서 말하기를, "제법에는 현재가 과거의 시간으로 흘러간다. 과거의 시간이 현재로 흘러옴도 없으며, 시간의 흐름을 따라 움직이면서 전변함도 없다"라고 하였기 때문이다.[496]

이 논은 곧 각자는 번뇌의 미혹을 벗어났으므로, 즉 이미 초월했으므로 천류하지 않는다고 한 것이다. 용수 또한 공사상에 입각하여 시간 자체를 부정하였다. 이 부정은 곧 초월을 의미하는 것이라고 본다. 필자는 이 초월관을 다음과 같이 이해하여보았다. 앞에서 살펴본 바이지만 예를 들자면, 아미타불이 계시는 극락세계에 가는 사람들이 과연 세속의 시간관념으로 그곳에 도달할 수가 있겠느냐 하는 것이다. 또한 그곳에 도달하게 되면 이미 불구자도 여인도 없다고 하였다. 오로지 광명이 비치는 무량수의 세계인데 과연 이들에게 시간은 존재할 필요가 없다고 본다. 즉 초월삼매[497] 의

---

495) 평천창平川彰은 논하기를, "시간을 초월한다고 하는 것은 '업이나 번뇌의 소멸'을 의미하므로 부처에게 이것은 명료하게 나타나 있다. 그러나 부처라 해도 무상력의 테두리 밖에 있을 수는 없었다. 후세에 발달한 불신론에서 설하는 법신불은 시간을 넘어선 부처이지만, 원시불교의 부처는 그렇지 않았다. 그는 80년의 세월을 쌓아 한 늙은 비구가 되어 이 세상을 떠났다. 때문에 무상의 시간은 부처라 해도 피할 수 없었던 것이다. 그러나 업과 번뇌를 멸한 부처에게는 업번뇌로부터 일어나는 시간은 존재하지 않았다. 또한 무상의 시간은 그에게도 존재 했지만 그것에 속박됨이 없었다."라고 하여 시간의 초월에 대해 결론지었다. 위의 책, p.203 참조.
496) 앞의 책, 「物不遷論」(대정장45, p.151상) 참조.
497) 초월삼매는 사선四禪, 사무색四無色, 멸진정滅盡定은 통상 천심淺深의 단계를 따라 출입하지만, 부처님 및 심위深位의 보살의 경우는 이 단계를 취하지 않고, 산심散心으로부터 직접 멸진정으로 들어가, 멸진정에서 직접 산심으로 나갈 수 있다. 이와 같이 통상의 단계를 뛰어넘어 출입하는 삼매를 가리키는 것이다. 『대지도론』 81권 「六度品」(대정장25, pp.626상~632중) 참조.

세계라고 본다.

이상과 같이 시간의 초월관념에 대해서 대략 살펴보았다. 이처럼 초월 관념을 대강 살펴본 것은 본고에서 논하는 거의 모든 설화가 초월의 신비 성을 나타내기 때문이다. 따라서 모든 설화에 나타난 초월관은 근거 없는 황당한 이야기가 아니라 불교의 분명한 교리적 근거가 바탕이 되었음을 한번쯤은 확인하여 이를 이해하고 싶었기 때문이다.[498] 이상과 같이 본 설 화를 살펴본바 다음과 같은 특징을 볼 수 있다.

첫째의 구절에서는 누구라도 일심으로 기도하면 반드시 관음보살은 이 를 들어준다는 관음보살의 원력과 위신력을 나타내었다. 또한 가난한 여 인임을 강조한 것은 불교의 '인간평등사상'을 나타낸 것이라 할 수 있다.

둘째의 구절에서는 수난에서의 구제를 보여주었는데 이것은 「보문품」 의 사상적 특징을 나타내는 것으로써 관세음보살의 현실구원적 신앙을 그 대로 보여주는 대목이다. 여기에서 신라인들의 현실주의적 신앙형태를 가 졌다는 것을 나타내었다.

셋째의 구절에서는 관음보살의 변화의 신통력을 보여주었고 불교의 시 간초월관을 잘 나타내었다.

---

498) 김승호는 승전문학의 연구 저서에서 불교의 시공간관에 대하여 논의하였는데 불교적 시간관에 대하여 승 조와 용수의 설 등을 인용하면서 신앙적으로 심도 있게 설명하였다. 김승호는 「백율사」 조, 「민장사」 조 와 피은편의 지통의 구름타기와 감통편에 나오는 현광대사의 영험력의 사례를 들어 설명하면서 논하기 를, 이러한 신비체험들을 통해서 보면, 고승들이 누리는 시간은 현실 속에서 범인들이 누리는 시간관념과 는 다르다는 점이 확인되며 그 상대적 시간의 누림이 불교적 세계와 세속, 이계와 현계, 고승과 범인의 이 원적 가름을 명확하게 드러내주는 중요한 요소로 적용되고 있다는데 도달한다고 하였다. 그러나 이것은 현상계에 머물고 있는 유위적 존재가 느끼고 분별한 무상의 관념에서 가름한 시간과 공간에 불과한 것이 라 하였다. 왜냐하면 애초에 시간의 관념과 분별은 '시간 속에 속박되어 있는 존재'에게만 감지되기 때문 인데 그럼에도 승전류에서 시공의 분별과 차이가 빈번하게 도출되는 것은 역설적으로 유위적 존재로부터 의 이탈을 강조하는 데 뜻이 있는 것이라 하였다. 그런 분별된 시간에서 벗어나야 하는 것이 불교적 종지 의 깨우침이 되므로 시간의 혼란이라 할 정도의 큰 편차가 공간에 따라 개별화되어 그려진다는 것은 곧 역 설적인 방식으로 시간을 부정하는 것에 다름이 아닐 것이라고 하였다. 또한 승전의 주인공들이 시간에 구 애되지 않는다는 것은 여래장의 일을 보이는 것에 불과하다고 하였다. 무명에 덮인 일상존재인 인간은 분 별 희론에 의해 지배되는 것이어서 법의 실상을 바로보기 어렵다는 것을 우회적으로 가르쳐주는 것에서 또한 승전의 시간적 적용은 눈여겨 볼 요소라고 하였다. 金承鎬 『韓國佛典文學의 硏究』(民族社 1992) pp.101~102 참조.

우리의 마음속엔

옛날부터
우리의 마음속엔
세 부처님이 계셨네

우리 모두 극락왕생 시켜주는
극락교주 아미타부처님

우리 모두 현세정토 살게 하는
당래하생 미륵부처님

우리 모두 고난에서 구제하는
보문시현 관세음보살님

제9강

맺음말

제9강 맺음말

출가出家의 의의를 생각하면서

　이상과 같이 불교의 핵심사상과 정토신앙의 요체와 그것이 지향하는 목표가 무엇인지 살펴보았다. 한마디로 불교의 목적은 처음부터 끝까지 "성취중생成就衆生하여 불국토佛國土를 완성完成하자"는 것이다. 다시 해석하면 일체중생은 모두 불성을 간직하고 있으므로 일체중생을 부처를 이루게 하여 그 깨달음을 얻은 땅에서 모두가 안락한 삶을 누리게 하려는데 그 목적이 있다는 것이다. 곧 현실정토를 실현하자는 것이 대승불교의 이념이며 최종의 목표이다. 그래서 부처님은 풍우를 가리지 않으시고 49년을 각각 중생의 근기에 따라 여러 가지 방편으로 우리를 일깨워 주신 것이다. 우리는 지금까지의 고찰에서 정토불교의 가르침과 수행이 대승불교의 그 숭고한 이념을 성취하기 위한 제일의 교설이며 수행방편임을 알게 되었다.

　정토란 온 인류가 그리는 이상향으로써 탐·진·치 삼독심을 완전히 여읜 맑고 깨끗한 세계이다. 즉 온갖 번뇌의 고통에서 해방된 항상 즐겁고, 자유로운 내가 있는 청정한 세계이다. 그래서 수많은 제불보살은 대원을 세워 각자 정토를 건립하였다. 그렇다면 정토는 제불보살만이 할 수 있는 것일까? 아니다. 우리 일체중생은 누구나 불성이 있으므로 부처님처럼 큰 원을 세우고 열심히 수행하여 내가 부처가 되면 내 나름대로 정토를 건설할 수 있는 것이다. 정토문은 순수한 타력문이다. 마치 어린아이가 집을 나와 집을 찾지 못해 오랜 세월 이리저리 방황할 때 문득 나타나 손을 잡아주는 반가운 부모와도 같다. 그래서 아미타부처님은 이러한 가엾은 중생들을 제도하기 위해 대자비의 48대원을 성취하여 정토를 건립하셨다. 그래서 제18원에서는 "내가 부처가 되었을 때 시방세계의 모든 중생들이 나의 이름을 십념十念하여서도 내 나라에 태어나지 못한다면 차라리 나는 부처가 되지 않겠다"고 서원하였다. 이러한 까닭에 정토문을 순수타력문이라고 하는 것이다.

도작선사가 처음으로 타력문을 세운 까닭은 시기적으로 현재는 오탁악세의 말법시대임을 자각했기 때문이다. 즉 이 시대의 중생은 근기가 나약하여 자력으로는 저 국토에 도달하기 어렵기 때문에 타력에 의지해야만 한다고 강조한 것이다. 즉 부처님의 위신력에 의지하여 수행하다보면 나도 어느새 부처가 되어 내 나름의 정토를 실현한다는 것이다. 그러나 이러한 정토사업을 완성코자하면 모든 집착을 헌신짝 버리듯 놓아버리고 깊은 신심을 가지고 진정한 출가를 해야 한다. 끝으로 출가의 의의를 새겨보자.

앞의 설화감상에서 우리는 이미 출가정신을 배웠다. 출가에는 이종출가 사종출가설이 있다고 하였지만 출가는 크게 세 가지로 말할 수 있다. 첫째는 몸만 출가하는 신출가身出家이고, 둘째는 마음만 출가하는 심출가心出家이고, 셋째는 마음과 몸이 모두 출가하는 심신심출가心身出家이다. 이것에 대한 결정은 각자의 몫이다. 왜냐하면 모든 일은 인연법에 따라야 하기 때문이다. 그러면 이 셋 가운데 무엇이 가장 여법한 출가일까? 일반적으로 볼 때 이 셋 중에 심신출가를 하는 것이 가장 여법한 출가라고 말할 것이다. 그러나 필자는 이 중에 심출가가 제일 중요하다고 생각한다. 물론 바늘 가는데 실이 따라가야 하지만, 먼저 처음부터 바느질을 해야 하겠다는 마음이 생겨야 하기 때문이다. 이 초발심 자체가 이미 스스로에게 출가를 선언한 것이다. 대체로 산골짜기의 작은 샘물 한줄기가 점차 아래의 흙

탕물을 맑혀 주듯이 나 하나의 출가로 인하여 내 가족이 모두 부처가 되고 내 집은 법당이 되고 내가 밟는 땅은 불국정토가 된다. 그리만 하면『천수경』에 나오는 오방내외의 모든 신장님들이 그 흙을 머리에 이고 덩실덩실 춤을 추며 좋아할 것이다.

다음은 서산대사(1520~1604)의 『선가귀감』에 실린 글인데 심신이 모두 출가한 사문에 대한 경책의 글로써 읽을 때마다 가슴이 뜨끔거린다. 다시 보면서 졸고를 마친다.

『선가귀감』[499] 중에서

佛(불)이 云(운)하되 云何賊人(운하적인)이 假我衣服(가아의복)하고 稗販如來(패판여래)하야 造種種業(조종종업)라고 하시니라.

부처님께서 말씀하시기를 "어찌하여 도둑들이 나의 옷을 빌어 입고 부처를 팔아서 가지가지 나쁜 업을 짓느냐!"고 하시니라.

末世比丘(말세비구)가 有多般若字(유다반야자)하니 惑鳥鼠僧(혹조서승)이며 惑啞羊僧(혹아양승)이며 惑禿居士(혹독거사)며 惑地獄滓(혹지옥재)며 惑被袈裟賊(혹피가사적)이니 噫(희)라 基所以此(기사이이차)니라.

말세의 비구에게 여러 가지 이름이 있으니 혹 박쥐중이요, 혹 벙어리 염소중이요, 혹 머리 깍은 거사요, 혹 지옥 찌꺼기요, 혹 가사 입은 도둑이라고도 하니 슬프다. 그 까닭이 이것이니라.

稗販如來者(패판여래자)는 撥因果排罪福(발인과배죄복)하고 沸騰身口(비등신구)하야 迭起愛憎(질기애증)하나니 可謂愍也(가위민야)라 避僧避俗曰鳥鼠(피승피속왈조서)요 舌不說法曰啞羊(설불설법왈아양)이요 僧形俗心曰禿居士(승형속심왈독거사)요 罪重不遷曰地獄滓(죄중불천왈지옥재)요 賣佛營生曰被袈裟賊(매불영생왈

499) 西山休靜造『禪家龜鑑』(한불전7, pp.634상~546하) 卍속장112. pp. 911상~928상)에 수록.

피가사적)이니 以被袈裟賊(이피가사적)으로 證此多名(증차다명)하니라. 以此二字
(이차이자)로 結之(결지)하니 此二字(차이자)가 文出老子(문출노자)니라.

　부처님을 판다는 것은 인과를 부정하고, 죄와 복도 없다하며, 몸과 입으
로 물 끓듯 업만 짓고, 사랑과 미움을 번갈아 일으키고 있으니 참으로 가
엾은 일이다. 중도 속인도 아닌 것을 '박쥐중'이라하고, 입으로 설법하지
못하는 것을 '벙어리염소중'이라하며, 중의 탈을 갖추고 속인의 마음을 쓰
는 것을 '머리 깎은 거사'라 하고, 지은 죄가 중하되 고치지 아니함을 '지
옥찌꺼기'라 하며, 부처님을 팔아 생을 이어가는 것을 '가사 입은 도둑'이
라하고, '가사 입은 도둑'이기 때문에 이와 같은 여러 가지 이름이 있다.
이차 두 글자로 맺으니 이 두 글자가 노자에 나오니라.

參考文獻

가. 原典

『觀彌勒菩薩上生兜率天經』(대정장14)

『觀佛三昧海經』(대정장15)

『觀無量壽佛經』(대정장12)

『觀世音菩薩普門品』(대정장9)

『觀世音菩薩往生淨土本緣經』(卍속장87)

『觀世音菩薩授記經』(대정장12권)

『감산집』(卍속장127)

『灌頂經』(대정장21)

『灌頂隨願往生十方淨土經』(대정장21)

『高僧傳』・『續高僧傳』(대정장50)

『高王觀世音經』(대정장85)

『根本說一切有部毘奈耶』(대정장23)

『那先比丘經』(대정장32)

『樂邦文類』(대정장47)

『楞伽師資記』(대정장85)

『大般涅槃經』(대정장1)

『대반열반경후분』권상(대정장12)

『大方廣如來不思議境界經』(대정장48)

『大方等無想經』(대정장12)

『大寶積經』(대정장11)

『大佛頂如來密因修證了義諸菩薩萬行首楞嚴經』(대정장19)

『大乘法苑義林章』(대정장45)

『大乘悲分陀利經』(대정장3)

『大乘大集地藏十輪經』(대정장13)

『大乘同性經』(대정장9)

『大乘莊嚴寶王經』(대정장20)

『大乘理趣六波羅蜜多經』(대정장8)

『大阿彌陀經』(대정장12)

『兜沙經』(대정장10)

『摩訶般若波羅密經』(대정장8)

『無量壽經』(대정장12)

『無量義經』(대정장9)

『無所有菩薩經』(대정장14)

『文殊師利問經』卷上(대정장14)

『文殊師利發願經』(대정장10)

『文殊師利佛土嚴淨經』(대정장11)

『妙法蓮華經』(대정장9)

『彌勒大成佛經』(대정장14)

『미륵보살소문본원경』(대정장12)

『彌勒下生經』(대정장14)

『彌勒下生成佛經』(대정장14)

『般舟三昧經』(대정장13)

『放光般若經』(대정장8)

『法苑珠林』(대정장53)

『佛祖統紀』(대정장49)

『梵網經』(대정장24)

『비유경』(대정장4)

『悲華經』(대정장3)

『三寶感應要略錄』(대정장51)

『釋禪波羅蜜次第法門』(대정장46)

『小室六門』(대정장48)

『續高僧傳』(대정장50)

『施一切無畏陀羅尼經』(대정장21)

『隨求陀羅尼經』(대정장20)

『須摩提經』(대정장12)

『수행본기경』(대정장3)

『十善戒經』(대정장24)

『十善業道經』(대정장15)

『十一面觀世音神呪經』(대정장20)

『十一面神呪經』(대정장20)

『阿彌陀經』(대정장12)

『阿彌陀三耶三佛薩樓佛檀過度人道經』(대정장12)

『阿彌陀鼓音聲王多羅尼經』(대정장12)

『阿閦佛國經』(대정장11)

『玉耶女經』(대정장2)

『藥師本願經』(대정장14)

『維摩經略疏垂裕記』(대정장38)

『維摩詰所說經』(대정장14)

『六度集經』(대정장3)

『六祖法寶壇經』(대정장48)

『雜阿含經』(대정장2)

『長阿含經』(대정장1)

『諸經要集』(대정장54)

『中阿含經』(대정장1)

『占察善惡業報經』(대정장17)

『正法華經』(대정장9)

『正法眼藏』(대정장82)

『正法念處經』(대정장17)

『淨土往生傳』(대정장51)

『淨土宗全書續』(14)

『注維摩詰經』(대정장38)

『增一阿含經』(대정장2)

『地藏菩薩本願經』(대정장13)

『千手千眼觀世音菩薩廣大圓滿無礙大悲心陀羅尼經』(대정장20)

『超日明三昧經』(대정장15)

『出三藏記集傳』(대정장55)

『出曜經』(대정장4)

『華嚴經』80권본(대정장10)

『華嚴經』60권본(대정장9)

『華嚴經內章門等雜孔目章』(대정장45)

『賢愚經』(대정장4)

『弘明集』(대정장52)

나. 論著

迦旃延子造『아비담비바사론』(대정장28)

迦才撰『淨土論』(대정장47)

憬興撰『無量壽經連義述文贊』(대정장37)

窺基撰『大乘法苑義林章』(대정장45)

.........『妙法蓮華經玄義』(대정장33)

吉藏撰『大乘玄論』(대정장45)

.........『法華玄論』(대정장34)

曇鸞撰『無量壽經優波提舍願生偈』(대정장40)

.........『略論安樂淨土義』(대정장47)

大乘基撰『金剛般若論會釋』(대정장40)

道綽撰『安樂集』(대정47)

勒那摩提譯『究竟一乘寶性論』(대정장31)

馬鳴造『大乘起信論』(대정장32)

目乾連造『阿毘達磨法蘊足論』(대정장26)

無着撰『攝大乘論』(대정장31)

..........『大乘莊嚴經論』(대정장31)

彌勒菩薩說『瑜伽師地論』(대정장30)

法然撰『選擇本願念佛集』(대정장83)

法藏撰『華嚴經探玄記』(대정장35)

普光述『俱舍論記』(대정장41)

보조술『수심결』(대정장48)

不空譯『菩提心論』(대정장32)

世友造『異部宗輪論』(대정장49)

世親造『阿毘達磨俱舍論』(대정장29)

..........『無量壽經優波提舍願生偈』(대정장26)

西山休靜造『禪家龜鑑』(한불전7)

善導集記『觀無量壽佛經疏』(대정장37)

..............『往生禮讚』(대정장47)

..............『法事讚』(대정장47)

..............『觀念法門』(대정장47)

..............『般舟讚』(대정장47)

善道·道鏡共集『念佛鏡』(대정장47)

勝肇作『肇論』(대정장45)

阿闍梨記『大毘盧遮那成佛經疏』(대정장39)

延壽撰『萬善同歸集』(대정장48)

..........『宗鏡錄』(대정장48)

龍樹造『大智度論』(대정장25)

..........『中論』(대정장30)

..........『十住毘婆沙論』(대정장26)

元曉撰『彌勒上生經宗要』(대정장37)

..........『阿彌陀經疏』(대정장37)

..........『兩卷無量壽經宗要』(대정장37)

..........『金剛三昧經論』(대정장34)

..........『發心修行章』(한불전1)

..........『遊心安樂道』(대정장47)

王日休讚『龍舒增廣淨土門』(대정장47)

惟淨譯『施設論』(대정장26)

一然撰『三國遺事』(대정장49)

종밀찬『화엄경행원품소초』(『新纂大日本續藏經5』)

宗曉編『樂邦文類』(대정장47)

智者說『觀音義疏』(대정장34)

.........『淨土十疑論』(대정장47)

.........『佛說觀無量壽佛經疏』(대정장37)

.........『妙法蓮華經玄義』(대정장33)

眞諦釋 攝大乘論釋(대정장31)

諦觀錄『天台四敎儀』(대정장46)

.........『華嚴經疏』(대정장35)

玄奘譯『成唯識論』(대정장31)

.........『俱舍論』(대정장29)

.........『阿毘達磨大毘婆沙論』(대정장27)

.........『阿毘達磨法蘊足論』(대정장26)

.........『大唐西域記』(대정장51)

弘忍述『最上乘論』(대정장48)

惠思撰『南嶽思大禪師立誓願文』(대정장46)

慧遠撰『觀無量壽經義疏(末)』(대정장37)

.........『念佛三昧詩集序』(대정장52)

.........『大乘義章』(대정장44)

護法造『成唯識論』권제10(대정장31)

懷感撰『釋淨土群疑論』(대정장47)

다. 著書

憨山德淸 略註, 송찬우 옮김『肇論』(고려원, 1988)

강동균『安心과 平安으로 가는 길』(석효경, 강동균 화갑기념논문집, 2007)

姜仁求 外 4인『譯註 三國遺事』전5권(以會文化社, 2003)

鎌田茂雄著 鄭舜日譯『中國佛敎史』(경서원, 1996)

高淳豪著『佛敎學槪論』(宣文出版社, 1980)

高田修『佛像の起源』(東京 岩波書店, 昭和42年)

교육원 불학연구소 편저『수행법 연구』(조계종출판사, 2005)

金剛秀友『密敎の哲學』(平等寺書店, 1972)

金東旭『韓國歌謠의 硏究』(乙酉文化社, 1961)

김만권『아미타경강의』(三榮出版社, 1990)

김상현『元曉硏究』(민족사, 2000)

.........『신라의 사상과 문화』(一志社, 1999)

金善祺『옛적노래의 새풀이』(보성문화사, 1998)

金承鎬『韓國佛典文學의 硏究』(民族社, 1992)

金承璨『향가문학론』(새문사, 1986)

金英培외『阿彌陀經諺解의 國語學的 硏究』(法寶新聞社, 1979)

김원중 옮김『삼국유사』(을류문화사, 2002)

김재천 옮김『존재론·시간론』(불교시대사, 1995)

김진 지음『칸트와 불교』(철학과 현실사, 2004)

기독교사상편집부 엮음『종말론의 올바른 이해』(대한기독교서회, 1993)

나라 야스야키 정호영 옮김『인도불교』(민족사, 1990)

望月信亨著 李太元譯『中國淨土敎理史』(운주사, 1997)

望月信亨著『支那淨土敎理史』(東京 法藏館, 1942)

박진태 외『삼국유사의 종합적 연구』(박이정, 2002)

불교신문사편『佛敎經典의 理解』(불교시대사, 1997)

사사끼겐준著 김효경, 김길상 譯註『업이란 무엇인가』(弘法院, 1992)

三枝充悳편, 김재천 옮김, 불교학세미나『존재론·시간론』(불교시대사, 1995)

안진호『석문의범』(法輪社, 1984)

元曉全書國譯刊行會編『元曉聖師全書』全6卷(寶蓮閣, 第一文化社, 1988)

이범교 역해『삼국유사의 종합적 해석』하권(민족사, 2005)

李太元『念佛의 源流와 展開史』(운주사, 1998)

.........『왕생론주 강설』(운주사, 2003)

.........『淨土의 本質과 敎學發展』(운주사, 2006)

장지훈『한국 고대 미륵신앙연구』(집문당, 1997)

장휘옥『정토불교의 세계』(불교시대사, 1996)

정태혁『正統密敎』(경서원, 1983)

中村元『淨土三部經』(岩波書店, 1964)

채필근 지음『비교종교론』(대한기독교서회, 2008)

최종남 감수『아미타경』역주해(중앙승가대학교 불전국역연구원, 2007)

坪井俊映著 李太元譯『淨土三部經槪說』(淨國寺, 1988)

.... 韓普光譯『淨土敎槪論』(如來藏, 2000)

하세가와 요조 이동형 옮김『기독교와 불교의 동질성』(붓다의 마을, 2004)

후지타 코타츠 외 권오민 옮김『초기·부파불교의 역사』(민족사, 1989)

『한국불교찬술문헌총록』(동국대학교 편)

현송편저『정토불교의 역사와 상』(운주사, 2014)

현송저『한국고대정토신앙연구』(운주사, 2013)

홍선스님 편저『比較宗敎學』(중앙승가대학교)

洪承基, 「觀音信仰과 新羅社會」(『韓國佛敎學硏究叢書』74권, 불함문화사, 2003)

라. 論文

고익진 「유심안락도의 성립과 그 배경」(『불교학보』10, 1973)
金相鉉 「三國遺事에 나타난 一然의 佛敎史觀」(『韓國史硏究』20 한국사 연구회, 1978)

金英美 「統一新羅時代 阿彌陀信仰의 歷史的 性格」(『韓國史硏究』50·51, 1985)
金煐泰 「新羅佛敎의 現身成佛觀」(『新羅文化』1·13, 1984)
.... 「彌勒仙花考」(『佛敎學報』3·4합집, 1966)
.... 「韓國彌勒信仰의史的展開와 그 展望」
        (『彌勒思想의 現代的照明』법주사,   1990)
.... 「新羅의 彌陀思想」(佛敎史學會編『新羅彌陀淨土思想硏究』民族社, 1988)
.... 「新羅의 彌陀思想-信仰史料를 中心으로-」(『佛敎學報』12, 1975)
.... 「新羅의 觀音思想-三國遺事를 中心으로-」(『佛敎學報』13, 1976)
종석(전동혁) 「밀교의 수용과 그것의 한국적 전개(2)」(『논문집』4. 중앙승가대학, 1995)
............「密敎思想의新羅的展開 -華嚴密만다라思想-」(大正大學大學院 硏究 紀要, 1987)

마. 사전·성경

사전 : 智冠編著『伽山佛敎大辭林』(伽山佛敎文化硏究院)
       이희승편저『국어대사전』(民衆書林, 1998)
성경 :『구약성서』·『사도행전』·『베드로후서』·『계시록』등

佛道

ⓒ현송, 2017, Printed in Seoul, Korea

초판 1쇄 인쇄 | 2017년 7월 25일
초판 1쇄 발행 | 2017년 8월 1일

지 은 이   현 송
펴 낸 이   문혜관
편 집 인   채 들
디 자 인   쏠트라인
펴 낸 곳   불교문예출판부

등록번호   제312-2005-000016호(2015년 6월 27일)
주   소   03656 서울시 서대문구 가좌로 2길 50
전   화   02) 308-9520, 010-2642-3900
이 메 일   bulmoonye@hanmail.net

ISBN   978-89-97276-21-9

「이 도서의 국립중앙도서관 출판예정도서목록(CIP)은 서지정보유통지원시스템 홈페이지(http://seoji.nl.go.kr)와
국가자료공동목록시스템(http://www.nl.go.kr/kolisnet)에서 이용하실 수 있습니다.(CIP제어번호: CIP2017015428)」